U0029210

《羅輯思維》人氣作家，

要新、要硬、要讓你「得到」最有用的知識

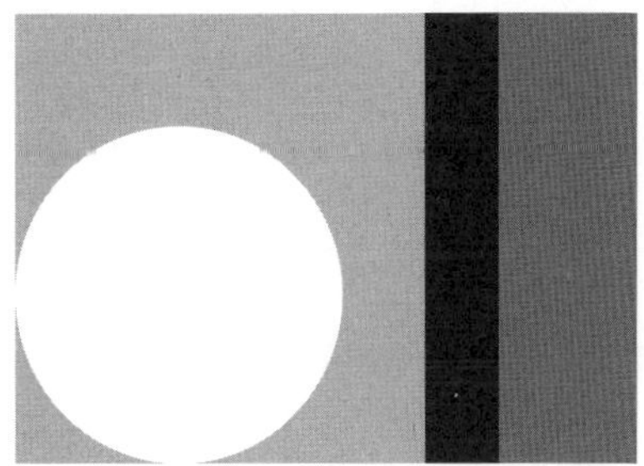

BEING A MASTER

Wisdoms of
the Modern World

推薦文

豔羨馬太效應？如何好運多贏？

楊斯棓（醫師）

大家好，我是楊斯棓醫師，週一到週五早上七點半到晚上六點半，除了中午休息，我主要的工作是看診。看診的空檔、下班後及週末，我花非常多時間看書，從綠角到王定國，從薛兆亨到見城徹，從黃國華到高木芳德。

我從兩年前開始每個月辦一場有獎徵讀書心得（請Google「楊斯棓醫師的咀嚼肌」），愈來愈多人認眞看待並參與這個活動。

萬維鋼的職業，我羨慕不已，一般愛書人頂多像個小孩隔著透明玻璃櫃，眼睛盯著各色冰淇淋，選個一、兩球，一週吃一次。他則坐鎮冰淇淋攤位，隨時都在品嘗每種口味，然後錄下自己的食記，專人打字建檔，隨時可以氣定神閒地告訴路人怎麼搭怎麼吃最爽口。

日本作家齋藤孝有本書叫《三的思考捷徑》，他說：「每當腦袋一片空白，我就告訴自己『選三』，這方法我用了三十年，神奇無比。」齋藤孝擅長用三點歸納一件事，羅胖（本名羅振宇）和萬維鋼也是如此。《羅輯思維》標榜「有種、有趣、有料」，萬維鋼則以「要新、要過硬、要讓讀者得到」之錘，替自己定音。

萬維鋼遇到貴人羅胖，他用極佳的分潤制度讓萬維鋼可以從業餘寫文章的物理學家，變成事事生產優質文章的科學人。羅胖耕耘多時，鑿了渠道，蜜水滿溢，把自己的流量大方分給「得到」頻道上的眾家，萬維鋼的《精英日課》頗受歡迎，是我許多朋友上班途中的良伴。

萬維鋼定居美國，開頭就說精英在美國幾乎是貶義詞，但在中國，可能是許多人的想望。萬維鋼這本《高手思維》，我特別想推薦給每一位有機會搭高鐵的人。他把「得體」一詞談得很好，台灣高鐵上充斥著不得體又不自知的人。什麼叫得體呢？書中說得體就是做事符合別人的社交預期，我如果用新幹線上的乘客平均素質來解釋「得體」兩字，您一定秒懂。誠如萬先生所說：「做事得體，是我們值得愛和被人愛的第一步。」

萬維鋼挑選的議題，對迷茫時代的你我有強烈的警世作用。最近有則頭條新聞：「報考中華郵政二十名博士竟全員落榜。」如果對博士們的際遇感到迷惘，我建議您一讀萬維鋼的〈精英和讀書究竟有多大關係？〉。有的人以為讀書是人生的終極目標，萬維鋼筆刀犀利，下刀狠準：「如果讀書有用，為什麼有些書讀得多的人混得並不好，而有些混得好的人根本不讀書？」

台灣有一群人，錢喜歡存郵局，無視通膨巨獸；罹患糖尿病不找新陳代謝科醫師，反而相信爬山好友力薦的玉米鬚煮水或苦瓜燉酪梨；一聞官府則嚇到腿軟，所以詐騙集團只要以法院或健保署之名，通常可以不費吹灰之力騙走他們一大筆錢。

萬維鋼筆下的美國人，也有一群人「只相信自己的親友，非常不信任外部世界」，而美國的中產階級們「沒有那麼強烈的親緣意識，他們很容易跟陌生人合作，而且非常信任辦事規則。」

台灣有一派人很愛鼓吹記憶力，曾有媒體報導有一位司機「腦袋裡裝有一萬組的電話號碼，只要一說出名字，他就可以馬上告訴你正確的電話號碼。見識過這本領的人，對他佩服得五體投地。」事實上，任何一支智慧型手機就可以完全取代這項「特異功能」。萬維鋼筆下提醒你我：「人腦應該用來想事情，不是用來記事情的。」他主張我們都應該使用一個外部系統（Evernote），專門儲存個人化的資訊。不過請記得，如果您用的版本是 Evernote International，資料存放於 Google Cloud Platform 比較安全；如果您用的版本是中國版的 evernote（印象筆記），資料存放於騰訊雲。

你身邊可能遇過「小時候走到哪兒都被誇聰明、長大就不行」的傢伙，爲什麼會這樣？萬維鋼的書裡也有答案。

羅振宇說：「萬維鋼是我見過閱讀速度、記筆記速度，以及寫作速度最驚人的一個。」萬維鋼是怎麼練成的，我只能說，跟五洲製藥的創辦人吳先旺記下點子的方法有驚人的雷同之處，他的書，也很大方地給了答案。

這本書是萬維鋼一刀剪開了自己的錦囊，大方讓你看一則一則的巧思妙計，斟酌閱讀，咀嚼再三，您一定可以在人生許多困局中，把局面導向多贏。

推薦文

利用這本書，給自己一個獲得高手思維的機會

鄭國威（《泛科學》總編輯）

《高手思維》是一本很特別的讀書指南，專爲精英設計。精英的共同特色，就是「成熟」，用老話來說就是「見多識廣」，以作者的話來說，就是在小概率的事件發生後，接受度比一般人高。

不少人對《羅輯思維》以及「得到」專欄作家的批評就是他們把知識碎片化了、把知識份子偶像化了，讓人們只顧著將知識當成金箔一樣往身上貼，而非由內而外地修練。這樣的批評就我看來，顯得不夠「成熟」，無視了現代人的時間與注意力本就破碎的狀態，也低估了本書作者跟讀者的程度。

如果你本是高手、是精英，我推薦你讀這本書，因爲你夠「敏感」，會比一般讀者從中獲得更多。你在書中會學到「敏感」爲什麼那麼重要。

如果你自認是普通人，那也該讀，因爲你夠「謙遜」跟「自知」，這本書正適合擁有這兩種特質的人。你在書中會學到擁有這些特質的人，爲何更能體現「極端所有權」的精髓。

如果你根本不屑於這類說書或幫你讀書的內容，熱愛讀原典，我覺得你也該讀這本書，

因爲作者清楚介紹了他是怎麼讀書、怎麼利用軟體與他人協作來做好讀書筆記，這方法論會對你極有幫助。

在每個章節裡，作者先把書和文章消化過了，再佐以自己的豐富涉獵與統整能力，將這些來自英語世界中的最新著作轉換成易讀好懂的文章。本書與他的另一本書《萬萬沒想到：用理工科思維理解世界》，一樣讀起來流暢快意，毫無遲滯。如果你稍微「刻意練習」，一個晚上就可以讀完。

作者提到了很多書，我恰巧看過不少，互相對照下，更讓我對作者的採集與精萃功夫佩服不已，如果你沒有時間，看這本書約可抵看一百本書；但我想，包括作者這位愛書人在內，都會建議你在看完本書之後，找到最有感覺、最有興趣的章節，把裡頭提到的書找出來自己讀，我也打算這樣做。

最後，我想說，「見識」太重要了，不能只留給「精英」。因此請好好利用這本書，當成工具、作爲入口，給自己一個獲得高手思維的機會。另一方面，「精英」也太重要了，不能只留在長「見識」上，請各位精英多參考書中提到的「學徒心態」，替需要的人、替比自己上層的人、替整個社會鋪路，一起樂於分享見識吧。

推薦文

從微學習重構邏輯性

盧世安（人資小周末創辦人）

收集知識、整理知識、分析知識、傳播知識，都是一個技術活！

我是知識付費「得到」APP的重度使用者，這是活化我原有知識框架的重要工具。而萬維鋼老師的《精英日課》專欄就是我決定付費下訂的第一位講者。

我在研習《精英日課》的過程中，除了領略到萬老師對於擁有「重要創見」的書籍，如庖丁解牛般準確剖析去肥留瘦的精彩篇章，更了解到「微學習」這個嶄新的學習型態其實是一種邏輯性的重構，而非「知識碎片」的拚湊。

「聽覺學習」與「視覺學習」在腦中的觸發其實是截然不同的，如果您跟我一樣是萬老師的忠實「聽眾」，相信您一樣可以從另一個「觀眾」的角色，獲得《高手思維》這本書中字裡行間的微言大義。

推薦文

信手拈來就能有所得的好書

賴以威（臺師大電機系助理教授、數感實驗室共同創辦人）

這本書集結自知名音頻專欄《萬維鋼·精英日課》，我不太喜歡有「精英」冠在上面的作品，所以起初只想看看數學的部分……噢，眞好看，裡頭有沒見過的新知識，對於已經知道的理論，作者萬維鋼老師也別有一番洞見，彷彿帶領讀者繞到了知識背後，瞧見另一個有趣的面向。於是我繼續讀了其他篇章，不知不覺間念完了整本書。

雖然我還是不喜歡精英一詞，但我喜歡萬老師用乾淨俐落的語法梳理知識，喜歡字裡行間滲透出來那理工人的邏輯態度。在萬老師的筆下，原本隱藏在各種大頭書裡的知識，變成一本你能隨時拿起來讀那麼一小段就能有所得的好書。

自序

用現代化思維洞察世界

有個十幾歲的小男孩生活在大城市，家裡經濟條件很不錯，在好學校讀書。可是他爸爸很少回家，因爲他媽媽脾氣很差。也許是因爲以前過了苦日子，他媽媽竟然會把家裡的冰箱上鎖，來防止孩子偷吃東西。男孩感受不到家庭的溫暖。

有一次，男孩在外面撿到兩隻流浪的小貓，覺得非常可愛，就抱回家想偷偷養。不幸的是，他的媽媽發現小貓時，小貓正在喝她杯子裡的牛奶。於是她當著男孩的面，拎起兩隻小貓，直接把牠們的頭往牆上撞，活活給撞死了。

男孩很難過。但除了難過，一個特別的想法在他心裡埋下種子，並從此伴隨他的一生。

這個大城市是一百年前的美國紐約，這個男孩就是以提出「需求層次理論」聞名的心理學家亞伯拉罕·馬斯洛（Abraham Maslow），這個想法就是：滿足了基本的經濟需求，對人而言還遠遠不夠。

精英的構成：智慧×見識

馬斯洛的需求層次理論說到，人的需求像一個金字塔，是有不同層次的。底層是生理和安全需求，往上是愛、尊重和自我實現的需求。滿足了底層的，就會有高層的需求。

馬斯洛的理論一直有爭議，但是你得承認，它很好地描述了人與人之間的差距。有的人像馬斯洛的媽媽一樣，認爲最微小的物質比什麼都重要，有的人卻在追求自我實現。他們之間的差別，當然不僅僅是錢多錢少的事，還有認知上的。

這個認知不是智商。人的智商和身高一樣，是常態分布，再高也高不到哪兒去；可是人的成就是冪律分布❶的，是一系列苦練和正回饋積累的結果，差距如同雲泥。

成就到了一定程度，你就算把他所有的資源都拿走，他還是能像穿越小說裡的主角一樣做一番大事，因爲他已經積累了大量的智識——智慧和見識。

大人物應該有什麼樣的見識呢？

美蘇冷戰期間，雙方曾經有過一些表示友好的舉動，比如在對方國家辦展覽。一九五九年，蘇聯弄了一個美國展，其中展示了美式大房子，裡面有各種家用電器。蘇聯宣稱這種生活是一般美國人享受不到的，但其實那就是美國普通中產階級的生活水準。沒錯，電冰箱早在一九二〇年就已經在美國家庭普及了。

當時尼克森（Richard Milhous Nixon）作爲美國副總統訪問蘇聯，和赫魯雪夫（Nikita Sergeyevich Khrushchev）一起參觀了這個美國展。兩人走進美式樣板房，尼克森看見裡面有一台洗衣機，他找到了一個話題靈感。尼克森說：「我們兩國爲什麼非得搞火箭競爭呢，我們搞製造洗衣機競爭不是更好嗎？

可是赫魯雪夫有完全不同的思路。赫魯雪夫說，你們美國人不要以爲蘇聯人沒見過洗衣機，其實我們蘇聯每個新房裡都有洗衣機，而且我們的洗衣機都是一樣的，不像你們美國製造各種不同型號的洗衣機，這不純屬浪費嗎？

這就是史上著名的「廚房辯論」，尼克森因爲這個辯論拿到了很高的形象分。現在我們可以判定，赫魯雪夫在這場辯論中完敗。中間有個小花絮是，尼克森說美國將會讓每個家庭都擁有一輛汽車，赫魯雪夫可能太過急於挽回面子，竟然說蘇聯能讓每個家庭都擁有一架飛機！尼克森馬上反問，你想把這些飛機停在哪兒？

一九五九年，世界各國正在從傳統向現代演變。赫魯雪夫在別的方面可能才智過人，在一個更傳統的場合肯定遊刃有餘，但是面對「現代世界」，竟然沒有一個最基本的見識。

這是因爲現代化的見識不是常識。

閱讀，培養精英眼界的捷徑

就算生活在發達國家，也不是所有人都有現代化思維。

美國社會學家赫伯特・甘斯（Herbert Gans）曾經有一項研究，他比較了波士頓工薪階層和精英階層的文化差異。他發現，工薪階層的一個特點是只相信自己的親友，而非常不信任外部世界，甚至可能對陌生人有一種自發的敵意。他把這些人稱爲「都市村民」，即住在都市

❶ 冪律分布的一個通俗解釋為「馬太效應」，或「二八法則」，也就是窮者愈窮、富者愈富，因為勝者通吃。

裡，卻仍然是村民思維。

相較之下，中產階級和精英階層的人沒有那麼強烈的親緣意識，他們很容易和陌生人合作，而且非常信任辦事規則。

再看今日的中國，這個現象不是很明顯嗎？小城鎮裡的人特別講究親屬和熟人關係，沒有關係就寸步難行，這也是爲什麼有理想的年輕人非要去大城市！什麼叫發達？什麼叫精英？眞正的差異是思維模式。

像這樣的差異，我們還可以列舉很多，請允許我用「精英」（或「高手」）和「普通人」來標記這兩種思維：

- 精英能夠理解複雜的抽象概念，而普通人處處使用簡單的形象思維。
- 精英探索未知，而普通人恐懼未知。
- 精英能從長遠打算，而普通人缺乏自控力。
- 精英注重個人選擇和自由，而普通人認爲別人應該和自己一樣。
- 精英擁抱改變，而普通人拒絕改變。
- 精英和各個階層的人都有交往，而普通人只和本階層的人交往。
- 精英愛談論想法，而普通人愛談論人和東西。
- 精英把自由時間花在學習上，而普通人把自由時間花在娛樂上。

……還有一個區別值得特別提一下，那就是精英注重效率，而普通人強調公平。這個結論來自二〇一五年的一項新研究，讓受試者玩一個遊戲，在兩個選擇中決策：選第一種，兩人的總收益會大幅增加，但分配很不均勻；選第二種，新增收益在兩人之間分配得更均勻，但總收益增加得沒有第一種快。結果，愈是精英人物（比如耶魯法學院的學生），愈傾向於選擇第一種，而普通人則更願意選第二種。

現在世界的一個趨勢是貧富差距愈來愈大，而這個研究說明精英對此根本不在乎。這也是爲什麼「精英」在美國已經幾乎是一個貶義詞。

問題在於，如果精英比普通人僅僅強在他是富二代或官二代，我們完全有權鄙視他們；可是，如果精英的成功是基於努力程度和見識水準，那我們的道德優越感還有多大意義呢？

好在在中國，「精英」目前可能還算是一個好詞。

中國不但和美國玩了洗衣機競爭，而且正在取勝。在美國中產階級日漸萎縮的時代，中國中產階級正在快速崛起。有人說，非得有房有車或者年薪百萬才叫中產階級，在我看來純屬誇張。只要往馬斯洛金字塔的頂層攀登，有自我實現的需求，就是中產階級。

我們也想成爲精英。既然現代世界和我們的直覺、心靈雞湯、寓言故事及成語典故都非常不同，那麼我們就想用精英的眼光和思維方式去洞察、理解和改變這個世界。

最好的辦法當然是親身參與，而最快的辦法則是讀書。

解讀、快遞全球最新思想

我本來是個做科研的物理學家，寫文章是業餘愛好，但是很幸運地受到了讀者的歡迎。

二〇一六年，我索性從科羅拉多大學物理系辭職，開始全職寫作。這時候羅振宇[2]的《羅輯思維》正好推出了「得到」APP，用收費專欄的形式吸引了大量的讀者。我們就決定做一個以傳播現代世界最新思想爲宗旨的專欄，叫《萬維鋼·精英日課》。現在你手裡的這本書，就是《精英日課》專欄一年以來的文章精選集。

羅振宇說，付費和免費是完全不一樣的邏輯，我們不是娛樂讀者，更不是炫耀自己有多少知識，而是向讀者提供「知識服務」。這意謂著我們不僅必須向讀者提供「有意義的內容」和「爆炸性的內容」，還必須讓讀者能「得到」——我們得把思想眞正「交付」給讀者，不僅僅讓讀者鼓掌讚歎，更要讓讀者理解掌握。

人們都說「網路上知識豐富」，其實免費的資訊價值有限。如果有關現代化的見識是一片汪洋大海，我們每天在新聞、論壇、微博和朋友圈看到的東西，大約相當於海灘上幾個漂亮的貝殼。

最有用的東西在哪裡？最深刻的東西在哪裡？最高妙的東西在哪裡？它們和最新奇、最刺激、最野性的東西一起——在書裡，在小眾刊物裡，在論文裡。我的任務是透過廣泛閱讀，追蹤英文世界裡的最新思想，然後就像一個廚師一樣，把這些好東西做成適合中國人口味的菜，交付給讀者。

我確定選題的標準有三個。第一，要新；第二，要過硬；第三，要讓讀者能「得到」。

經典的東西都經過了時間的考驗，當然好，但是我更偏愛新思想，這可能是以前做科研的職業病，而更重要的是，我們正處在一個知識快速更新的時代。成功是因爲能力，還是因爲運氣？引爆市場的歌曲和電影到底爲什麼能流行？網際網路公司有什麼辦法能讓用戶對產品上癮？這些知識剛剛出來，我們立即就爲讀者解讀。

所謂「新思想」，並不一定是距離我們生活很遠的「前沿」思想，其實我們平時習以爲常的觀念都在不斷被刷新，也有一些老問題因爲新思想而獲得了解決方案。我們應該怎麼選擇配偶？應該什麼時候停止嘗試新事物？過去的人可能想像不到，現在這些問題的最優解，來自電腦演算法——我們解讀過兩位電腦科學家寫的《決斷的演算：預測、分析與好決定的11堂邏輯課》（*Algorithms to Live By: The Computer Science of Human Decisions*）這本書，讀者非常歡迎。

讀新書的另一個理由是有些經典的思想，放在今天看，會有不同的視角。比如，亞當．斯密（Adam Smith）的《國富論》（*The Wealth of Nations*）說每個人都爲自己謀私利、多工作多掙錢，「看不見的手」就會讓整個社會進步；可是他的《道德情操論》（*The Theory of Moral Sentiments*）又說人不應該過分追求財富和名望，應該講道德。那這是不是有點矛盾呢？這是歷史上的著名問題，還被熊彼得（Joseph Schumpeter）稱爲「亞當．斯密問題」。我們專欄在談論亞當．斯密的時候，用的是史丹佛大學胡佛研究所的路斯．羅伯茲（Russ Roberts）的新書《身爲人：從自利出發，亞當．斯密給我們的十堂思辨課》（*How Adam Smith Can Change Your Life: An Unexpected Guide to Human Nature and Happiness*），這本書就以一個現代人的視角很好地解釋了「亞當．斯密問題」。

---

❷ 羅振宇自稱「羅胖」，是「得到」APP創始人、中國最具人氣的知識網紅。

那麼「新思想」要新到什麼程度呢？最好是剛剛出版的書、剛剛發表的文章和論文，我們希望在第一時間解讀。圖書方面的最快紀錄是在美國剛剛出版一週，《精英日課》就開始了連載解讀。

事實上，我們專欄在一定程度上促進了英文世界裡的新思想在國內的傳播。像《人類大命運》（*Homo Deus: A Brief History of Tomorrow*）、《注意力商人》（*The Attention Merchants: The Epic Scramble to Get Inside Our Heads*）、《終結平庸》（*The End of Average: How We Succeed in a Wolrd That Values Sameness*）、《聰明捷徑》（*SMARTCUTS:How Hackers, Innovators, and Icons Accelerate Success*）、《成功與運氣》（*Success and Luck: Good Fortune and the Myth of Meritocracy*）等書，都是在我們專欄連載解讀之後，國內出版社迅速引進，其中幾本我還寫了中文版序言。

所謂「過硬」，就是這個思想背後最好要有學術研究的支持。有幾次我們是直接講解一篇經濟學論文，但多數情況下還是盡量選擇比較通俗的書和文章。這些書和文章大多是新型的「科學寫作」，作者不能信口開河，就算本身是適合普通讀者的通俗作品，也要引用學術研究。這也意謂著在「名人」和「學者」之間，我們更傾向於選擇學者寫的東西。中國的創業者經常發表各種看法，他們說的都很有價值，但學者可以把很多很多創業者放在一起研究比較，給我們一個更科學的說法。

要讓讀者「得到」，就得做到讓讀者看了以後能有用，或者「三觀」能發生一點改變。普通的新聞，包括一些科學報導，只是提供了一條新知識而已，並不能「得到」。新想法，甚至包括有意思的新發現，都不一定能讓讀者「得到」，比如有新研究發現，有些章魚的智力水準很高，甚至還有自己的個性，這是一個很有意思的知識，我也樂意讀，但是放在《精英日課》裡就不太合適。更何況，大量的新想法都是沒意思的。

找到這些思想，再用讀者喜歡的方式解讀，這個工作的難度大大超出了我的預期。一篇文章從確定選題、研發到寫作，我自己就要花大概七、八個小時，這還不算「得到」團隊的編輯和音頻錄製。所幸的是，《羅輯思維》給專欄作者提供支援的團隊非常強大，從設計、內容到技術，新主意層出不窮，每個人都很厲害。

專欄的推出受到讀者的熱烈歡迎。不到一年時間，我們就有超過十一萬個付費讀者。這些讀者之中藏龍臥虎，有的讀者能從專業角度提供見解，有的讀者分享自己在某個問題上的親身經歷，有很多評論精彩絕倫，簡直就像禪宗暗藏的機鋒。我們有很多文章被讀者廣泛傳播，取得了比免費內容更大的影響力。

現在，我迫不及待想把這些思想交付給你。

高手思維

目錄

PART 2 高手的思維

— PART 5 —

高手洞見的未來

檢驗一流智力的標準，
就是看你能不能在頭腦中同時存在兩種相反的想法，
還維持正常行事的能力。

——史考特．費茲傑羅（F. Scott Fitzgerald）

PART 1
什麼是高手？

人生有好幾個維度，我認爲「智識」最值得追求，
因爲，智識特別有利於做大事。
如果你認爲高手之所以成功是因爲他們的天賦和努力，
外加在人生重大關頭做出理性的正確選擇，
但成功在很大程度上是因爲運氣，
而高手的成功，就是要走極端。

第一章

亞當・斯密務實的自利道德觀

這篇文章要說一個大人物和一番大道理——亞當・斯密和他的《道德情操論》——從一個現代人的視角去理解亞當・斯密的這番理論。

當然，很慚愧的是，我並沒有讀過《道德情操論》的原文（我下不了那麼大的功夫去讀兩百多年前的英文），我就做了一點兒微小的工作，讀了一本二〇一五年出版的書《身爲人：從自利出發，亞當・斯密給我們的十堂思辨課》，作者路斯・羅伯茲是史丹佛大學胡佛研究所的研究員。

《道德情操論》說自利

人人都知道亞當・斯密的《國富論》，其中一個關鍵思想是「看不見的手」，它奠定了現代市場經濟理論的基礎；而《道德情操論》這本書雖然聽說過的人很多，但眞了解其思想的人很少。有些反對市場經濟的人還說，你們不要以爲有隻「看不見的手」，人就應該自私，別忘了亞當・斯密還寫過《道德情操論》，強調人要有道德呢！

這番話並非完全沒有道理。經濟學家熊彼得還特意將之稱爲「亞當・斯密問題」，即人到底應該響應「看不見的手」的號召、一心一意謀私利，還是應該響應《道德情操論》的號召而追求道德？

羅伯茲的這本書就把這個問題解決了。羅伯茲說，在亞當．斯密那個年代，人能接觸到的範圍小，主要都是和熟人交往，《道德情操論》其實就是一本講怎麼和熟人相處的書；而市場和看不見的手，那是陌生人之間的事情。面對具體的熟人就多談談道德，面對抽象的陌生人就多談談利益，這哪裡矛盾了？

其實以我之見，《道德情操論》說的也是個人利益，只不過不是金錢利益。在中國文化關於道德的論述中，孟子說要「捨生取義」，孔子說要「仁者愛人」，亞當．斯密的要求可比他們低得多！斯密絕對是個接地氣的實在人，他沒有追求超凡入聖，他就是你我這些普通人之中的一個智者。

斯密承認人都是 self-interested，也就是自利的。注意，這和 selfish（自私）是兩個概念。自私是根本不考慮別人的利益；自利是優先考慮自己的利益，但是在力所能及的情況下也願意幫助別人。比如說，如果我做出一點兒小犧牲就能對別人有很大的幫助，那麼儘管我是個自利的人，我仍然願意做這樣的犧牲。

事實上，「做個好人」本來就是我個人利益的一部分。

有人認爲做好事是出於同情心。所謂「惻隱之心人皆有之」，我們都有同情心，有時候同情心戰勝了自利心，爲了滿足自己的情感訴求，我們就去做些好事；但亞當．斯密並不這麼看。斯密認爲，同情心根本戰勝不了自利心，自利永遠都是第一位。那麼我爲什麼還想做個好人呢？

斯密說，因爲我知道世界很大，而我自己很渺小。認識到這點，就會有種想獲得榮譽的願望；如果我毫無榮譽感、只顧自己，別人就會看不起我，這樣的人生就沒什麼意思了。

所以這其實就是個人利益，只不過我們的個人利益不僅僅是物質上的，還包括別人對自己的「觀感」這項精神追求。更進一步，這個利益還可以包括「自己對自己的觀感」，哪怕沒有別人在場，我們也可以想像一個虛擬的人在看著我們做決定，而我們不想讓這個虛擬的人（其實就是我們自己）看不起自己。

直接引用斯密的原話來總結，他這一套道德教導的出發點就是：Man naturally desires, not only to be loved，but to be lovely. 最後這個 lovely，不是今天常用來形容小孩子很可愛的意思，在斯密那個時代的英語中，lovely 的意思是「值得愛」。

整句話的意思是說，**人天生不但希望被愛，而且希望自己是個值得愛的人**。

道德，理性人的自利選擇

作爲中國人，我想再次強調一下這和孔孟之道的重大區別。孔孟之道要求我們「愛人」，而亞當．斯密則研究我們怎樣才能「被人愛」。這哪裡是什麼道學家，不就是一個經濟學家在幫我們分析得失嗎？

而事實上，我們就從這個自利的目的出發，也能做出非常好的個人道德選擇。

先來說說這個「值得愛」。比如，如果你靠服用興奮劑（沒被發現）拿了奧運金牌，觀眾愛你，但你心裡明白自己並不值得愛。觀眾愛的是那個不用興奮劑就能拿金牌的你，那個並不存在的你，那不是你。你本來可以做得更好，但你沒有做。同樣道理，別人對你拍馬屁，誇張地恭維，你也不值得。那麼作爲一個聰明人就應該明白，這樣的愛不要也罷。

對聰明人來說，**想要被愛，最好的辦法就是把自己變成一個值得愛的人**。羅伯茲舉了個現代人容易理解的例子：我們爲什麼要幫老婆做家務？是爲了追求老婆愛的回報嗎？不是。我們是想當一個 lovely husband。

但是話說回來，不管聰不聰明，所有人都追求被愛，那麼爲什麼有人要去做壞事呢？其實沒人故意做壞事，做壞事是出於愚蠢，他們自己欺騙自己，給自己找個什麼理由，說我這麼做其實是在做好事。

「被愛」的一個方法是獲得財富和名望。每個人都喜歡名人和富人，如果既有錢又有名，我們更喜歡！哪怕這人品行不怎麼樣，只要他有名有錢，我們還是喜歡他，哪天他死了，我們還會感到難過。誰收穫的愛最多？當然是明星啊。

亞當・斯密當然認爲追逐名利是不對的，但他的理由仍然是「自利」。

對明星們來說，獲得名望和粉絲的愛戴是他們的唯一樂趣。這就是爲什麼有些搖滾明星已經很老了，粉絲愈來愈少了，自己也沒什麼新作品，但是仍然在各地不停地演出，因爲他們忘不了過去有名的生活。國內有些老藝術家，年年春晚都出來，平時還要去選秀節目當評委，也是一樣的。

而且名利就像毒品一樣，每次的劑量必須比上一次更大，人的野心才能獲得新的滿足。追逐名利其實是一個惡性循環，並不能讓人快樂。

斯密的建議是，因爲對名利的追求永無止境，乾脆就不要加入這個遊戲。

關鍵在於，亞當·斯密那個年代，工作都是非常辛苦的。一個充滿名利野心的人如果拚命工作，其實很痛苦，沒有多大樂趣。所以斯密對工作的態度的確有點矛盾，即如果一個人有野心，加入名利的爭奪，那麼對他自己其實沒什麼好處。可是根據「看不見的手」原則，財富積累又確實需要野心。

而羅伯茲則說，這個矛盾在今天就不存在了。因爲今天我們有大量的自動化工具，工作本身並不痛苦，甚至充滿樂趣！那麼你爲了名利而努力工作就沒什麼不好。所以羅伯茲的建議是，只要你不把名利作爲唯一目的去追求，也是可以的。亞當·斯密本人就很有名望，名望作爲一個副產品是避免不了的，但我們不能專門追求名望。

但亞當·斯密說，除了熱鬧的富貴之外，還有另外一條路可以獲得「被愛」。那就是去追求智慧和美德。選擇這條路，只有少數人能欣賞你，而且這種欣賞也不像明星粉絲那麼狂熱，但這樣難道不是更好嗎？**擁有智慧和美德，才是眞正的** lovely。

注意，亞當·斯密這套道德說法有相當嚴密的邏輯結構：

一、人要追求自利。
二、自利，就要被愛。
三、被愛，還得值得愛。
四、獲得被愛，名利不是個好方法。
五、好方法是智慧和美德。一步一步推導出來，就像數學理論一樣，從一個最簡單的公理出發，推出各個結論。

他不對你說教，他不跟你玩什麼「動之以情」，他跟你講理。

這就是一個理性人的道德，它自成體系！我們不應該拿兩百年前的東西和兩千年前的東西相比，但是亞當・斯密的這套理論，比語錄體的《論語》和《孟子》，是不是高級一些呢？這個特點難道不值得我們好好思索和學習嗎？

道德不是聖人強加給我們的教條。道德不是滿足自己情感訴求的方法。道德，可以是一個理性人的自利選擇。

做個值得愛的人

借用路斯・羅伯茲的書，繼續說亞當・斯密的《道德情操論》。

亞當・斯密的這套理論並非像傳統的道學家那樣「勸善」，或者占領一個道德制高點對人說教。他首先承認人是自利的，然後從個人利益出發，去推導這麼一套道德選擇，幫我們找到一個處世之道。

我們的目標是既要「被愛」，又要做一個「值得愛」的人。

要讓自己值得愛，一個最基本的功夫就是做事得符合一般的社交規範，用亞當・斯密的話說是 propriety，用現代英語說是 appropriate，翻譯成中文就是「得體」。

得體

這個「得體」，值得好好說說，它其實就是一個紳士和身邊熟人融洽相處的方法。尤其在今天，很多宅男一天到晚待在自己的小天地裡不愛社交，非跟人接觸不可時，種種言行又不得體，既得罪人，又把自己搞得很被動。

什麼叫得體？就是做事最好能符合別人的社交預期。比如，身邊發生一個什麼事情，一般人的反應是大笑，你最好也是大笑；一般人如果是微笑，你最好也是微笑。如果身邊人都在微笑而你卻在大笑，這就叫不得體。當時社會沒有那麼多元化，人也沒有那麼寬容，人們希望大家反應一致。其實現代人也有這樣的心理需求，只不過有時候我們心知別人不得體，但是懶得理他罷了。

所以紳士社交的基本要求是大家同步，同步了才能和諧。亞當．斯密說，我們對不同的東西，有不同的同步要求。比如說，藝術欣賞方面對同步要求就沒那麼強——我喜歡趙本山，你喜歡周立波，沒問題，我倆不至於因爲這個吵架。我們對同步要求比較高的是感情方面——發生在我身上的悲劇，我希望你同情我；發生在我身上的好事兒，我希望你也跟我一起高興。

但人的特點是和別人一起高興很容易，一起悲傷就比較困難了。朋友參加比賽贏球了，我們就像自己贏了球一樣高興；但朋友如果失業了或者考試沒過，我們肯定不會像他一樣難受，否則一聽說壞消息就特別難受，日子就沒法過了。

據此，亞當．斯密提出，**合理的社交方式，是與人分享發生在自己身上大的壞事和小的好事**。你失業了自己很難受，跟朋友分享，朋友肯定不會像你一樣難受，那麼你爲了和他的感情同步，就會表現得得體一些，把自己的難受也降低一點；這對我們改善情緒就很有好處。自己有個什麼小喜事分享一下，讓別人也高興一下，也很得體。

但是如果是得到一大筆獎金之類的大喜事，最好就別發朋友圈炫耀了，因爲這可能會引起別人的嫉妒。另一方面，小的壞事如修車花了幾千塊錢之類，也不適合發朋友圈，因爲你這點事別人根本不在乎！**做事得體，是我們值得愛和被人愛的第一步。**

美德

更高的要求是「美德」。亞當·斯密說，美德有三方面。

第一是「謹慎」（prudent）。這意謂著我們應該誠懇、老實、少說多做，千萬不能高調張揚、誇誇其談，這樣才能贏得別人的信任。不過，亞當·斯密說的是熟人社會。在現代社會要和很多陌生人打交道，你不做點自我推銷也不行，所以羅伯茲說偶爾自誇幾句也未嘗不可，但是你不能言過其實，而且也不要抓住一切機會吹噓自己，那樣只會引起別人的反感，偶爾說幾句，甚至有時候明明有機會自誇也不說，是最好的。

第二是「正義」（justice）。這是一個非黑即白的嚴格要求，非常簡單，就是你不能傷害別人。

第三是「仁慈」（beneficence）。仁慈要求我們主動做些好事去幫助別人。和正義相比，仁慈不是非黑即白、什麼事該做什麼事不該做，沒有嚴格的理論，它其實是一種藝術。比如，我們是否應該給窮人捐款？捐，當然是好事；不捐，也有道理。首先，你已經交過稅了，窮人的福利就是來自稅收；其次，直接給人錢未必是解決他的問題的最好辦法。

在這三個美德之外，如果你對自己還有更高的要求，那麼你可以追求改變世界。這就涉及智慧了。

改變世界

並不是非得變成史帝夫・賈伯斯（Steve Jobs）才能改變世界。說到這裡，我實在是太佩服亞當・斯密了，他兩百年前就提出一個特別有現代味道的概念：emergence（中文叫「湧現」現象）。

如果你對這個概念不熟悉，沒必要自責，這可是非線性科學的範疇，說的是複雜系統的自組織。我來舉個例子你就明白了。比如說Google這個詞，我們都知道是一個搜尋引擎的名字，是個名詞，對吧？但是現在有一種約定俗成的用法，就是把Google當動詞用，如「知之爲知之，不知Google之」。那麼請問，是誰第一個把Google當動詞用的？是哪個英語國家的委員會宣布這種用法在語法上是合法的？

答案是沒有人有權力單方面改變一個詞的用法。是你也用，我也用，大家一起用，慢慢地就把這個新用法習慣化了。這就叫「湧現」。是我們一起改變了世界！

再比如說，一、兩百年前男人出門都會戴帽子，尤其正式場合必須戴帽子，可是現在幾乎沒人戴帽子了。這個社會習俗的改變是誰決定的？這也是一個湧現現象。

這就引出了一場天大的爭論。

亞當・斯密和後來的海耶克（Friedrich August von Hayek）❸認爲，眞正的社會進步，必須是這種民間自組織出來的、湧現的結果。

但後世有很多學者及政治強人認爲，改變世界不能光靠湧現，也需要「看得見的手」去強力干預。這場爭論實在太大，並非本文所能說清楚的，暫且放下不提。

再把話說回來，亞當・斯密認爲我們應該怎樣改變世界呢？你不用做什麼大事，只要從一言一行做起，見到別人做好事就給他鼓掌，見到壞事敢於站出來說話，這樣無數個你一起透過湧現的辦法，就能改變世界。

亞當・斯密特別反感「系統人」，用他自己發明的說法就是「man of system」。這個「系統人」和今天說的「體制內的人」有點關係，但斯密主要說的是那種把社會視爲一個系統、自己有個宏大計畫、想要對這個系統進行單方面改造的人。斯密認爲這種人犯了兩個錯誤。

第一個錯誤是他會被自己的大主意所迷惑，凡是不符合他的理論模型的資訊，他一律忽略！他根本不知道自己的模型可能是錯的，而且任何政策都可能產生意想不到的結果。

第二個錯誤是他把所有人都視爲執行自己計畫的棋子。他認爲自己只要是爲了一個美好的目標，就可以隨便擺弄別人。但人都是有自由意志的！每個人都有自己的欲望和夢想，你讓別人老老實實當棋子按你的計畫走，這本質上就是不可能的。

所以我們要說的這個改變世界的智慧，不是什麼「做大事」的智慧，而恰恰是「不做大事」的智慧。

我們仔細想想，其實「湧現」這個理念和「自由市場」、「看不見的手」是一致的，市場上商品的價格是所有人共同決定的，根本不需要什麼強人來指揮或計畫。

所以我們甚至可以說，「湧現」、「道德情操論」、「看不見的手」、「理性人」這些概念一脈相承，其實就是資本主義市場經濟的核心理念！

---

❸ 海耶克是奧裔英國知名經濟學家暨政治哲學家，以堅持自由市場資本主義、反對社會主義、凱恩斯主義和集體主義著稱。

說到「湧現」，我馬上就能想到一個好例子。有部二〇〇九年拍攝的電影《嫁給大山的女人》，說有個女青年被拐賣到山區，她「多次自殺未遂後，被公婆的善良感動，決心以善報善，支撐起這個風雨飄搖的家」，最後還當上代課老師。這部影片的本意是讚美這種行爲，當年在電影頻道也沒有引起什麼迴響。

可是到了二〇一五年，微博上突然掀起一番巨浪，無數人痛批這部電影。你們拐賣婦女還「善良」了？逆來順受還值得讚美了？這是赤裸裸的野蠻行爲，明白嗎?!

這就是中國的進步。每一個參與批評那部電影的人，都在潛移默化地改變中國，他們共同完成了一次湧現。從此之後，恐怕再也沒人敢要求被拐賣婦女「以善報善」了，整個社會都會用更嚴厲的反應去對待拐賣。

亞當．斯密肯定會讚賞這些網民。

在本文最開始我說要講一番大道理，其實亞當．斯密說的都是做人做事的小道理。

我們在中國受到的教育，總是指望強人來救中國，要不就乾脆希望自己去當個強人。可是強人又太容易犯大錯，所以我們只好要求強人都是聖賢。

亞當．斯密說，你沒必要當聖賢。聖賢是靠不住的！他提出了一套對自己、對別人都有「好處」（完全是從利益推理出來）的道德選擇。

你只要從自身利益出發，做好自己的小事，潛移默化之功，就能讓社會眞正進步。

第二章

精英和讀書究竟有多大關係？

關於「精英」，我和「得到」APP上「熊逸書院」的作者熊逸有一場討論。熊老師問我如何看待「普通人對精英的理解」，其實這個問題就是「讀書」和「精英」到底有多大關係。我總愛鼓吹讀書的好處，認爲精英必須有先進思想。而熊老師也不是那種專門談論冠冕堂皇聖人之道的假道學，他說得非常實在：普通人心目中的精英，就是掌握了核心資源、在食物鏈上排序靠前的人。

所以，這個問題就是讀書到底有啥「用」。如果讀書有用，爲什麼有些書讀得多的人混得並不好，而有些混得好的人根本不讀書？有沒有可能讀書和精英的相關係數其實比較低呢？如果是這樣的話，一個食物鏈上排序不怎麼高的人不好好琢磨掙錢，去讀什麼《春秋大義》，這不是緣木求魚嗎？

這個問題是每個讀書人都得面對的問題，不能因爲我們痴迷於讀書就不問有沒有用。想明白這個問題，愛讀書的才能讀得心安理得，不讀書的也是理性選擇。

我以爲，這個問題得從三方面考慮。

食物鏈、智識鏈和幸福鏈

熊老師說得沒錯，的確存在一個「食物鏈」，每個人在這個食物鏈上的地位取決於他掌握的資源。資源不一定是錢，可以是權力，還可以是強大的社會關係、獨一無二的技術、出眾的美貌、影響力巨大的名望等。正如李斯說的兩種老鼠的故事，人有了資源才能有恃無恐。如果有哪個學問說這些都不重要、只追求內心純淨的精神就行，我看那絕對不是好學問。

但是也沒有哪家正統的學問說別的都不重要，你就專門研究怎麼提高自己在食物鏈上的排名就行。這又是爲什麼呢？

一個重要原因是，你在食物鏈上的排名，基本上不是你自己能決定的。本書第三章解讀康乃爾大學經濟學家羅伯．法蘭克（Robert H. Frank）的《成功與運氣：好運和精英社會的神話》這本書，我們知道所謂的「精英」們之所以成功，既不全是天賦和努力，也不全是關鍵時刻理性選擇的結果，而在很大程度上取決於運氣。家庭出身很重要，在合適的時機選擇了合適的行業很重要，一些非常偶然的因素也很重要。

所以，這條食物鏈的邏輯遠遠不是誰努力就能占據一個好位置。所謂「精英社會」，是一個神話。那麼掌握優質資源的人，是不是都值得被稱爲「精英」，就是一個問題了。

食物鏈排名對個人而言相當不可控，但還有另外一條鏈可以追求，我們不妨稱之爲「智識鏈」。智識，就是智慧和見識。智識不是一種資源。資源可以贈送、可以繼承、可以一出生就有，智識不能。資源可以出售變現，智識不能直接換成錢。**智識是「三觀」：對世界正確的認識，對人生合理的安排，知道什麼東西是好東西；智識還是歷史的經驗和做事的手段。**

食物鏈上排名高的人可以威逼利誘食物鏈上排名低的人，智識鏈沒有這麼厲害的效果，但是高下之分也很明顯。

還有別的鏈。社會複雜多元，並非所有人都排在一條鏈上一個壓一個。在食物鏈和智識鏈之外，至少還有一條「幸福鏈」。我既不追求富貴也不追求見識，我就想看看電視劇、打打電玩、了解一下明星八卦，過好自己的小確幸，你再厲害又能奈我何？

所以人生大概有好幾個維度，我們關心的不僅僅是在食物鏈這一個維度上的位置。在所有維度之中，以我個人的偏見，認爲「智識」最值得追求。我認爲**「精英」的定義，應該看智識水準的高低**。

首先智識比較可控。讀書就是提高智識水準最簡單的辦法，門檻低、收費少，你只要願意下功夫就可以。當然，讀書也有天賦和機遇的問題，但是畢竟比食物鏈上的爬升容易多了。

而且智識水準高的人，也善於在其他鏈上找到自己的位置。

如果一個人的食物鏈排名高而智識低，他的地位可能比較危險。美國買彩券中了大獎的人、中國在徵地中獲得巨額補償的農民，往往會在很短的時間內就敗光財富，這就是在食物鏈上突然攀升之後的智識不夠用了。

如果一個人的智識高但是在食物鏈上的排名低，他大概不用特別擔心。給他機會，他會升上去，實在沒機會還可以培養下一代。

既然如此，智識和食物鏈的相關係數應該比較高才對。其實確實如此。在《族群心智》（*Hive Mind: How Your Nation's IQ Matters So Much More Than Your Own*）這本書中有一個觀點，一個國家在國際食物鏈上的地位，就和它的國民智商（更確切地說，就是國民智識水準）

有很大關係。從個體而論，人的智識水準和收入水準也是正相關的。根據社會學家的研究，精英階層和工薪階層的思維方式存在明顯的差異。相對於普通人，精英更相信規則，更能和陌生人合作，更善於理解抽象概念，更願意探索未知，更能承擔風險……

從整體而言，智識水準高的人通常在食物鏈上的位置也不錯。當然這也是相互作用的結果，食物鏈上排名高的人可以獲得更好的教育資源。身居高位而一腦子漿糊的，和見識卓絕而蝸居底層的，都是比較罕見的特例。

那爲什麼有些特別厲害的學者，沒有去爭奪更大權力和更多財富呢？一方面，特別大的權力和特別多的財富都需要運氣和機遇，他想爭奪也爭奪不了；另一方面，是代價問題。

自由、代價和大事

亞當·斯密有個理論，說財富和名望，哪怕是從自利的角度，也不應該過分追求。因爲食物鏈排名是個正回饋的遊戲。比如，Uber 給司機們設計了一個遊戲，無論你已經掙了多少錢，無論你多苦多累，你總能看到下一個掙錢目標。人陷入這個遊戲後是一個非常痛苦的狀態，沉迷於其中而不能自拔。

亞當·斯密那個時代沒有 Uber，也沒有「行爲設計學」，但亞當·斯密已經意識到這個問題。不管你有多少錢、有多大名望，前面永遠有更大的目標。每天差一分鐘的錶已經不錯了，你非得想要一隻一個月才差一分鐘的；拿了銀牌已經是萬人之上，但你總想拿金牌。正回饋遊戲就像吸毒，排名愈高的人需要的劑量也愈高，最後必然以失望結束。

這就是排名的代價。你要非常辛苦、付出很多，才能提高排名。但考慮到幸福鏈，過分的犧牲可能根本不值得，爬到一定程度停下，做點自己感興趣的事豈不是更好？

智識份子不應該一味追求食物鏈排名，還可以追求「自由」。役使別人的能力，由食物鏈排名決定。但是免於被人役使，一定排名以上的人都可以做到。我總愛說「自由技藝」，這就是一套統治者和「拒絕被統治」者的學問：我不壓迫你，但是你也別想壓迫我。

不過現代社會除了官場之類的個別系統，大多數人和人之間都是平等合作的關係，不存在多少威逼利誘。一般人本來就是比較自由的。尤其是發達國家，頂層資源多，很自由，底層享受高福利還不用操心，更自由。反倒是中層，一天到晚辛苦工作疲於奔命，名義上很自由，其實享受不到。

所以我們得研究一下幸福鏈，到底怎麼才幸福呢？這又得回到馬斯洛的需求層次理論，最高一層叫做「自我實現」。熊逸老師說這個「自我實現」其實就是低級需求的華麗變種，我看很有道理，它們說的都是食物鏈上的地位。比如說有的高官，當官還不過癮，退休了還時不時出本書；有的人經商成功還不過癮，還得追求社會影響力。小官和小商人，一般顧不上這些。我們大概可以說，「自我實現」是食物鏈和幸福鏈在一個高度上統一了。

但是我們也得承認，的確有很多人是踏踏實實想要做成一件事，而不單純追求自己在其中獲得什麼地位。我看現在關於「幸福」的研究，普遍認爲這種情況是最高級的幸福，這就是我們常說的「be part of something bigger than yourself」。如果你認爲這件事特別值得做，那付出一些代價也是可以的。

有時候你能感到一個使命在召喚，認爲自己就應該做這件事才幸福。「了卻君王天下事，贏得生前身後名」，誰都不可能對這樣的事不動心。

那如此說來，最有意思的人生就是找到機會去做些大事，你既能感到幸福，又能順便提升食物鏈排名。

智識，特別有利於做大事。所以就得多讀書啊！

演算法和複雜

現在有一類書專門替人生提供解決方案，中國人管這類書叫「成功學」，英文說得比較低調，叫「self-help」（自助），分類目錄連 nonfiction（非虛構）都不算，有點上不了檯面。這些書是專門研究怎麼提高食物鏈排名的。

其實這些書的內容我有時也會涉及，比如自控力、好習慣的養成之類。但你得承認，我們說得比較高級，因爲我們討論原理、講解實驗、研究利弊，是把這些內容當「課題」，而不是當「課程」說的。我們說的，嚴格來說是嚴肅的 non-fiction，而 self-help 類更簡單粗暴，就是直接給你提供行動指南。

但不管是 non-fiction 也好、self-help 也罷，我要想提升食物鏈排名，唯讀這些成功學不就行了嗎？

我的答案是，如果你唯讀 self-help 類，你的最高境界就是活成了一個演算法。給你一個任務，你知道怎麼完成，心中有目標，你知道怎麼實現。你知道各種激勵自我和自控的手段，你活得非常有效率，但你是一個工具，因爲你只會「執行」。

演算法的意思是給定這樣的輸入，我就產生這樣的輸出。如果局面是這樣的，我就這樣做，如果局面是那樣的，我就那樣做，「如果……就……」這就是演算法。一切邏輯都清晰合理，這就是行動指南給的東西。你聽說一個道理，你問：「怎麼讓這個道理落實？」你想要的就是行動指南，你就是想變成演算法。

演算法，和精英有本質的區別。精英有決策權。

凡是查「如果……就……」表示就知道該怎麼辦的事，那不叫決策，都是演算法。你知道「應該」攢錢投資，但是你受不了誘惑沒做到，那是你的執行能力有問題，和決策無關。**決策，是沒有人告訴你該怎麼辦，沒有固定演算法，沒有已知的對錯，這個時候你怎麼選擇**。

我反反覆覆強調一句費茲傑羅的名言：「檢驗一流智力的標準，就是看你能不能在頭腦中同時存在兩種相反的想法，還維持正常行事的能力。」

世界上很多道理都是互相矛盾的。運氣重要還是努力重要？保守好還是進步好？要平等還是要自由？先把國內的事辦好，還是發揚國際主義精神？這些問題，每一個都能從正反兩方面說出很多很多道理來。遇到一個具體事情怎麼辦，沒有固定的行動指南，你必須參考兩方面的道理，自己決策。

大多數人從小到大，可能根本沒有幾次必須做決策的機會，所以決策也可以說是精英的特權。這也是爲什麼「創業者」其實無須讀很多書，時機到來的關鍵時刻最需要的不是什麼決策，而是執行力，簡單粗暴最好。但事業做大後，局面愈來愈複雜，你就得讀書了。

有時候你已經有了主意，可是要想說服別人，還得有專門的學問。

第三章

有時候，成功就是需要好運加持

喜愛閱讀成功學和勵志類著作的人肯定聽說過查理．蒙格（Charlie Thomas Munger）這個人。他是股神華倫．巴菲特（Warren Buffett）的左右手，是泰山北斗級別的投資家，同時還是個作風低調、酷愛讀書的智者。蒙格的很多話都値得作爲名人名言在一本書或一篇文章的開篇引用，我們也來引用一段：

得到你想要的東西，最保險的辦法，就是讓自己配得上你想要的那個東西。

這句話當然是前輩高人說給「好學上進的青年」。但你仔細想想，他其實說的是無數成功人士的心聲：「我配得上！」

所以這句話最適合出現的場合就是記者採訪你的時候。記者問你，你成功的祕訣是什麼？你就可以把蒙格這句名言抖出來。可是以我之見，如果你的成功是特別大的成功，而你又想讓採訪更精彩一點，你還可以嘗試另一種風格的話——實話。

美劇愛好者都知道有一部劇叫《絕命毒師》（*Breaking Bad*），《絕命毒師》有個導演叫文斯．吉利根（Vince Gilligan）。吉利根有一次接受《GQ》雜誌的採訪，記者問他成功的祕訣是什麼？他就說了一段比蒙格說的更有意思的話：

你有沒有過這樣的經歷：把一張紙揉成一團，根本不瞄準，隨隨便便往遠處的垃圾桶一扔，就扔進去了。下次你想再這麼扔進一次，精確瞄準，百般努力，可是怎麼都進不了。……我們為了拍這個劇，每個人都付出了全部的努力，我們想讓它成為人類所能做到的最好電視劇……但是你知道嗎？隔壁《嘴砲天王》（*According to Jim*）劇組也是這麼投入的……那為什麼非得是我們這個劇大獲成功呢？我真想知道為什麼，這樣下次我還有機會在電視圈再拚一把。可是說實話，現在這個劇能成功，我已經是偷笑了。

他說的成功經驗，叫「運氣」。

運氣動力學三定律

二〇一六年四月，美國出了本新書《成功與運氣：好運和精英社會的神話》。此書作者羅伯．法蘭克是美國康乃爾大學經濟學教授，他在《紐約時報》（*The New York Times*）寫一個經濟學專欄，而且我們的讀者可能以前還讀過他的另一本書，中文版書名叫《經濟自然學：爲什麼經濟學可以解釋幾乎所有的事物》（*The Economic Naturalist: In Search of Explanations for Everyday Enigmas*）。

我們現在所處的這個社會，不管是美國還是中國，大體上都是一個精英社會，即人們可以靠天賦和努力去爭取財富和地位，而不像歷史上那樣家庭出身決定一切。

「精英」，是個比「貴族」好得多的詞。這是一個「選賢與能」的好時代。不過法蘭克說，如果你認爲精英們之所以成功全是因爲他們的天賦和努力，外加在人生重大關頭做出理性的正確選擇，那也不對。**成功在很大程度上是因爲運氣**，而且在現代社會更是如此。

法蘭克列舉了很多例子，包括他自己的生活經歷，還有一些系統研究的結果，來說明運氣在成功中的重要性。我幫他總結一下，個人運氣的規律大約有三條，我們姑且稱之爲「運氣動力學」。

定律一：運氣可以放大

假設有A和B兩個人，他們的天賦、努力程度和見識水準完全一樣，但A的運氣比B好一點，大約五％吧。那麼請問，假以時日，A的個人收入會比B高多少呢？也是五％嗎？

那就大錯特錯了。我看更合理的答案是五〇〇％，甚至更高。人類社會是個非線性的複雜系統，這意謂著初始條件好一點點，最終結果不是按比例也好一點點，而是很有可能不成比例地把初始優勢放大很多很多。

比如說，有一對非常優秀的雙胞胎姊妹，大學入學考試那天妹妹正常發揮，姊姊不幸因爲感冒而發揮失常，那麼二十年後，也許妹妹能得一個諾貝爾化學獎，而姊姊則是某個化工廠的工人。

你可能會問，難道姊姊就不能來年再考？沒錯，大學入學考試還有第二次甚至更多次機會，可是某些事情，是連一次機會都非常稀少的。比如說演戲。

法蘭克舉的例子是《教父》（*The Godfather*）的主角艾爾．帕西諾（Alfredo Pacino）。帕西諾主演了無數好片，我們今天可能認為他是天生的最佳男主角，簡直無法想像一個沒有帕西諾的平行宇宙。可是帕西諾能拿到《教父》中的角色，恰恰是運氣的力量。

- 當時帕西諾只是個無名的三線演員。
- 其實柯波拉自己就是個新人，一個三十多歲的年輕導演，敢跟製片方這麼挑戰還成功的太少了。
- 製片方本想選個名演員來演麥可，可是導演柯波拉（Francis Coppola）非得用新人。
- 製片方選的幾個名演員都不在檔期，只好妥協。
- 導演想要一個長得就像西西里人的新人，帕西諾正好合適。
- 原著中麥可的戲分並沒那麼重要，是導演改了劇本，讓帕西諾幾乎成了全片的主角。

這樣的機會有幾個新人敢指望？如果沒有《教父》，帕西諾還會是今天的帕西諾嗎？我想起一個不知在哪裡看到的典故：人們都說布萊德．彼特（William Bradley Pitt）長得帥、演技好，可是一個電影大老說，像彼特這麼帥的人，我出門到洛杉磯街頭隨便就能找到二十個，他們只不過是運氣沒那麼好而已。

在人生的早期，尤其是關鍵節點上，好運氣就有這麼大的放大效應；而且這還不是個案，還有大規模統計的根據。

加拿大職業冰球運動員有四〇%出生在一月、二月和三月，只有一〇%出生在十月、十一月和十二月，爲什麼？因爲他們小時候參加少年冰球隊選才時是按照年齡分組的，而早出生的孩子在同一年齡段有將近一年的身體優勢。

冰球從一月一日畫線，小孩上學則從九月一日畫線，那麼夏天出生的小孩一入學就是班裡年齡最小的，這就吃虧了。年齡大的孩子從小就被潛移默化了領導力，這就是爲什麼美國公司出生在六月和七月的CEO，人數比平均值低了三分之一。

經濟學論文署名，一般把所有作者按照姓氏的第一個字母排列，按理說，內行都知道這個規矩，可是爲什麼那些第一個字母在字母表中愈靠前的助理教授們，會愈早被提升爲正教授呢？爲什麼針對心理學教授的統計就沒有這個現象？因爲心理學論文署名不按字母排列。

所以說，如果你出生的月份正好過線，你又姓「安」，那你就贏在人生的起跑點上。可是如果你想出類拔萃，你還得再多幾個這樣的好運氣才行。

定律二：運氣可以累加

法蘭克在書中講了很多自己的人生經歷，在我看來簡直如傳奇一般。可以說不是一次兩次，是一系列的好運氣，才讓他獲得了康乃爾大學經濟系的正教授職位，才讓他有機會做那麼多有趣的研究、寫那麼多專欄文章，我們才能看到他這本書。他甚至兩次面臨死亡威脅，也是因爲非常不可能發生的巧合才轉危爲安！

不過，法蘭克顯然不是世界上運氣最好的人。比爾・蓋茲（Bill Gates）才是。我們來看看運氣在蓋茲的早期生涯中是怎麼起作用的。

- 蓋茲正好出生在一九五五年。如果晚生幾年，他的青年時代就趕不上個人電腦的第一波浪潮；如果早生幾年，那時候他就太老了。
- 蓋茲家境很好，更好的是，他上的那所私立高中是當時全美國唯一提供學生免費的、無限的、能夠即時看到運算結果的電腦螢幕的中學，那時絕大多數大學還沒有這個條件。沒有這個「即時回饋」的電腦螢幕，少年蓋茲就沒法「刻意練習」那麼好的編程技術。
- 蓋茲退學創業的時候，正好趕上ＩＢＭ需要個人電腦的作業系統。
- ＩＢＭ本來想從別的公司買作業系統，但是很偶然地沒談成。
- 蓋茲的公司去收購一個現有的作業系統ＱＤＯＳ，對方公司那人不懂行情，居然五萬美元就賣給他們了，這才有了MS-DOS，未來世界首富的第一桶金。

哪怕以上這些事中有一件不成立，蓋茲也絕對成不了世界首富。

這種運氣等於連拋二十次硬幣，次次都是正面朝上。你可能會說這種機率也太小了，怎麼可能發生？對每一個具體的人來說很難發生，但地球上這麼多人，其中必然能找到一個人，在他身上就發生了。這好比買彩券中大獎的機率非常小，但總會有人中大獎一樣。

當然我們不是說蓋茲全靠運氣成功，天賦和努力就不重要；我們說的是，在某些時候，光有天賦和努力遠遠不夠。

定律三：競爭愈激烈，運氣愈重要

全美高中棒球聯盟一共有一萬五千支球隊，其中有四十五萬名高中生在打棒球。每年有十四萬名高中生有資格參加職業球隊的選拔，而最後被選中的只有一千五百人。可是美國職業棒球大聯盟總共只有三十支球隊，每支球隊只有球員二十五人，那麼每年能給這一千五百個新人提供的位置又能有幾個呢？

所以有的教育專家說人生是一場長跑，不要計較孩子能不能贏在起跑點……我敢說他家肯定沒有練職業運動的孩子。

像職業運動這種競爭激烈且淘汰率極高的項目，你不但要贏在起跑點，而且必須接連不斷地一直贏，才能獲得一個哪怕只是在正式比賽中上場的機會。也許你家孩子打球像鄰居家孩子一樣好，甚至更好，但是因爲非常偶然的原因，一次選拔沒選上，那他很可能就沒有下一次了。

原因非常簡單：高手太多了。

法蘭克介紹了一個電腦類比的實驗。假設有這麼一種比賽，在決定勝負的因素中，天賦和努力占九五％，運氣只占五％，你猜最後獲勝的是什麼人？結果是只要參賽者足夠多，最後勝出的都是運氣特別好的人。

這是因爲比賽中有足夠多的高手，他們的天賦和努力值都非常高，那麼這些人之間又比什麼呢？當然是比運氣。而現在的職業運動比賽就是如此。沒有天賦和努力的人根本就上不了場。法蘭克統計了短跑項目共八項世界紀錄，其中七項是在順風時候創造的，一個是無風的，逆風的根本沒有。

「機遇只偏愛有準備的頭腦。」這句話說得當然好，但現實問題是，有準備的頭腦太多，機遇太少。

如果你僅僅憑藉天賦和努力就能在一個領域取得了不起的成就，那只能說明你這個領域不夠熱門，沒有吸引到太多和你一樣有天賦、和你一樣努力的人。

再者，天賦不也是一種運氣嗎？別忘了智商主要是靠遺傳。**如果一個領域連天賦都不需要，僅僅靠努力就能有所成就，那只能說明這個領域是個非常冷門的領域。**

法蘭克這本書其實是寫給幸運者的書。你未必非得參加那種高水準的競爭，但是了解一下那種競爭是什麼情形也是一種趣味，而且未必一點用處都沒有。

那麼那些已經非常幸運的人面臨的競爭，是個什麼樣的局面呢？

勝者通吃

前面提過一個問題，如果有A和B兩個人，水準一樣，但A的運氣比B好五%，那麼一段時間過去後，A的收入能比B高出多少呢？我估計是五〇〇%。現在我們把問題換一下：如果有A和B兩種同類型的產品，A的性能、價格綜合起來比B高五%，請問A的銷售額會比B高出多少？答案不是五%，也不是五〇〇%，而是A將占有全部市場，B將出局。

因爲**今天的市場是一個勝者通吃的市場**。

勝者通吃的市場

早在十九世紀就有人明白這個道理：交通愈發達，好產品的優勢就愈大。

比如說鋼琴。最初，每個地方都有一家鋼琴廠，有的廠做得好，有的廠做得不好。做得不好的也能生存下去，因爲外地廠商做得再好也賣不到這裡，運費太貴了。可是等到交通愈來愈發達、運費降下來以後，好鋼琴就會占領愈來愈大的市場，乃至整個市場。這個局面，就是勝者通吃。

法蘭克早在一九九五年就曾經和菲力浦．庫克（Philip J. Cook）合作過一本書，叫做《勝者通吃的社會》（*The Winner-Take-All Society*）。那本書的核心思想就是技術進步能加速好產品的擴散，導致市場被少數幾個大公司壟斷，本地的小工廠出局。他們考察了很多領域，從輪胎到演藝明星，都是這種局面。

運費下降只是一方面，更關鍵的是，現在很多產品裡最有價值的部分並不是重量，而是它承載的想法！一張唱片本身能有多大價值？眞正的價值是它的內容，而把內容多複製一份的邊際成本，基本上是零。

運費愈來愈低，而且要運的東西還愈來愈輕，甚至可從網路上即刻下載，結果就是把好東西傳播出去愈來愈容易。

這還只是單方面的傳播。如果再考慮到消費者給的回饋，就會出現戲劇性的局面了。

正回饋效應

法蘭克管這個效應叫做「網路效應」，我認爲叫「正回饋」更簡單明瞭。舉個例子來說，Windows 對 Mac。歷史上曾有一段時期，微軟的 Windows 作業系統和蘋果的 Mac 作業系統勢均力敵。Windows 的相容性好，但 Mac 的用戶體驗好，誰想吃掉誰，似乎都不太容易。

但是從「吃」到「通吃」，卻是非常容易的。

- 可能是微軟押對了戰略，也可能純粹是什麼偶然的原因，從某一時刻開始，Windows的用戶數稍微超過了Mac一點。
- 因爲這一點，軟體公司開發新軟體就會優先考慮Windows。
- 這麼一來，Windows的用戶能使用的軟體就更多了。
- 於是就有更多的用戶選擇Windows……

這就是正回饋。因爲你的用戶多，所以你的用戶就會更多；因爲你厲害，所以你就會更厲害。這個效應一旦啓動，就是雪崩式的過程，市場在非常短的時間內就幾乎全部落到了微軟手裡。

類似的例子還有當初錄影帶格式的Betamax和VHS之爭。索尼的Betamax清晰度更好，特別適合家庭錄影，但錄製時間只有六十分鐘；VHS清晰度差，但是用來錄電視節目很合適，一捲帶子能錄一整部電影。你說哪個好呢？眞實情況是一旦有更多用戶選擇VHS，錄影帶出租店必然傾向於VHS，導致買VHS錄影機的人更多……正回饋之後，Betamax迅速出局。

後來的藍光DVD對HD-DVD，歷史重演……只不過這次是索尼笑到了最後。

正回饋，是一個最可怕的力量，但也是一個非常不可靠的力量。

想要通吃，你只須積累一點點優勢，可是這一點點優勢背後有太多偶然因素。比如說，怎樣出一本暢銷書呢？法蘭克說，最好這本書的作者之前就出過暢銷書，讀者和作者之間已經有了正回饋。如果作者名氣不大，那就得指望媒體宣傳，比如讓《紐約時報》給個好的書評；但風險在於，書評人的口味不一，好書未必一下子就能獲得好評。你說找人幫著炒作，可是別的書難道就不會炒作嗎？因此，正回饋這把火並不是那麼容易點起來的。所以那些已經占有優勢的人，難道不應該感到僥倖嗎？

收入差距

好在人不是產品不能隨便複製，否則絕大多數的人都沒工作了。即便如此，人與人之間的收入差距還是愈來愈大。法蘭克說，在勝者通吃的市場中，個人的收入有兩個特點。

第一，你的絕對實力並不重要，重要的是你對於對手的相對實力。比如老球迷都知道，二十世紀九〇年代有個女網球明星叫史蒂芬妮．葛拉芙（Stefanie Graf），她在整個九〇年代的水準一直穩居世界頂尖高手的級別，但她的收入眞正達到最高是在一九九三年四月以後的十二個月。水準還是這個水準，收入突然猛增。這是什麼道理？那只不過因爲當時世界排名第一的莫妮卡．莎莉絲（Monica Seles）因爲遭粉絲刺傷，被迫休假了十二個月，整個舞台都讓給了葛拉芙。

第二，只有少數人能獲得高收入。可能很多人不知道，現在古典音樂的市場非常大，銷售量是有史以來的最高水準。可是，眞正從這個市場中獲利的音樂家卻是極少數；大部分的古典音樂家是不賺錢的。

我們還是假設有A和B兩個音樂家，他們的水準差別不大，如果你讓普通觀眾盲聽，根本聽不出來。可是一旦樂評人達成共識，認爲A的水準更高，B就出局了。A能簽到七位數的演奏合約，而B也許只能去當小學音樂老師。

你能說出四個男高音歌唱家的名字嗎？如果必須去劇場聽音樂，我們需要很多很多歌唱家。但是在唱片時代和網路時代，也許四個男高音就已經太多了。

十多年前，里斯・安德森（Chris Anderson）提出了一個「長尾」理論，說因爲網際網路的出現，各種小眾的文化產品也有了市場，勝者通吃的局面會減弱。可是法蘭克考察了一九九五年以來各個領域的銷售資料，發現長尾效應並沒有體現出來，反而是最暢銷的東西現在更暢銷、不暢銷的東西更不暢銷了。

這大概是因爲技術再怎麼進步，消費者的時間和精力也只有這麼多，人們只能選擇熱門電影和暢銷書。

好東西愈來愈容易傳播，而位子的總數不變，這意謂著勝者通吃和收入不平等的局面會愈來愈嚴重。

很多人說美國人的收入差距增大，是因爲工作外包和自動化導致的，這些效應都可能存在；但法蘭克認爲，更重要的原因是**技術進步帶來勝者通吃的局面**。要知道，現在不僅僅是底層和上層的收入差距在拉大，上層的人與人之間的收入差距也不斷加大。現在連牙醫都是明星通吃，普通水準的收入在下滑。

二十世紀八〇年代，ＣＥＯ的平均收入是普通工人的四十二倍，現在則是四百倍。這難道是因爲ＣＥＯ們愈來愈貪婪嗎？

過去選ＣＥＯ都是從公司內部提拔，那麼ＣＥＯ的薪資就是公司內部協商確定的。二十世紀九〇年代以來，ＣＥＯ可以跨公司、甚至跨行業任職，出現了一個「開放的ＣＥＯ市場」，ＣＥＯ的議價能力才大大增加。這個變化的一個重要榜樣就是ＩＢＭ的傳奇ＣＥＯ路易士・葛斯納（Louis V. Gerstner），他之前是菸草公司的！

什麼叫人才流動？這就叫人才流動。這個流動的時代，就是勝者通吃的時代。**勝者通吃的時代，是競爭愈來愈激烈的時代，是個人能力愈來愈重要的時代**。

如果你能在某個領域中表現得比所有人都高出一點點，也許你的收入就會比所有人都高出很多倍。

所以這也是運氣愈來愈有用的時代。

但有意思的是，不管是成功者還是失敗者，都不願意承認運氣這個因素，而且不信運氣可能還有好處。

信命不認命

請原諒我用了算命先生愛說的一句話作爲本節標題……其實咱們談論的都是嚴肅的事。一個人的命運當然要靠自我奮鬥，但也要考慮到歷史的行程，以及完全隨機、根本不受你左右的「運氣」。前面我們說到，在高水準競爭中，運氣非常非常重要，可以說世界上那些特別成功的人也都是運氣特別好的人。我感覺法蘭克這本書最主要就是寫給運氣好的人看的，他想教會這幫人怎麼正確認識「運氣」，他認爲這樣對大家都有好處。

那麼一般人是怎麼對待運氣的呢？如果想要做個智者，我們又該怎麼對待運氣呢？

有一個眞實的故事。故事發生在西班牙。有個人去投注站買彩券，說一定要選個尾數是「四十八」的號碼。可能當時的技術比較落後，沒有電腦選號和現場列印，他只能在現有的彩券中尋找，好不容易找到一張尾數是「四十八」的彩券就買下了。結果，幾天後開獎，他居然中了大獎！

記者就問他中獎的祕訣是什麼。他說：「當然有祕訣。買『四十八』是順從天意！我連續七天作夢都夢到了數字七，而七乘以七等於四十八。」

所以人就是這樣，有點成績總能找到自身努力的原因。

成功是因為水準高，失敗是因為運氣差

買彩券是個非常有意思的活動，人們總是願意相信彩券中獎是有規律的。在新浪網這麼正規的網站上，都有專門研究彩券規律、分析號碼走勢的專欄。有些人對這些分析津津樂道，就好像中獎是因爲做好了研究工作似的。

我們盡可隨便嘲笑那些研究彩券號碼走勢的人，但是別忘了，幾乎所有的成功都有運氣的因素。很多炒股和做風險投資的人，一旦成功了就說這是因爲自己的眼光獨到，以及做了大量的研究工作，不愛說，甚至不承認運氣的作用。

把成功歸因於自己水準高，這讓我們自我感覺很好，這是人的本能。

有人做過這樣一個實驗：把一批憂鬱症患者召集到一起，讓他們完成難度不同的任務，完成之後讓他們評估自己在任務中的表現，結果憂鬱症患者對自己能力的評估和實驗人員對他們的觀察是一致的。也就是說，憂鬱症患者能夠客觀地評估自己的能力。

實驗中還有一個對照組，參加測試的是正常人，也是自我評估，然後和實驗人員的觀察對照。結果發現正常人如果在任務中表現出色，就會過高地估計自己的能力在其中的重要

性；正常人如果表現不好，就會過低地估計自己的能力在其中的作用，說表現不好是因爲外界因素的影響或任務太難。

所以什麼叫憂鬱？憂鬱，也許就是當你能清醒地認識到生活眞相的時候所產生的情緒。這個情緒挺難受的，所以我們這些「正常人」都用自己騙自己的方法在生活中前行。

這種樂觀主義的精神可能會讓我們去冒一些不該冒的風險、經歷不該經歷的失敗。但這不是正常人的錯，想要達到憂鬱者的境界並不容易，這背後還有一個心理學效應叫做「可得性啓發法」（availability heuristics），指人們在進行判斷的時候，總是依賴最先想到的經驗和資訊。

比如說，你經過一番努力，取得一個了不起的成就。當你回顧這段經歷的時候，你最難忘的，一定是自身在其中付出的努力，而容易忽略外界的偶然因素。即使當時你覺得非常幸運，但時間一長你就忘了。所以過段時間之後，連你自己都會認爲成功是自己努力的結果。

法蘭克舉了個例子。你在騎自行車的時候會遇到順風和逆風的情況。如果逆風騎車，你會非常累，也就記住了這個風向；如果順風騎車，你就很容易忽略了風向條件。這就是爲什麼我們在 Google 搜尋「逆風」（headwind），能找到很多人逆風前行的圖，但搜尋「順風」（tailwind）就沒幾張圖片。

這麼做除了防止憂鬱，還有別的好處。

不信邪的好處

有首網路歌曲叫《交作業》，說根本沒必要交作業，歌中唱道：

交了，又不一定是自己寫的！
寫了，又不一定考！
考了，又不一定能畢業！
畢了業，又不一定找得到工作！
找到工作，又不一定找得到老婆！

我理解這首歌的精神是，如果你過分強調運氣的因素，你可能就眞沒心思努力寫作業了。**高水準競爭需要我們付出全部的努力，外加運氣**。想進好大學，就得從小開始堅持不懈地用功，付出大量的時間甚至金錢，還未必能進得去；可是如果努力程度不夠，那就肯定進不去。在這種情況下，家長是應該對孩子說「努力就能成功」呢，還是實事求是地說「即使用功，未必成功」呢？

當然要強調正能量。不管運氣如何，不信這個邪，動員自己埋頭苦幹加拚命硬幹，也許到時候就眞有機會了。

不過從人生策略來說，正能量並非所有人都負擔得起。有篇文章叫〈今朝有酒今朝醉，也是一種理性〉，講人生其實有「快策略」和「慢策略」之分。如果一個人所處的環境變化不定，運氣的成分實在太大，未來的境遇很可能還不如現在，那他的確應該採取「快策略」，及時享樂就算了；只有當你處於穩定的環境中，對未來有點把握，才有條件採取「慢策略」，推遲享樂。

所以嚴格說來，不考慮運氣成分眞不行。

在政治思想層面，總體來說，自由派比較相信運氣的作用，認爲許多人的境遇不好，其實是因爲他們的運氣不好，政府有責任幫助這部分人，而運氣好的那部分人也有責任回報社會；而保守派則更相信個人努力的作用。

那麼我們作爲個人，到底應該如何看待這個問題呢？

一流智力

二〇一二年的美國總統大選，是民主黨的巴拉克．歐巴馬（Barack Obama）對共和黨的威拉德．羅姆尼（Willard Mitt Romney）。當時有人給《紐約時報》的專欄作家大衛．布魯克斯（David Brooks）寫了一封信，信中說：

歐巴馬經常說，美國人之所以能過富裕的生活，是因為美國的社會和政治力量，讓我感謝國家；羅姆尼則認為一個人之所以能努力獲得財富，和他的文化傳統很有關係，讓我感謝文化傳統。可是我總覺得，我能過上今天的日子是因為我自己努力工作啊！你是怎麼看待這個問題的呢？在我所獲得的成就中，到底有多少該歸功於自身的努力，又有多少應歸因於外界環境的影響呢？

布魯克斯給出了一個非常漂亮的回答，他說怎麼看這個問題，其實取決於你是往前看還是往後看：

如果你要計畫將來，你就應該相信未來盡在你的掌控之中，只要付出就能有所回報，哪怕這只是一個幻覺，你也應該相信它，只有這樣才能全力以赴；但如果你已經取得成功，回顧往事的時候，你應該意識到你的所得超出了你的應得（you got better than you deserved），你應當為此感到慶幸。

當你作為一個野心勃勃的「執行者」，你可以認為你自己配得上你取得的每一個成就；但是作為這個世界上的一個「人」，你應該知道那完全是胡說八道，沒有外界環境的支持，你無法取得今天的成就。

布魯克斯是說，從不同的角度去看這個問題，你會得出不同的結論，而且這些結論其實都正確。這也印證了美國作家費茲傑羅的名言：

檢驗一流智力的標準，就是看你能不能在頭腦中同時存在兩種相反的想法，還維持正常行事的能力。

我們應該怎麼看待運氣？答案就在於你能不能調用這個一流智力。

攀比動力學：消費不落人後

現在我們已了解這麼一個基本事實：非常幸運的少數人在勝者通吃的市場條件下，能夠拿到比別人高出許多倍的收入。這在很大程度上解釋了爲什麼技術愈進步，貧富差距愈大。

法蘭克用的都是美國的資料，但我覺得他書中說的這個道理也適用於中國。特別一點，他這個理論甚至能解釋現在的高房價。

房價為什麼愈來愈高？

關於中國房價爲什麼漲得這麼猛而且還一直漲，我們已經聽說過很多理論，比如說中國特殊的土地財政啊，城市化帶來的剛性需求啊，還有人說是中國丈母娘推動了房價上漲。這些理論哪個對呢？讀了法蘭克這本書，你可能會覺得這個「丈母娘理論」並非沒有道理。

當今美國的「土地財政」和城市化進程都和中國很不一樣。那爲什麼在過去三十年中，美國的房價也在上漲呢？

從一九八〇年到現在，美國家庭年收入的中位數不但沒有增長，還略有下降，目前大概是六萬美元左右。這是關於美國一個非常非常重要的事實，它帶來了一系列的經濟和社會問題。過去幾十年，美國經濟增長的受益者只是富人。但美國中等家庭的住房面積，比過去擴大了五〇％。

這是一個非常有意思的情況，收入沒有增長，房子卻變大了。這個多出來的面積可不是白給的。法蘭克自己統計，一九七〇年，一個中等收入的人租住一個中等的房子，爲了負擔房租，他必須付出每個月四十二小時的工作時間（而今天則得付出一百小時的工作時間）。這麼算的話，住房花費占美國人的收入比例已經擴大了一倍多。

如此說來，美國房價的漲法似乎比中國的情況還是要好一點，畢竟中國漲的是單位面積的房價，而美國的房價雖然在漲，但是美國人的住房面積也的確變大了。

但即便如此，房價上漲對美國人來說也是巨大的負擔。房產負擔大到了什麼程度呢？在美國貧富差距最大的社區中，正在發生三種現象：離婚率上升；由於居住的地方和工作的地方距離遠，人們花在上下班路上的時間增加；個人破產率也在上升。

更大的房子，並沒有讓普通美國人的生活更幸福！

收入不漲，住房花費卻在上漲，這個現象沒有辦法用傳統經濟學解釋。不過有個現象和它很相似：婚禮花費。按照今天的可比價格❹計算，美國一九八〇年一場婚禮的平均花費大概是一．一萬美元，而二〇一四年則是三萬美元。現在紐約曼哈頓地區一場婚禮的平均花費甚至高達七．六萬美元。婚禮花費愈來愈高，對婚姻品質有什麼好的影響嗎？沒有。經濟學家甚至有統計發現，婚禮花費愈高的夫婦，將來離婚的可能性反而愈高。這個情況，我們中國人一看就明白是怎麼回事：攀比❺。

花費軍備競賽

人們追求的無非就是兩個地位：自己部落相對於其他部落的地位，以及自己作爲個人相對於其他人的地位。**一個人的生活幸福感，很大程度上並不是由絕對的物質水準所決定，而**

❹可比價格又稱固定價格或不變價格，當利用可比價格計算各種總量指標時，價格變動的因素已經被排除，使得不同時期的數據具有可比性。

❺從經濟學角度來看，攀比效應是一種趕時髦心理，即想擁有其他人已經擁有的商品。

是和周圍人比較出來的。

法蘭克有一個觀察：收入差距愈大，人們的互相攀比就愈嚴重。

前面說了，美國過去的二、三十年間，眞正實現收入增長的其實只有富人，那爲什麼普通人也非得去住更大的房子呢？這其中有一個原理，法蘭克稱之爲「花費傳導」（expenditure cascades）：

- 首先是富人的收入增多之後，自然要住更大的房子。現在的標配是房子要大到可以在自己家裡舉辦婚禮，這就要求自帶舞廳。
- 富人的房子變大了，富人圈裡的「近似富人」群體就會受到感染，也要追求更大的房子，玩些豪華裝修、使用更貴的電器，比如冰箱得買美國品牌 Sub-Zero。
- 那麼和「近似富人」有來往的上層中產階級一看，也會改善自己的房子。
- 接下來就是普通中產家庭。

整個過程就像瀑布一樣，消費習慣就這麼一層層地傳導下來。富人引領時尚，其他階層慢慢跟進。其實不僅是住房和婚禮，連生日晚會的標準也在提高。現在美國普通中產階級的孩子在家裡辦個生日派對，請職業魔術師來表演已經幾乎成了標配。

而且你不攀比都不行。如果你所屬階層的人都換了更大的房子，你就必須跟著換。因爲如果你不換，你的孩子就不能去本階層該去的好學區上學。

這是一個非常無奈的局面。這就好像我們在體育場裡看比賽，本來大家都坐著，這時出現一個精彩的場面，有些觀眾忍不住了非得站起來看，他們一站起來，他們身後的觀眾只好也跟著站起來，最後結果就是大家都站著。可是都站著看，每個人的視野大小就和都坐著是一樣的，早知如此何必站起來呢？

達爾文早就注意到這種現象：族群中每個個體爲了爭奪相對地位而辦的軍備競賽，有時候對族群整體反而有害。比如，美洲麋鹿的鹿角就是攀比出來的結果。鹿角，是雄性麋鹿之間決鬥用的武器，對單隻雄麋鹿來說，鹿角肯定是愈大愈好，足夠大才能夠打敗競爭對手，獲得更多交配機會把基因傳遞下去。可是鹿角對狼沒用。麋鹿見到狼只能跑，而過大過重的鹿角會減慢麋鹿在樹林中的奔跑速度，大鹿角就成了累贅。因爲狼的存在，麋鹿的鹿角大小會存在一個上限，但總體來說，麋鹿沒有必要長那麼大的鹿角，最好的辦法就是所有雄性麋鹿能坐在一起開個裁軍會議，大家共同把鹿角尺寸減半。這樣族群整體就有了更好的生存機會，而且每隻雄鹿的相對地位還可以保持不變。

麋鹿當然不會開會，但是人類可以做到。法蘭克這本書的關鍵提議，就是我們降低攀比導致的不必要花費，把這部分錢投入到基礎設施建設去。這並不會改變每個人的相對社會地位，卻能給所有人都帶來好處。

這個建議就是稅制改革。

累進消費稅

現在大多數國家都採用累進的所得稅，也就是你的收入愈高，你的邊際稅率也愈高。近年來，美國的邊際稅率實際上是在下降的，並且富人還能享受各種減稅的優惠政策。

法蘭克提出，放棄累進所得稅，改用累進消費稅。具體做法是，每個人報稅的時候還是先算總收入，接下來算你今年的總儲蓄，然後收入減去儲蓄，就是你今年的消費，政府根據消費多少，累進收稅。

法蘭克計算，對中產階級來說，他們在這兩種稅制下需要繳納的稅款其實差不多。但對富人來說，新稅制可以從他們的高消費中收到更多的稅，同時還鼓勵存錢。這樣政府就有了基礎設施建設和教育的資金。

而且這種稅制並不影響富人的相對地位！其實富人要爭奪的奢侈品並不是什麼名牌包包之類的，而是那些數量更有限的商品，比如說海景房。海岸線就這麼長，能建的海景房就這麼多，能住進海景房的人也就只有這麼多。不管你多花多少錢，都改變不了這一點。就算新稅制逼得每個人讓海景房的報價都下降一點，最後能住進海景房的還是同樣一批人。

關鍵在於每個人都少花點錢，和你作爲一個個人少花點錢的效果是不一樣的。如果別人不減少支出，而你減少支出，你就會發現自己的生活品質明顯下降；但如果大家都減少支出，你的相對生活水準就沒有下降，海景房你還可以照住。

法蘭克的這個建議已經獲得一些經濟學家的支持，但是短期內未必能實現。

以我之見，法蘭克這個建議有個隱含假設，那就是投資帶來經濟增長。但消費也是拉動經濟增長的關鍵因素之一。我懷疑這個累進消費稅可能會導致所有人的消費水準都下降，那麼這對經濟將是巨大的打擊。當然我不是經濟學家，這個問題只能存疑。

總而言之，法蘭克認爲現在有一個黃金機會，因爲攀比會產生巨大的浪費，只要把這部分錢用於基礎設施建設，就是一個痛感最低、效果最好的解決方案。

不管他這個累進消費稅是否可行，我認爲在幾個原則問題上，法蘭克說的都是對的：

- 你的成功有運氣因素，應該感謝國家和社會。
- 貧富差距愈來愈大，這是一個大問題。
- 幸運者有責任進一步回報社會。

富而好禮

如果用一段中國經典來概括法蘭克這本書中一些經濟學和心理學實驗的內容，我想到的是《論語．學而》中的一段話：

> 子貢曰：「貧而無諂，富而無驕，何如？」
> 子曰：「可也，未若貧而樂，富而好禮者也。」

我理解子貢說的是一種被動的要求，貧窮也不去巴結奉承誰，富貴也不驕橫。孔子說的是更高級的境界，是自己對自己的主動要求，不但不如何如何，而且還要如何如何。說貧窮我也能過得愉快，富貴我還能對人以禮相待。

放在「成功與運氣」的語境下，那就是說，**對一個成功者，初等的要求是不驕橫，高等的要求是要主動回報社會。**

成功了就驕橫，可是人的本能。

富貴而驕

有一個著名的「分錢實驗」，你可能在別處看過，是讓A和B兩個互不認識的人去分一筆錢，比如說一百元。規則是這樣：A決定這筆錢怎麼分，而B決定是否接受A的分配方案。如果B接受，那麼兩人可以拿錢就走；如果B不接受，那麼就是一場空，誰都得不到錢。

如果A與B都是純理性的經濟人，那麼A的分法就應該是給自己九十九元，給B只留一元，反正對B來說，獲得一塊錢也比什麼都沒有強；但是根據在世界各地實驗的結果來看，A的分法通常都是一人一半，因爲他知道，如果給B少了，B很可能會寧可不拿錢也不接受。A的擔心是對的，事實表明B眞的會拒絕，錢可以不要，理不能輸。

看來，「公平」已經深入人心。

但這個實驗的有趣之處在於你可以在其中進行各種變化，從各個方面測量人性。法蘭克就講了一個變形版的分錢實驗。順便說一句，這個實驗是北京師範大學的研究者做的，很可能受試者是我們中國人。

在分錢之前，先讓A和B做一道題：大螢幕中間有一條線，線的兩邊分布著很多黑點，但肉眼一時之間看不出有多少個點，讓A和B判斷哪邊的黑點多，然後實驗人員會告訴他們，誰的答案對。

這個實驗的機關在於，實驗人員宣布A和B的對錯其實是隨機的，和兩人的實際答案一點關係都沒有。

做完這道題再分錢，就很有意思了。如果實驗人員宣布A答對了、B答錯了，那麼A分錢的時候就會把大部分的錢分給自己，給B留下很少，而且B會接受這樣的分配方案！

這不就是「富而驕，貧而諂」嘛！實驗人員根本就沒說這筆錢是答題獎金，可是兩人自然認爲「成功」了就可以驕傲地多拿，「失敗」了就自動諂媚地認了命，也不抗爭了。

如果實驗人員宣布兩人都回答正確，A的分法就是一人一半。可是如果實驗人員說A錯了、B對了，A會主動多分一點給B，但這個差額的幅度比A對B錯的情況可是小了很多。

眞實世界不就是如此？華爾街巨頭們投資成功了，就理所當然地多拿獎金；玩出金融危機了，就讓政府救市。這幫人不但贏了遊戲，還直接影響國家政策，左右分錢的權力。這就叫「富貴而驕」，出自老子的《道德經》，原文是兩句話：「富貴而驕，自遺其咎。」

這就是說，如果你想長久地享受好運氣，從一個成功走向另一個成功，就得學會子貢說的「富而無驕」。

主要看氣質

法蘭克說，**一個人想在事業上取得成功，光靠自己的天賦和努力是不夠的，得和人合作才行。最好的辦法，就是加入一個精英團隊。**而別人願不願意和你合作，也不是光看你的天賦和努力，還得看你能不能維護集體的利益；換句話說，就是你是否能不作弊。

法蘭克說了一個實驗。先把三個陌生人聚集在一起，讓他們互相交流三十分鐘，之後將他們分開，讓三人分別玩一個遊戲。遊戲中如果任何一人作弊，另外兩人永遠不可能知道。與此同時，研究人員對他們進行問卷調查，讓他們判斷另外兩人之中誰有可能會作弊。

這個發現就是，如果一個人有作弊行爲，那麼別人能事先猜出來他會作弊的可能性有六〇%。

換句話說，只需要短短三十分鐘的接觸，我們就能有很好的把握，知道這個陌生人是不是會作弊的人。這是怎麼看出來的呢？顯然主要看氣質。

所以**想要和人合作，你最好有一個「好人」氣質**。這個氣質怎麼修練呢？法蘭克說，最好的辦法就是你要承認自己的成功之中有運氣的因素，不要把所有的功勞都歸於自己。**一個承認運氣的人，自然不會去搶別人的功勞，合作者就會信任他**。

法蘭克本人做了一個實驗。他找人虛構了一份記者訪談，訪談對象是一個虛構的著名科學家，這個科學家發明的新藥取得了極大的成功。採訪有兩個版本，前面都把這個科學家描寫成一個大大剌剌、說話不怎麼客氣的人，唯一的區別就是最後一段：

「運氣版」中，這個科學家說雖然我們團隊付出了極大努力，但其中也少不了運氣成分，還講了幾個好運氣的事件。

「能力版」中，科學家就只說團隊付出的大量努力，尤其還說明，是自己的一個關鍵貢獻，才讓這個新藥取得成功。

法蘭克把這兩個版本的訪談隨機交給受試者閱讀，並且問受試者兩個問題：

一、如果你是一個大公司的總裁，你是否願意雇用這位科學家擔任你們公司的副總裁？

二、如果這位科學家是你的鄰居，你們是否有可能成爲好朋友？

結果可想而知，是「運氣版」的效果更好。而且有意思的是，針對第一個問題，學歷愈高的受試者愈傾向於因爲「運氣版」而更願意雇用這個科學家，特別是法蘭克還拿這個實驗測試了一批MBA學生，這些學生對「運氣版」非常買單。

所以對高水準合作者來說，你承認運氣因素，反而還能給自己加分。而如果你能更進一步達到「富而好禮」的水準，那對你的身心健康都有好處。

感恩之心

有人做了這麼一個實驗，把受試者隨機分成三組，讓他們在接下來的十週內，拿個日記本每天記錄不同的事件。

第一組記錄讓自己感到需要感恩的事件，第二組記錄讓自己感到惱怒的事件，第三組記錄任何一件對自己有影響的事件。十週之後，實驗者發現感恩組的成員明顯變得更加樂觀了，幸福度提高，健康程度都比另外兩個小組要好。這十週之內，感恩組的成員見醫生的頻率明顯低於另外兩個小組。

這肯定是一個能寫進心靈雞湯的實驗結果！感恩，竟有這麼大的好處！而且這個研究還不是孤立的。法蘭克還介紹了幾個別的研究，其中一個研究是讓受試者給他們覺得應該感謝但沒有感謝過的人寫封感謝信，結果效果也很好。一系列類似的實驗都顯示，**感恩能讓人的焦慮減少，更不容易惱怒，睡眠品質更好，還對別人更有同情心。**

這讓我想起了臉書的創始人馬克·祖克伯（Mark Zuckerberg）。祖克伯每年給自己找個新挑戰，如二〇一〇年是學習中文、二〇一一年是只吃自己殺死的動物、二〇一二年是重新開始寫程式等。他二〇一四年的自我挑戰就是每天給人寫個表示感謝的便條。我懷疑祖克伯是不是看過這些感恩研究。我們不知道他的這些感恩便條對被感恩的人有沒有什麼好處，但是根據研究結果，這個行爲肯定對祖克伯本人有好處。

常懷感恩之心，這不就是「富而好禮」嗎？我看美國很多中餐廳喜歡弄個佛像或關公像之類的擺在店裡，上面寫的字卻是「招財進寶」、「財源廣進」之類，簡直俗不可耐。弄一句「富而好禮」是不是更高級？

最後再來點正能量。法蘭克的這本書主要是寫給「幸運者」的，他的目的在於勸說成功者不要貪心拿走所有好處，最好能給別人也留下一點，回報社會。

法蘭克打了個比方。你是願意把所有能拿到的好處都拿走，自己開一輛法拉利跑車，但是因爲公共設施非常差，你不得不在坑坑疤疤的路面上開你的法拉利呢？還是自己少拿點，買輛保時捷，但是能讓公共的路面平整漂亮？

保時捷 911Turbo 比法拉利 F12 柏林尼塔（Berlinetta）便宜一半，但也是能彰顯你地位的好車啊！

讀者中想必有些成功人士，以及更多將來即將成功的人。那麼了解了這本書，我希望你能時不時回想一下這兩個畫面。**保持「富而好禮」的狀態，既有利於身心，也有利於你取得更大的成功，形成積極的正回饋。**

第四章

破除成功學的迷信

二〇一七年五月十六日出版的英文新書，中文書名我暫時翻譯成《破除成功學的迷信：為什麼你所知道的關於成功的大多數事情都是錯的，以及其背後令人驚奇的科學》（*Barking Up the Wrong Tree: The Surprising Science Behind Why Everything You Know About Success Is (Mostly) Wrong*），作者是部落客兼專欄作家埃里克・巴克爾（Eric Barker）。

這本書的英文標題也是巴克爾部落格的名字，直譯過來就是「吠錯了樹」。這是一個很有畫面感的標題，說一隻狗追一個人，人跑進樹林上樹了，狗找著一棵樹就站在前面叫，但是它不知道那個人並不在那棵樹上。對應到中文，差不多就是「緣木求魚」的意思。

也就是說，現在人們追求所謂的「成功」、各種雞湯段子裡的「成功學」，可能都是緣木求魚。關於「成功」的迷信說法太多了，巴克爾這本書就是要用科學研究的結果破除迷信，撥亂反正。

其實這也是我們一直都在做的事情。比如，雞湯的理念都是「不管是什麼人，只要自己努力、方法正確，就一定能成功」；而我們就多次強調，成功裡面其實有很大的運氣成分。這就是兩種完全不同的世界觀：我們尊重客觀世界，反對不切實際的幻想。

這本書也不能確保你成功，我甚至不敢肯定對你的成功到底能不能有所幫助，但這本書可以讓你更了解「成功」到底是怎麼回事。甚至有可能你了解這些以後，理性地決定放棄追求「成功」。

爲什麼優等生不能改變世界？

你注意到沒有，媒體經常討論一個問題：爲什麼大學入學考試的狀元們後來都沒成爲特別厲害的人物呢？爲什麼有些特別厲害的企業家之類的人物當年的學習成績並不特別突出？是因爲讀書無用嗎？是因爲考試教育把學生都教傻了嗎？還是僅僅是統計學上的偶然？

眞正的原因是，「好學生」和「厲害人物」之間有一個很深的矛盾。

好學生和極端學生

美國的高中教育比較注重全面發展，沒有這麼鄭重其事的「大學入學考試」制度，但美國高中也有優等生。有一項研究，考察了八十一個在高中表現特別優異、能被邀請在畢業典禮上做報告的好學生，長期追蹤他們的發展。

這些人基本上就相當於中國的大學入學考試狀元。而且和大學入學考試狀元一樣，他們上了好大學，也找到了好工作。九〇%的人後來都成了醫生、律師之類的專業人士，四〇%的人在自己的職業領域中算是一流人才。

但是，人才歸人才，這些人當中並沒有改變世界的人物，也沒有負責運轉世界的，更沒有眞正影響世界的。說白了，他們都是高級的打工者。他們和中國的大學入學考試狀元差不多，也許高中畢業那一刻，就是人生的巔峰時刻。

所以，「好學生沒有大出息」的現象並不限於中國，美國也一樣。事實上有人統計，美國百萬富翁高中時的GPA（平均成績）只有二·九（滿分四·〇），也就是中等生的水準。

如果說中國的教育不能培養超一流人物，那麼美國也是如此。這個規律就是，在學校裡表現特別好的，後來通常並不是眞正的高手；高手當年在學校的表現通常不是最好的。這是什麼原理呢？巴克爾分析有兩個原因：

第一，在學校的表現不能反映眞實能力。在決定一個人學習成績的因素中，智商只占一小部分，更多的是自律、勤奮和遵守規則。老師要求做什麼就做什麼，規定的任務全部完成，考試的科目全部達標，這就是標準的好學生。但是你想想，高手，會是這樣的學生嗎？

第二，學校喜歡的是全面發展，而高手是靠熱情，也就是我們常說由「passion」驅動的。你不可能對所有事物都充滿熱情！如果你特別喜歡數學，你肯定不想花時間去背什麼歷史的考試要點。

所以，眞正厲害的人物是特別聰明、充滿熱情的人，在上學時其實都是比較難受的。有時候，你得對抗體制，簡直每天都在鬥爭。「人才」其實有兩種。一種是「好學生」，樂於遵守各項規則，善於取悅老師，是體制的受益者；還有一種是「極端學生」，特別反感規則。而學校獎勵的是遵守規則的人。巴克爾說，什麼是規則？規則就是「去極端化」。在絕大多數情況下，隨主流挺好，極端的人不容易混好。可是特別厲害的人，恰恰也是極端的人。

兩種領導人

有句話說：「不想當將軍的士兵不是好士兵。」我們今天能否大膽地想像一下，如果讓你當某大國的領導人，你會做什麼呢？你可能想推動一些大刀闊斧的改革、做幾件大事、改變歷史進程，青史留名。我也是這麼想的，而這就是你和我都當不了國家領導人的原因。

這樣的人不但沒有把國家治理好，還給搞亂了。更關鍵的是，根本輪不到你上台就被淘汰了。任何一個國家的官僚系統都不太可能讓這樣的人上台。甚至在公司，這樣的人也不太可能當上領導者。

領導者都是什麼人呢？長期以來，管理學家一直困擾於一個問題：領導者對一個單位的作用究竟有多大？一方面，很多證據顯示，一個團隊的成功與領導者的關係並不大。有些領導的主要工作就是每天早上請大家吃早餐，有他沒他都一樣。另一方面，確實有些諸如賈伯斯這樣的人，做到了力挽狂瀾。

那麼領導者到底是有用還是沒用？哈佛商學院教授高塔姆．穆孔達（Gautam Mukunda）提出了一個理論，他說，領導者其實有兩種。

一種是「被過濾過」的領導者，如果你不遵守規則、不能爲其他人帶來安全感，你就會被過濾掉。那麼經過層層過濾、最後能當上領導者的人，必然是現行規則的受益者，他們會盡可能地維護現有的規則，他們也就是平庸的領導者。團隊靠規則運行，有他沒他都一樣。

還有一種則是「沒有被過濾過」的領導者。這些人不是層層選拔上來的，而是因爲一些特別偶然的原因上位。比如總統出事了，副總統突然當上了總統；或是臨危受命，體制已經不行了，讓他做做看。他不是體制的既得利益者，他很願意打破規則，做一些極端的事情。

穆孔達用這個理論，把歷屆美國總統分類，結果能以九九%的準確度「預言」每個總統對國家的影響。當然是沒有被過濾過的領導人能夠真正影響世界，乃至於改變世界。

請注意，「改變世界」不見得都是好事，打破規則的後果經常是災難性的。一個愛走極端的領導者往往不是好領導。

但也有少數人在特定的歷史時刻擔任要職，而他的個性又恰好符合這個職務此時此刻的要求，那麼他走極端反而成功了。

比如，溫斯頓·邱吉爾（Winston Churchill）就是一個非常極端的人物。別人都愛國，邱吉爾不光是愛國，是極端愛國，只要他覺得對英國有威脅的，他就要不顧一切消滅它們。甘地（Mohandas Karamchand Gandhi）在印度發起非暴力不合作運動，邱吉爾也不同意，差點要除掉甘地。像這樣的領導人，放在平時可能就是國家的災難，但趕上二戰，也只有這樣極端的人才能領導英國對抗希特勒（Adolf Hitler）。

所以你看出了沒，正所謂「非常之功必待非常之人」，**「高手」的成功，就是要走極端**。

那麼極端的人都在哪兒呢？是你想極端就能極端嗎？不是。你恐怕得有極端的基因才行。

蒲公英和蘭花

有個基因叫 DRD4，一般人都有，但有些人的 DRD4 基因變異了，變成了 DRD4-7R。帶有這個「7R」變異的人，小時候的表現爲兒童過動症。

你可能認爲這是不好的變異，因爲它會讓人難以集中注意力、不聽話、不遵守規則。但現在的科學家不是這麼看問題，他們認爲基因沒有好壞，像 7R 變異只是一個「增強器」。

帶有 DRD4-7R 基因的孩子的確有過動症，但他們也有別的孩子不具備的優點：才三歲，他們就能主動和其他孩子分享好東西，這顯然是社交能力更強的表現。

所以基因好不好，還得看環境怎麼配合。7R 變異者如果在一個冷漠甚至虐待的環境中長大，他就會表現出過動、對抗的特徵；可如果他成長在一個溫暖的家庭環境中，他就會成爲很好的連接者和組織者。

基因變異通常是非常溫和的，不會帶來顯著的變化，人和人之間的差別不太大。巴克爾打了個比方，大多數人就好像是蒲公英，對環境的要求不高，在哪裡都能生存。

可是有些基因變異，像這個 DRD4-7R 就是比較顯著的。有這種變異的人會表現出和別人非常不一樣。他們就好像蘭花，對環境的要求很高。若環境不行的話，他們的生存能力遠遠不如蒲公英。但如果環境正好合適，他們能取得極端的成功。

你想當蘭花嗎？那你先想想電影《X戰警》（*X-Men*）裡面那些人吧。

他們身上有特殊的基因變異，的確有超能力，但是他們從小就異於常人，得到更多的恐怕不是羨慕，而是歧視！

我們再舉個例子。比如有個人的身子特別長，腿特別短，胳膊特別細，手和腳都特別大，跑步跑不快，整個人都不協調，你想當這樣的人嗎？

在普通人眼裡，這是生理缺陷；在游泳教練眼裡，世界冠軍麥可・菲爾普斯（Michael Phelps）❻就是這種體型。他很不適合在陸地行動，但是他非常適合游泳。

看到菲爾普斯，我們就忍不住想，如果因爲偶然的原因，他小時候沒有機會接觸游泳訓練，他現在會是一個什麼樣的人呢？事實上，就連菲爾普斯在奧運會狂拿金牌的時候，也不是所有人都喜歡他。有人就在網上說，我不愛看怪物游泳！

本書有篇文章叫〈天才和瘋子只是一線之隔〉（參第十章），天才和怪人之間也是只有一線之隔。他們都是極端的人，有的是長得極端，有的是行爲極端。不極端，就不可能取得極端的成功。極端，更可能連正常的生活都過不好。

有了這個對成功的正確認識，我們再來想一想自己的成功策略。首先，你要知道你是哪種人。你是容易通過過濾機制的人，還是容易被過濾掉的人？是遵守規則的人，還是反抗規則的人？是蒲公英，還是蘭花？是正常人，還是極端的人？

第一種人只要環境有明確的規則、做事有明確的路徑，他們都會表現得很好。他們是好學生、好員工。但是，他們應對不了急劇變化的場面，如果有一天突然失業，他們的痛苦程度會比第二種人高得多。而第二種人在正常環境中往往會很難過，非得找到特別適合自己的特殊環境，才能表現出色。

成功策略的第二步是發現自己的特長，尋找適合自己的環境。你不一定能找到，也許那樣的環境根本不存在。就像羅伯．法蘭克在《成功與運氣》中說的：成功在很大程度上，的確就是運氣。

了解了這些，你還羨慕那些特別成功的人嗎？也許還不如老老實實當個優等生，過好自己的小確幸呢。成功學說只要你這麼做，你就能像賈伯斯、比爾．蓋茲和祖克伯一樣……怎

---

❻ 有「飛魚」之稱的麥可．菲爾普斯為美國游泳健將，至今累計拿下二十三面奧運金牌，打破西元前一五二年傳奇奧運跑者羅茲（Leonidas of Rhodes）奪得十二面奧運金牌的紀錄。

麼可能呢？他們都在大學退學了，你敢退學嗎？

成功學想把人變成演算法，但人生從來都不是演算法，人生是矛盾的。人生中充滿艱難的選擇。你是想按規則行事，還是想打破規則？每一個選擇都有代價。你想當個好學生和好員工，讓家長和主管都滿意，那你就是一個平庸的人。你想當個革命者，那你就要得罪很多人。世界上沒有萬全之策，這才是真實的世界。

我第一次在炒股論壇看到「富貴險中求」這句話的時候，笑了……「富貴險中求」不是貶義詞嗎？在電影裡，一般說完這句話的人很快就死了。但是你想想，成功在某種意義上，恰恰就是「富貴險中求」。

敢不敢走極端，很大程度上是由基因決定，但人總有一點自由意志。不過我覺得有個問題更有意思，如果你要生個孩子，請問你想給他多大的基因變異？你是想生個「X戰警」，還是想生個「蒲公英」呢？

極端的成功並不適合所有人，需要基因和環境的配合。**成功的反義詞不是失敗，而是平庸。失敗其實是成功的近義詞，兩者都意謂著要走極端**。

堅持，堅持，再堅持

透過上面所述，你看出來沒有，所謂的「成功」並不是一個謀定而後動、理性計算堅定執行的過程，其中可能會有無奈的選擇，有偶然的運氣成分。**成功者可能不是最理性和最現實的人，反而可能是特別極端的人**。下面我們要說的也有點這個意思：成功者可能是不太理性、甚至是自己欺騙了自己的人。

有句話說「堅持就是勝利」，現在就說說「堅持」。「堅持就是勝利」這句話沒有毛病，很多成功者恰恰就是在關鍵時刻沒有放棄，堅持下來了。

比如前面說過，美國百萬富翁的平均GPA只有二．九，學習成績不怎麼樣。但是統計也發現，百萬富翁們還有一個共同點，就是都自詡特別能堅持，做事有始有終，別人都誇他們可靠。還有人發現，即使你做的是藝術這種創造性工作也需要堅持，遇到挫折不放棄，把失敗當成學習的機會，一路堅持做下來，才能獲得成功。

二〇一六年有一本暢銷書叫《恆毅力》（*Grit: The Power of Passion and Perseverance*）。「Grit」這個詞對應的中文差不多是「堅忍」的意思，那本書的作者、心理學家安琪拉．達克沃思（Angela Duckworth）把grit定義爲「熱情加堅持」，說能堅持也是人的一種素質，需要好好培養。

再比如說，我們知道「刻意練習」需要很長時間，一般的說法是至少需要一萬個小時才能達到頂尖水準。如果你上來就說「只要你練習一萬個小時……」，那就有點站著說話不腰疼了，誰能堅持一萬個小時？一點都不容易。

這本書只說了堅持的重要性，但是到底什麼人能堅持呢？高手都是怎麼堅持下來的呢？我看還是巴克爾列舉的這些研究更能說明問題。

特種部隊與保險推銷員

美國海軍海豹突擊隊（SEALs）是一支非常厲害的部隊，它在訓練和作戰中經常玩一些創新，它在訓練中對「人」的研究經常被商界學習。

海豹突擊隊的訓練非常殘酷，喜歡用艱難的訓練淘汰人。比如有一項考核是在長達一百一十個小時內不能休息和睡覺，要一直不停地長途行軍和游泳。堅持不住的可以馬上退出，但是退出就意謂著被海豹突擊隊淘汰了；一直堅持到最後的，才能留下來。

海豹突擊隊就想，能不能在最先選拔士兵的時候，就排除掉那些不能堅持的人，這樣不就節省時間了嗎？所以他們做了調研，想看看到底具備什麼素質的人能堅持下來。結果很有意思，最後堅持下來的不是身體最強壯的人，而是精神最樂觀、自己給自己打氣的人。

他們的這個特點，和保險推銷員有點像。

保險推銷員是一個有點悲慘的職業。你要挨家挨戶推銷，人們一見你就煩，你才剛一開口，別人就聲明自己不買保險，每天面對的就是冷眼和拒絕。能做好保險推銷員的肯定都是特別樂觀的人，他們有一個自我激勵的方法，每時每刻都在大腦裡和自己說話，說這個拒絕了不要緊，我再試試下一家。

在這種長期的挑戰中，眞正區別能堅持和不能堅持的不是體力和意志力，而是你是樂觀還是悲觀。

心理學家馬汀．塞利格曼（Martin Seligman）提出，面對生活的打擊，人會產生「三個P」的情緒：自責（personalization）、永久化（permanence）和普遍化（pervasiveness），認爲自己就是不行，這個困難實在太大、根本過不去，這件事只能就此作罷。

但是，樂觀的人並不是這樣的。不管遭受多大挫折，樂觀的人總是在告訴自己：

- 困難都是暫時的，只不過偶爾發生，沒關係，不影響大局。
- 這次的失敗只不過是因爲某個特殊的原因。
- 這不是我的錯誤……不是我不行，只不過今天我的運氣不好而已。

我們想想這三點。這種所謂樂觀的態度也不科學啊！說得好聽點，這叫樂觀；說得不好聽，不就是自欺欺人？人很難從自己的失敗中汲取教訓，而現在這些樂觀者的態度，的確不是汲取教訓、提高自我的態度。

但正是這樣的態度，才能讓他們堅持下來。而且對於賣保險來說，「樂觀」這個素質就夠了，什麼外向、會說話都不重要。統計發現，能在樂觀素質上排到前一〇%的人，總共賣出了八八%的銷售額。

樂觀的人能堅持下來，靠的不是對自己和世界的理性認識，而是靠自欺欺人，哄著自己留下來。如果一個人眞的能夠理性地看待自己和世界，那麼他會怎麼樣呢？

律師與抑鬱症

如果一個人看什麼都看得特別準，對局面有精確的判斷，他可能是一個憂鬱症患者。

羅伯．法蘭克在《成功與運氣》這本書裡講過一個實驗：讓一群人玩一個遊戲，然後每個人評估自己的表現。該實驗發現，正常人都是高估自己，說凡是我表現好的都是因爲我能力強，凡是我表現不好的都是因爲遊戲本身有問題。可是有一種人卻能準確評估自己，他們的自我評估和實驗人員給他們的評分是一致的，這些人是憂鬱症患者。

也許眞實世界就是不太好，你要眞看清了，你就憂鬱了。樂觀是一種自我保護！不然這日子怎麼過下去呢？

巴克爾說（我也不知道這個結論是否適用於中國），在美國的律師中，得憂鬱症的人數比其他職業要高出三．六倍。這是因爲律師這個職業不允許你盲目樂觀。作爲律師，你必須在打官司前考慮到各種最壞的結果，什麼事情都要往壞處想。這是一個誰悲觀誰贏的行業。

這大概就是爲什麼儘管律師的收入高、社會地位很好，可是五二％的律師對職業並不滿意，很多人做了一段時間就不想做了。

看來自我欺騙還是一種福利。其實，我們每時每刻都在自我欺騙，我們用的方法，就是講故事。

故事的力量

有些事你眞是沒法樂觀，你需要講一個更好的故事才行。比如在納粹集中營裡，所有人對生活都沒有最基本的掌控，每天就是等死，有的人受不了直接就自殺了。那些最後能活下來的人，都是什麼人呢？

他們找到一個力量支撐自己活下去，他們爲自己講了一個故事。有的人爲了家人而活，他們連家人在哪兒、現在是否還活著都不知道，但他們說服自己不能放棄對家人的責任。將來還要和妻子見面，他們還要照顧孩子，現在不能死！

人的大腦裡有一個敘事自我，時刻都在爲自己講一個故事，我們都生活在自己給自己編的故事裡。如果當前的生活狀態和這個故事一致，哪怕再苦再累，我們也能感到很幸福；如果生活不是我們期待的故事，人們就會很難受。

難受怎麼辦呢？你可以換個故事。比如一個人在工地搬磚掙錢，非常辛苦，收入也很少。但如果他告訴自己這麼做不僅僅是爲了生存，而且是爲了接受生活的磨礪，他每搬一塊磚都是在把自己變得更強，他就能積極樂觀地堅持下去。

當然你可以說，這些故事都是虛構的，是自己在騙自己。但這恰恰是故事的作用：你明明經歷了很多失敗、犯過各種錯誤，還做了一些壞事，但你爲自己講故事的時候，專門挑好的說。這其實是人的一種非常健康的心理機制。**故事的價值不在於眞實準確，而在於提供人生的意義**。

有研究發現，你要考察一對夫婦的關係是否足夠牢靠、有沒有可能離婚，最好的指標不是看他們的經濟狀況，也不是看他們相處時間的長短、性生活的頻率之類，最有效的辦法是讓他們講講這段關係的故事。研究者判斷，故事講得好不好，能在九四%的程度上預測這兩人是否會離婚。

還有一個研究說，一個小孩的心理健康狀況，和他在上哪個學校、有多少玩具、看多少電影等關係都不大，最重要的指標是看這個小孩是否理解家族的歷史。如果他深刻了解家族歷史，明白自己這個家族是怎麼走到今天這一步，理解父母的不易，他的心理就非常健康。

故事能爲工作帶來意義。一個醫院裡的清潔工如果把工作純粹當成是賺錢餬口，他會做得很不愉快；但如果他認爲自己的工作也是爲了幫助病人，是治療的一部分，他的工作狀態就會很好。

調查顯示，**工作的意義比工作的收入更重要**。這也是我們常說的「something bigger than

yourself」。

為自己講個好故事，找到工作和生活的意義，保持樂觀的精神，這是能堅持下來的前提條件。然後，你再把大目標分解成各種小任務，把每個任務都遊戲化，隨時獎勵自己，獲得掌控感，用一個個小勝利慢慢積累進步，這就是通往成功之路。

今天我們再次看到，**眞正讓人成功的往往不是機械化的理性和演算法，而是某些情緒化、非理性的東西**。

以前我看過一個報導，講的是奇瑞汽車如何起家。當事人後來感慨，說那時候就是安徽的一個小廠，哪知道現代汽車工業是怎麼回事，造汽車有這麼困難。他們純粹是無知者無畏，想造汽車說做就做，結果一步一步堅持下來，現在居然成了一個舉足輕重的大公司。

大事業往往就是這麼創造出來的。如果開始的時候你清醒地知道這件事有多難，你根本就不會開始。

現在一提孫中山都說他是革命偉人，可是如果讓你重返革命現場，看孫中山早期的反清運動就像笑話一樣。現在一提黃興，說他是革命軍事家，可是黃興當年十次起義十次失敗，哪裡像是一個懂軍事的人？

但是這幫人屢敗屢戰，也是因爲趕上了歷史時機，最後居然成功了。大的成功往往不是理性計算的結果，而是這麼無知無畏地拚命硬幹出來的。

這種做法非常有可能遭受失敗，誰要是問我要不要走這條路，我大概會勸他別走。還是那句話，成功的反義詞不是失敗，而是平庸。失敗，是成功的近義詞。

可是話說回來，不管什麼事業，不問可行性，一味地堅持，眞的好嗎？有時候放棄也是對的。

面對各種挫折和困難永不放棄，能長期堅持下來，是成功者必備的素質。**長期的堅持不是來自體能和意志力，而是來自樂觀的精神，來自我們爲自己講的故事。故事都是虛構的，但是它提供了工作和人生的意義。**

廣伸觸角，覓得天職

之前我們說要「堅持，堅持，再堅持」，但這裡面是有問題的。怎麼找到值得堅持的事情呢？你總不能說只要肯堅持，做什麼事都能成功（我想當美國總統，那肯定再怎麼堅持都沒用），那麼我該如何判斷哪些目標根本不切實際，應該放棄呢？下面就來解決這兩個問題。

找到興趣所在

我們還是先來做道題。給你二十根義大利麵條（沒煮過、長長的、比較粗、比較硬的那種）、一條繩子、一條一公尺長的膠帶、一塊棉花糖。二十分鐘之內，看你有什麼辦法能用這些材料，把棉花糖放置在一個盡可能高的位置。

有位研究者拿著這個問題測試了很多人，他想考察不同人群的創造性。他測試過工程師、商界人物、ＭＢＡ的學生等。據說，表現最好的族群是六歲的幼稚園小孩。

這個結果非常符合民間傳說的說法，說小孩的創造性比成年人要好。但小孩可能只不過是解決問題的方法更先進。他們沒有想太多，直接上手嘗試，一個方法不行就換一個。結果大人還沒想好，小孩已經做出來了。

這個風格很符合企業家精神。實做家不需要精確調研，不用考慮太多，而是要多嘗試新事物，在行動中獲得想法。所謂「保金斯基三原則」，就是要在可控和低成本的狀態下盡可能地嘗試新事物，不怕失敗，取得回饋。矽谷有句格言叫「要快失敗，多失敗」（fail fast, fail often），說的也是這個意思。

這就是我們尋找那個值得堅持事業的方法。

成功有很大的運氣因素。找到適合自己的環境和事業就需要運氣，但運氣其實是可以「調整」的。還眞有人專門研究過運氣，有人認爲自己運氣好，有人抱怨自己運氣不好，那麼研究者就比較了這兩種人，看看他們的行爲方式有什麼區別。

結果，**區別運氣好與運氣不好的關鍵在於是否經常嘗試新東西**。你嘗試的東西愈多，遇到好東西的可能性就愈大，當然就會有好運氣。當然，從另一方面說，你嘗試的東西多，遇到不好的東西也會更多，但只要遵循「可控」和「低成本」的原則，就不怕那些小失敗。

願意多嘗試的人運氣好，這一點還有直接證據。有經濟學家統計過，那些剛投入職場便頻繁跳槽的人，等到他們穩定下來以後，收入會高於那些在一家公司一直做到老的人。這些人一開始透過頻繁跳槽找到自己的興趣所在，然後再堅持下去。

CEO這樣的高級職位通常是由「通才」擔任，他們的履歷具有多樣性。巴克爾也提到一個研究，說如果一個人在職場上只扮演過兩種不同角色，那麼他將來升爲高級主管的可能性只有二%；如果他至少做過五種不同的工作，他成爲高級主管的可能性會超過一八%。

科學家也應該多嘗試。有研究稱，普通科學家業餘愛好的數目和一般人是差不多的。高水準科學家經常有兩倍於一般人的業餘愛好，而諾貝爾獎級別的科學家的業餘愛好則是一般人的三倍。興趣廣泛眞的是一個優點，它能帶來好運氣。

所以這個道理就是要多嘗試，要接觸不同的領域，這樣你就更容易遇到自己眞正感興趣的東西。

可是，感興趣不等於眞可行。我對當職業足球運動員很感興趣，可根本沒有可行性。那麼如何確保自己選擇的事業沒有脫離實際、值得堅持呢？

爲了說明白這個問題，我們先考察一下包辦婚姻❼。

包辦婚姻和自由戀愛

現代社會一般都是自由戀愛，我們都希望找到各方面都適合自己的「靈魂伴侶」。可是，愛情驅動的「自由戀愛」模式，眞的比父母安排的「包辦婚姻」模式好嗎？

也有人做過這個研究，不過其結論有點反常識。研究者考察兩種模式的婚姻滿意度，在滿分是九十一分的情況下，剛結婚不久的夫婦，自由戀愛的滿意度是七十分，包辦婚姻的滿意度只有五十八分。這個沒問題，自己選的肯定是滿意的。

但是再考察那些已經結婚十年以上的夫婦，情況就逆轉了。當初自由戀愛的夫婦的滿意度現在只有四十分；而當初包辦婚姻的夫婦的滿意度反而增加了，達到六十八分，接近自由戀愛者剛結婚的狀態。這是怎麼回事呢？

❼ 所謂「包辦婚姻」，是指由第三方決定結婚者對象的婚姻。

我有一篇文章叫做〈浪漫的眞諦：愛比自私更有價值〉（參第十七章），說最好的婚姻是「契約體制」，最重要的不是如何精心挑選另一半，而是選定以後如何維護兩人的關係。包辦婚姻的祕密就在這裡。按照研究者的說法，包辦婚姻好就好在從結婚的第一天開始，雙方就沒有抱太大期望，知道自己必須努力維持才能把日子過好。而自由戀愛結婚的人，更可能認爲婚姻最重要的是一開始的挑選，一旦結了婚就不再努力維護關係，那麼剩下的可能就只有失望了。

我們想想，這個道理和考大學、找工作是一樣的。是考上最理想的大學更重要，還是上了大學以後如何讀書更重要？是找個好工作更重要，還是做好工作更重要？眞正的區別，就是你從什麼時候開始面對現實。巴克爾介紹了一套方法，能把夢想和現實聯繫起來。

WOOP方法

這個方法叫「WOOP」，是幾個英文單字的縮寫。從夢想到現實，一共分四步。

一、Wish：你想要做什麼，比如你想要一個好工作，想到Google工作。

二、Outcome：把結果具體化，比如去Google，最理想的職位是資深工程師。

三、Obstacle：這是面對現實的一步，看看現在距離這個結果有什麼障礙。如果你現在的技術水準已經很厲害了，那麼你的障礙是如何讓Google的人知道你。但如果你現在什麼技術都沒有，那麼你的障礙就會很大。

四、Plan：制訂計畫，解決各種障礙。

這四步沒什麼稀奇，都是尋常的招式，但很多人恰恰就沒有經過這個WOOP過程。過去的人都是以「有功勞」或最起碼是以「有能力」爲榮，而現在有的人是以「有夢想」爲榮，認爲只要有那麼一個夢想就很了不起，這豈不是很荒唐嗎？

在我看來，WOOP方法最大的作用並不是幫助你實現夢想，而是幫助你放棄不切實際的夢想。如果你的夢想是不可行的，使用這個方法分析後，你會強烈感覺到這個夢想確實不可行。如果可行，剩下的事就是堅持了。這就回到了前面所說的內容。

「堅持」和「多嘗試」是矛盾的。注意，這裡有一個時機問題。職業生涯的早期要多嘗試，可以多跳槽，但確定事業之後就應該堅持。最理想的狀態是把無關的事情都推掉，每天只做最重要的這一件事。

但堅持的同時，也要多嘗試。前面不管投入多少都是沉沒成本，有新的好機會還是要抓住。總之，**不堅持就做不成大事，不嘗試就找不到「對」的事**。這個矛盾永遠存在。大部分時間集中力量做大事，同時確保一小部分時間嘗試新事物，可能是個好辦法。

這幾乎就是一個演算法：如果怎麼樣，你就怎麼樣。這個路線圖，彷彿就是一條通往成功之路。但我想說的是，這個路線圖裡充滿了矛盾和自由意志。

比如，書裡面巴克爾舉的一個例子，說有一個出身於上層中產家庭的十九歲美國青年已被哈佛錄取了，他突然對中國功夫產生興趣，就跑到中國少林寺學了兩年武術。他吃了很多苦，也沒有成爲武林高手，兩年之後放棄了。

像這樣的「嘗試」値得嗎？他後來不堅持了，選擇放棄，是正確的嗎？如果高中畢業的時候北大錄取了你，你會放著北大不上，去少林寺「嘗試」嗎？

這個青年很幸運，少林寺沒白去。他後來把在少林寺的這段經歷寫出來在美國發表，引發轟動，從此決定當作家。他還是去了名校讀書，但正是少林寺的這段經歷，而不是什麼名校，決定了這個青年的一生，可以說這段經歷是他最寶貴的財富。

但這樣的結果，你事先能想到嗎？

這個美國青年的故事不是特例。美國作家凱文・凱利（Kevin Kelly）年輕時像個苦行僧，又像個乞丐一樣遊歷了世界。賈伯斯曾經隻身去遙遠的印度學習佛法。這樣的「嘗試」，你敢做嗎？

所以人生還是矛盾的。嘗試和堅持是一種矛盾，故事和現實是一種矛盾，風險和穩定也是一種矛盾。但是，你也不能說讀這些書沒用。你現在至少知道有這樣的規律，有這麼一個路線圖。在每一個十字路口你可能不知道怎麼選，但至少知道有這些選項存在，所以這書就沒白讀。

如果你不知道自己該做什麼，就多嘗試不同的領域。

等你有了夢想，就用WOOP方法分析一下可行性。

如果確實可行，你就要投入進去，堅持，堅持，再堅持。

在可行的情況下，有時候「堅持」比「選對」還重要，就像包辦婚姻一樣。

在堅持的過程中，你需要為自己講個好故事，要保持樂觀的精神。你要排除干擾，專心做好這一件事。你可以使用遊戲化、小目標的辦法慢慢進步。但是一方面堅持，一方面也要繼續嘗試新的可能性。

外向好，還是內向好

從前面這些研究結果中，我們總結了一個成功的「演算法」。但我們也說了，演算法背後其實是各種矛盾的選擇。現在我們再說一對矛盾：性格的內向和外向。

陶德．羅斯（Todd Rose）的《終結平庸》那本書裡提到，所謂內向、外向不能一概而論，很多人在一定場合中表現出外向，在另一些場合中就表現出內向。直接給人貼一個內向或外向的標籤，就過於簡單粗暴了。

而按照巴克爾這本書的說法，現在心理學家的統計基本是這樣的：大概有三分之一的人是強烈的內向或強烈的外向，剩下三分之二的人處在中間地帶，有時候內向，有時候外向。

那什麼叫內向、什麼叫外向呢？一個簡單的判斷標準就是你需要外部環境給你多大的刺激。當你在一個嘈雜的環境裡，比如酒吧之類的地方，很多人在一起，你是感到很舒服還是不舒服呢？內向的人更喜歡獨處，而外向的人喜歡人多的環境，喜歡與人交流。獨處會讓外向的人感到無聊。如果我們的目標是「成功」，到底是外向點好，還是內向點好？

我先說結論。結論是，**在這個世界上，外向的人更占便宜**。

外向的好處

巴克爾的調研能力很強，他在書裡列舉了很多研究證據，說明外向的人如何、內向的人又如何。我們一個一個來說。

首先從收入水準來看，外向的人收入更高。比如，你把一所高中的所有學生從外向到內向排序。等他們工作後，你會發現當初最外向五分之一的人，比最內向五分之一的人，平均收入水準高出一〇%。

一〇%的差距似乎不算大，但這比的是一般人。如果比較高收入者，外向的優勢就更大了。史丹佛大學商學院對其二十年來的ＭＢＡ學生做了統計，發現絕大部分人都是外向的。

還有一個有意思的研究，喝酒的人比滴酒不沾的人平均收入要高出一〇%，而如果這個人每個月都去酒吧喝一次酒的話，他的收入還能再增加七%，但是抽菸就沒有這樣的效果。當然，這只是一個相關性，也許是錢多的人才愛喝酒。但也有一種解釋，說這是因爲喝酒自帶社交屬性，表示更外向。因爲喝酒經常是和別人一起喝，這大概可以增加你的社會資本。我猜，如果這個研究是在中國做，可能效果會更明顯。

外向的人還會被認爲更適合當領導者。「特別外向的人」在普通人中的比例大概是一六%，但是在領導者中的比例則高達六〇%。當然，這有兩種可能。一種是外向的人的確更適合當領導者，另一種則是外向的人因爲外向而獲得了更多當領導者的機會。

史丹佛大學管理學教授傑夫瑞・菲佛（Jeffrey Pfeffer）的《Power!：面對權力叢林，你要會耍善良心機》（*Power: Why Some People Have It-and Others Don't*）一書中說，你要想當領導者，就得多自我表現。有一個研究讓一群人坐在一起討論問題，然後大家投票從中選一個人當領導者。你猜最後是什麼樣的人當選？是發言水準最高的人嗎？

不是，是第一個發言的人。只要你爭取到第一個發言，或者你發言的次數特別多，那麼別人就會感覺你像個領導者。如果你在討論中默默不語，別人不會認爲你有深度，大家只會覺得你可能並不怎麼聰明。這麼一來，最後當上領導者的顯然更多是外向的人。

外向的人有更大的關係網。有人拿ＩＢＭ公司所有員工做了一項研究。研究統計了每個員工的電子郵件中有多少個聯絡人，再看看這個人爲公司帶來的效益如何。結果發現，聯絡人愈多的人，工作效益就愈高，而且還算出來，平均而言，你每多一個聯絡人，能給公司多帶來九百四十八美元的收入。

所以，社會關係就是生產力！就連毒販都特別需要關係網。現在什麼研究都有人做，有個研究發現，毒販的關係網愈大，生意就愈好，而且也愈不容易被抓到。

關於這一點，你想想似乎也有點不合理，毒品生意做得愈大，不是愈容易引起警方注意嗎？我們知道關係網裡有「強聯繫」和「弱聯繫」，強聯繫就是我們的親朋好友，弱聯繫是不常見面但認識的人。有種社會學理論說，最有價值的資訊往往是弱聯繫提供的。所以道理是毒販想要縱橫江湖，兩種聯繫都很重要，弱聯繫可以爲他帶來新的生意機會，而強聯繫則可以在警方有什麼風吹草動時給他通風報信。

而最重要的一點是，外向的人生活得更幸福。這是一個被重複驗證很多次、可說是心理學中最可靠的結論之一，外向的人對自己生活的滿意度更高。甚至有研究發現，如果你是個內向的人，哪怕你偶爾假裝一次外向，那麼在你假裝的這個時刻，你都能感到更幸福！

那麼我們爲什麼不去做外向的人呢？或者話說回來，既然外向這麼好，爲什麼世界上還有那麼多人內向呢？

內向者的價值

外向者的職務可能更高，獲得的獎勵也可能更多，但如果你考察人的眞實水準，水準最高的反而是內向者。

牛頓非常內向，幾乎不怎麼與人來往。有調查顯示，成名的科學家和藝術家在青年時代常常生活在社交網路的邊緣，沒有多少朋友，大部分時間都是獨處。甚至像程式設計師和投資銀行經理這樣的職業裡，高手也大多都是內向者。

這可能是因爲「刻意練習」。刻意練習要求單獨訓練。有人調查了小提琴音樂家是如何提高水準，九〇%以上的人都說，提高水準的關鍵在於自己單獨練琴。你必須在無數個日子裡離開眾人，自己找地方練。就連高水準的運動員，包括集體項目的運動員，也是如此。八九%的高水準運動員說自己是內向性格，只有六%的運動員說自己是外向性格。

還有研究說，看一個大學生的眞實學習水準如何，「內向或外向」是比智商還好的預測指標。一個人畢業後的工作能力如何，和他在大學花多少時間單獨自習密切相關。ＭＢＡ學生中大部分都是外向者，但一般的碩士生、博士生中，學歷愈高的，內向的人就愈多。

所以如果你想擁有眞本事，大概就需要耐得住寂寞，做個內向的人。

而且內向的人不見得就不是好的領導者。心理學家亞當・格蘭特（Adam Grant）、也是暢銷書《給予：華頓商學院最啓發人心的一堂課》（*Give and Take*）的作者，對於領導人應該是外向性格還是內向性格有自己的研究。

格蘭特說，不同的團隊需要不同類型的領導人。如果這個團隊的人都比較被動，給他們安排工作，他們就會好好做，不管他們的時候就不做，那這個團隊就需要外向的領導人領著他們往前走。可是，如果團隊裡每個人都非常能幹、都能積極主動工作的話，團隊反而需要一個內向的領導人。爲什麼？因爲這樣的團隊裡的人都太積極，每個人都希望領導人能聽聽自己的意見，而外向的領導人不愛聽別人說，只愛自己說。

如此說來，這個世界對內向者有點不公平。內向者被低估了。

內向學習外向

巴克爾說，在我們的印象中，一般外向者表現得更好，這很可能是因爲外向的人本來就善於推銷自己。這是市場行銷！可是話說回來，內向的人以及大多數處在中間地帶的人，爲什麼不能學著外向一點呢？

現在已經不是牛頓的時代了，我們也不是牛頓那麼厲害的人物，你想要進入一個高水準的領域，你就需要導師，而且可能還不止一位。**想在任何一個領域闖出名堂，都需要和人合作。換句話說，需要關係網。**

「關係網」這個詞有點自帶貶義，一般都是政客和汽車銷售員愛說關係網。我們印象中的關係網就是互相利用。還有人把關係網做分類，說和這個人是私下的朋友關係、和這個人是工作中的同事關係、和這個人是客戶關係等。

可是巴克爾的這本書說，關係網哪有這麼複雜。人的大腦並不善於區分什麼「不同類別的關係」，對大腦來說，一切「好關係」都是親朋關係。所謂外向者的關係網厲害，無非就是多交朋友，最好是眞誠的、不是那種斤斤計較的朋友。

巴克爾給內向者講了一些交朋友和找到好導師的辦法：你可以先從自己以前的老朋友出

發，重新和他們聯絡；你可以去找那些看上去和你比較相似的人，人總是喜歡傾向與自己很像的人交往；你可以發揮特長，做一個傾聽者；你可以主動給別人提供幫助；你可以專門向幫過你的人表達眞誠的謝意。

關鍵是，**你得把社交當成一個正事來做，甚至專門拿出固定的時間去與人交往**。

我看這個「外向」和「內向」，其實對應的就是前面說的「嘗試」和「堅持」。堅持、刻意練習、專注，這不就是內向者的行爲模式嗎？多嘗試新鮮事物，這不就是外向者的愛好嗎？外向的人運氣好，不就是嘗試出來的嗎？

所以，我們都是在矛盾中尋找一個動態平衡。有時候你要多嘗試，有時候你要多堅持，有時候你要外向一點，有時候你要老老實實地做個內向的人。但是總體來說，一味的內向就太吃虧了。

既然這個時代獎勵外向，那我們乾脆都假裝是外向的人吧。

從「迷之自信」到「自我關懷」

埃里克·巴克爾的《破除成功學的迷信》這本書的主題是「成功」，但其中很多道理可以說是生活和工作的一般規律。我們一直在強調一個道理，就是想要把一件事做好，你常常要在互相矛盾的兩個選項之中尋找一個微妙的平衡點，什麼東西都是過猶不及。

我們再說一個比較矛盾的東西：自信。

迷之自信

一九九七年，《美國新聞與世界報導》（*U.S. News & World Report*）雜誌做了一項調查：在當世的名人中，你認爲誰配得上死後進天堂？結果，名人們的支持率都很一般。

人們對當時的美國總統比爾・柯林頓（Bill Clinton）進天堂的支持率只有五二％；麥可・喬丹（Michael Jordan）的支持率是六五％；德蕾莎修女（Mother Teresa）是被世界公認的好人，而且還是個宗教人士，她的支持率也只有七九％。進天堂不是上大學，沒有名額限制，可是世人對這些名人的要求就這麼嚴格。

但是有一個人進天堂的平均支持率高達八七％，這個人就是「我」，也就是每個參加調查的人自己。絕大多數人認爲自己比柯林頓、喬丹和德蕾莎修女更應該進天堂。

這就叫「過度自信」。有一個著名的說法說，九○％的人都認爲自己開車的水準在平均水準之上，而「平均水準」的定義是五○％！

巴克爾這本書裡列舉了一個更細緻的研究。有人參加商務培訓，他讓陸續參加培訓的五萬多人進行自我評價，看看自己在培訓中的表現和其他學員相比處在什麼位置。

結果，八○至八五％的人認爲自己的水準在前二○％，七○％的人認爲自己的水準在前一○％，這還是普通的職場人士。那些社會地位比較高的專業人士，比如醫生、飛行員、投資銀行家，對自己的評價就更高了。

既然過度自信是如此普遍的一個偏見，而且愈成功的人愈是過度自信，那麼其中必然有一個進化論意義上的好處。好處其實很明顯。以往的成功會爲你帶來自信，自信帶來樂觀，而我們前面講過，樂觀是能讓人堅持做一件事最重要的心理素質。樂觀會帶來更多的成功，這是個良性循環。

同樣一件事情，自信的人會把它當做機會，不自信的人則把它視為威脅。這兩種心態非常不同，會直接引導不同的行動。

卡斯帕羅夫的教訓

關心圍棋的人在二〇一七年都被刷新了世界觀。AlphaGo 先贏了韓國圍棋棋王李世石，又贏了世界排名第一的中國圍棋職業棋手柯潔。當然，AlphaGo 的確厲害，據說能讓人類棋手三個子。但我讀完這本書後認為，人類棋手在面對人工智慧時，可能沒有發揮個人的最佳水準，因為他已經有點不自信了。

在西洋棋中，人類世界冠軍二十年前就輸給人工智慧了，這就是一九九七年蓋瑞·卡斯帕羅夫（Garry Kasparov）輸給深藍（Deep Blue）❽。回顧當時的歷史，巴克爾認為卡斯帕羅夫不是輸在智慧上，而是輸在自信。

這是一個關於控制感、自信和勝負的故事。

當時，卡斯帕羅夫打遍人類無敵手，自信心非常強；而人工智慧技術剛剛開始，就像對陣李世石之前的 AlphaGo 一樣沒被高手放在眼裡。卡斯帕羅夫對深藍的第一局，他一上來就淩厲進攻，而且優勢確實很大。

對局中間，深藍走了一步棋，卡斯帕羅夫一愣：卡斯帕羅夫沒看懂這步棋。

對高手來說，這是不可接受的，他失去了掌控感。是不是對手水準實在太高，自己沒跟上它的思路？卡斯帕羅夫有點慌亂，但好在他的領先優勢實在太大，最後還是贏了。

事後，ＩＢＭ的工程師說，深藍那步棋其實是軟體系統的一個bug。但卡斯帕羅夫當時並不知道。

第二局，深藍又走了一步卡斯帕羅夫看不懂的棋。這次卡斯帕羅夫就眞的亂了陣腳：怎麼回事，難道現在的電腦眞的比我的水準高那麼多？當時的局面也確實不太理想，在場的專家和群眾都判斷這一盤可能是和局。但卡斯帕羅夫被這一步他看不懂的棋給刺激了，應對失措，結果這盤棋他輸了。

兩步看不懂的棋，加上輸了這一局，卡斯帕羅夫的自信心沒了。從第三盤開始，卡斯帕羅夫的風格就變了，不再猛烈進攻，而是愈走愈保守，竟然是以守爲主，結果第三、四、五盤棋都是和局。到最後第六盤棋，卡斯帕羅夫的自信心愈來愈少，竟然犯了一個低級錯誤，導致輸棋。最終，他輸掉了整個比賽。

西洋棋是最理性的遊戲，但棋手也講究心理對戰。如果對手走出不太合理的棋，卡斯帕羅夫通常會觀察他的表情：到底是虛張聲勢，還是眞有什麼了不起的手段？對手的眼神會出賣他。但電腦沒有表情。看不懂對手的棋，你就可能失去控制感。失去控制感，你就可能失去自信心。失去自信心，你就可能輸掉比賽。

那麼我們再想想AlphaGo。棋手們一致反映，AlphaGo經常走出一些匪夷所思的招數。這邊來一下，突然又到那邊來一下，事後再想想，好像都有道理，但當時感覺都超出了自己的認知範圍。那麼棋手會不會有一種失控感，會不會遭受自信心的打擊呢？

---

❽ 深藍是由ＩＢＭ開發、專門用以分析西洋棋的超級電腦。

下棋特別講究主動和被動。沒有主動權，被對手牽著走，這棋就肯定贏不了。如果沒了自信心，又如何談爭奪主動權？

也許 AlphaGo 眞能讓人類三個子，但是自信心也很重要。高手對決，氣勢上首先不能輸給對方，雙方先比拚一番氣場。

如果沒有那麼大的氣場，自信心就是不足，那怎麼辦呢？答案是……裝嗎？

一個練太極神功的，怎麼就真敢跟人打架呢？

有些場合不自信是不行的，比如演講，裝也得裝出自信的樣子，可能裝的次數多了就眞的自信了。

但演講本來就是一種表演。那麼如果一個CEO明明沒有多大本事，還故意在員工面前裝得很厲害的樣子，那就是騙人了。最大的危險在於，裝來裝去容易把自己也騙了。

《不理性的力量：掌握工作、生活與愛情的行爲經濟學》（*The Upside of Irrationality: The Unexpected Benefits of Defying Logic at Work and at Home*）的作者丹・艾瑞利（Dan Ariely）做過一個實驗：讓受試者在一個單獨的房間裡做測驗，答對多少題有獎。實驗故意設計成讓受試者有作弊的機會，而受試者不知道的是，所有作弊行爲都沒逃過研究者的眼睛。研究者關心的不是有多少人作弊，而是作弊的人對自己有什麼評價。做完題，每位受試者都要塡寫一張自我調查表，評估自己的水準到底怎麼樣。

結果發現，那些作弊的人對自己的評估都很好，他們眞的以爲自己很厲害！難道你不記得自己剛剛作弊了嗎?!

這是因爲人的大腦處理不好「假裝」。就好像演員一旦入了戲，自己都會被劇情感動一樣，人在一定程度上會以爲自己假裝的是眞的。作弊者假裝厲害，結果他們就眞的以爲自己很厲害。

這就非常危險了，但還是一個普遍現象。

前段時間的一個熱門話題是，一位所謂的「太極高手」挑戰一位格鬥選手，結果被輕易打敗。這個道理是，只有競爭不充分的領域裡才有英雄，太極拳沒有正規的格鬥比賽，哪有什麼實戰經驗和專業格鬥選手對抗？類似的事情以前在國外就發生過，而且更離奇。

有一位日本功夫大師叫柳龍拳（Yanagi Ryuken），有一手「隔山打牛」的功夫，也就是我們在電視劇裡常見的，不經接觸，直接用「氣」把對手擊倒。他每次發功時徒弟都應聲而倒，相關影片在網上可見，非常厲害。當然，中國也有這樣的大師和影片。

但是和中國那些大師不同，柳龍拳是眞的相信自己的功夫。他在二〇〇六年，也就是六十五歲這一年，主動懸賞五千美元，和一位三十六歲的格鬥選手打了一場公開賽。

這場比賽的影片流傳很廣，你可以在網路輕易找到。整個比賽歷時不到一分鐘。柳龍拳被人三拳兩腳打倒，基本上就是一個年輕人欺負老年人的局面。

柳龍拳就此從江湖上隱退，但是他給世人留下了一個大大的疑問：你當初爲什麼非得哭著喊著要和人打這場比賽呢？你難道不知道自己那招「隔山打牛」是假的嗎？

合理的解釋是，柳龍拳可能眞不知道。平時他隨便一推，學生就倒，一下可以打倒好幾個，學生們一直都這麼配合他。他曾經打過兩百多場，從來沒輸過。這麼幾十年下來，他把自己也騙了，眞的以爲自己就是這麼厲害。

這就是假裝自信的最大危害，最後眞的自信了，但這個自信是自己騙自己的結果。所以理察．費曼（Richard Feynman）❾有句名言：第一原則是你不要騙自己，因爲你是最容易被騙的人。

哈佛商學院有個資深教授研究商業已經四十年了，他感慨地說，最讓他吃驚的事實，就是很多CEO會犯非常低級的錯誤，當時明眼人一看就知道這個決策是錯的，但CEO還是一意孤行。這就是因爲CEO過度自信。

過度自信的人很難面對現實，你無法接受回饋，拒絕做出改變。別人給你提什麼建議你都聽不進去，時間長了，人們也就不對你說了。

如果假裝自信不行，那麼我們缺少自信的時候，到底應該怎麼辦呢？

自我關懷

美國曾經流行過「自尊」（self-esteem）教育，讓人看得起自己，差不多就是不自信的時候假裝自信。但後來很多研究發現，人爲的自尊有很多弊端，正如前面所說的自己騙自己。

德州大學的克里斯汀．奈弗（Kristin Neff）教授提出一個理論，說我們應該用「self-compassion」取代「假裝式的自尊」。這個「self-compassion」，學術界標準的譯法似乎應該是「自我關懷」。

所謂「自我關懷」，就是你看自己應該和看自己的一位好朋友一樣。我們看朋友總是比看自己更客觀，你不會覺得朋友是神，也不會覺得朋友一無是處。如果朋友犯了一個錯誤，你不會把他罵得一無是處，你會鼓勵他。你會對他說，人都會犯錯，下次改正就好。那麼對自己而言，也應該這樣。

所以，**「自我關懷」就是要從一個友善的外人角度看自己**。奈弗說，自我關懷能給你自信的所有好處，但又不會有過度自信的任何壞處，這是一個特別值得掌握的心理技能。

那麼該怎麼掌握這個技能呢？巴克爾說有三步：

一、鼓勵自己：還記得海豹突擊隊的經驗嗎？能堅持下來的人都善於給自己鼓勵。

二、接受自己：你並非無所不能，你只是一個普通人，普通人都會犯錯。

三、面對錯誤：你要承認這是一個錯誤，但這個錯誤不是世界末日，只要記取教訓就行。

和獎勵外向者一樣，這個世界偏好獎勵自信的人。然而和「內向應該假裝外向」不同，**沒有眞本事就不要假裝自信，因爲你可能把自己也騙了！**如果不自信，最好的辦法是使用心理學家最新發明的技術：自我關懷。

其實我們說過這個道理：**能從旁觀者的角度看自己，這個能力對高手而言實在太重要了。**

高手總是樂在工作

工作和生活，這是人生兩難的選擇。

❾理察・費曼是美國理論物理學家，量子電動力學創始人之一，奈米技術之父。

這也是一個非常普遍的問題。你工作稍微忙一點，父母和朋友就會勸你不要太忙，要好好生活。你聽這話的時候有沒有一種感覺，這些圍觀群眾是不是有點站著說話不腰疼？

比如一個高水準的醫生每天不但要做幾次手術，還要做科研和一些行政管理工作，肯定非常忙。像這樣的人，你勸他休息、多陪陪家人，有意義嗎？這麼簡單的道理，難道他不懂嗎？問題就在於，這個道理並不簡單。

工作狂的道理

泰德·威廉斯（Ted Williams）是美國歷史上最偉大的棒球運動員之一，他成功的祕訣是從小就用超長的時間猛練。什麼娛樂、休息、社交，他全都不要，在職業隊成名以後才有了第一個女朋友。

威廉斯的了不起之處還不只是棒球。二戰期間，他去服兵役，在海軍陸戰隊當戰鬥機飛行員，那時他是最好的士兵。回來繼續打棒球，還是最好的運動員。他的職業生涯特別長，一直打到四十一歲。他退役後當球隊經理，管理也特別出色，又成了最好的管理者。他的業餘愛好是釣魚，玩得特別專業，結果入選釣魚名人堂。

威廉斯做每一件事都力求完美，不但投入很多時間，而且都是高品質的刻意練習時間。

像這樣的人，你拿什麼和他競爭呢？

這是一個普遍現象：最厲害的人同時也是工作量最大的人。有人做過調查，每個領域裡，基本都是一〇%最強的人做了八〇%的工作。比如學術界，大部分最重要的成果都是少數科學家做出來的。

有些圍觀群眾以爲，高水準工作要使「巧妙手法」，只要你工作聰明，就不用花那麼長時間，對嗎？錯了。眞正的高手沒有不聰明的。有什麼工作訣竅要是好使，肯定所有人都會這麼用。現在的共識是，要想成爲高手，你的智商必須達到一百二十，且只需達到一百二十，再高的智商意義就不大了，剩下的就是比誰的身體好、誰能投入更多的能量、誰有足夠的耐力堅持下來。

我上大學時到數學系聽過一位名師的課。那位老師很實在，有一次他在課堂上說，想當數學家，你得有連續作戰的能力。如果熬夜打了一宿麻將，第二天早上就不能精神抖擻地工作的話，那你就別做了。

古代的人以空閒時間多爲榮，現在這個時代的人以忙碌爲榮。底層員工每週的工作標準時間是四十個小時，高管人員常常要工作六十個小時以上，還都是主動的。特別能賺錢的人，往往沒什麼時間花錢。那麼這幫人圖什麼呢？高強度的工作難道不累嗎？工作累不累，取決於你做的是什麼工作。

沉迷於電子遊戲的人沒有抱怨苦和累的，而好工作就像遊戲一樣有意思。很多研究顯示，如果你做的工作對你特別有意義，那麼長時間的高強度工作不但不痛苦，反而是幸福感最強的活動。所謂「有意義」，心理學家發明了一個概念叫做「個人特徵強項」（signature strength），也就是特別適合你的工作領域，這有兩個標準：你必須覺得這個工作很重要；你必須非常擅長這個工作。長期追蹤研究表明，做這樣工作的人就連壽命都延長了。

事實上，眞正打擊人的不是「工作」，而是「失去工作」。有研究顯示，失業對人的打擊是巨大的，而且是永久的。一旦失業，人過早死亡的機率就會提高六七％。精神很痛苦，哪怕後來又找到新工作，一想起當初失業還是受不了。退休也是一大殺手，工作的時候本來狀態很好，一旦退休，各種病都來了。

我曾在專欄中講過特斯拉汽車執行長伊隆．馬斯克（Elon Musk）的事蹟。據他的前妻說，睡眠不足、飛行時差調整不過來、精神疲勞，這些症狀在馬斯克身上都司空見慣，但是他樂此不疲。因爲馬斯克是做大事的人。那麼問題來了，你是做大事去了，那你的家人怎麼辦呢？

愛因斯坦的家規

馬斯克的前妻是位作家，也是一個厲害人物……這大概就是兩人離婚的原因吧。那麼作爲高手的妻子如果主動承擔家務，甘願無私奉獻，行不行呢？我們可以考察一下愛因斯坦的事蹟。

愛因斯坦需要長時間地專注思考，你可以想像，他大概沒有多少時間陪家人。實際上，愛因斯坦做得更極端，他基本上把自己的妻子當成傭人，他的原話是：「我的妻子就是我的雇員，只是我不能解雇她而已。」

愛因斯坦給妻子制定了若干條「家規」——愛因斯坦的家規。

作爲一個男人和一個曾經的物理學家，愛因斯坦的物理成就我作夢都想擁有，但是他訂的這些家規，我連作夢都不敢想。其中有幾條是這樣的：

你不要要求我陪你待在家裡、要求我陪你外出旅行；

如果我讓你別和我說話，你必須馬上停止說話；
如果我讓你離開我的臥室或書房，你必須馬上離開。

愛因斯坦的妻子接受了這些規定。但後來，愛因斯坦還是和她離婚了，因爲愛因斯坦要和另一位女子在一起。兩個兒子小的時候，愛因斯坦幫忙照顧過，長大後就完全不管了。愛因斯坦的大兒子得了精神病，在精神病院住了三十年，直到死在那裡。這三十年間，愛因斯坦一次都沒去看過他。愛因斯坦的小兒子曾經對記者說：「我爸爸對所有的科學項目都能堅持，而我，可能是他唯一放棄了的項目。」

有人做過調查研究，特別厲害的高手或天才型的人物，大多對家人不管不顧。莫札特的妻子生孩子的時候，他在另外一個房間裡繼續作曲。

如果這些人良心發現，選擇多陪陪家人，又會怎麼樣呢？答案是他們的工作生產力將會下降。

有一項針對男性的研究發現，科學家、作家、音樂家、畫家甚至犯罪份子，都是一結婚就不行了。比如科學家，從結婚那年開始，出論文的數量和品質就會下降。而他那個不結婚的同事，哪怕年齡再大，只要不結婚，就可以一直維持很高的產出。

我物理生涯中最佩服的一位物理學家就沒有結婚。他是義大利人，有時他把媽媽從義大利接到美國來照顧他的生活。我在洛斯阿拉莫斯（Los Alamos，就是美國最初製造原子彈的地方）給他當過兩年多的博士後，那是我工作效率最高的兩年。他手下有很多學生和博士後，但他對科研總是親力親爲，新想法層出不窮，產量極高。我們白天工作，晚上還經常幾個人一起吃飯，繼續討論物理學和「國家大事」。後來，我離開了偏遠的洛斯阿拉莫斯，回到文明世界結婚生子，就很少有機會和物理學家吃晚飯了。

極端的成功需要極端的做法，這就意謂著很大的犧牲，而且犧牲的都不是自己，而是親人。但是，如果我不想成就什麼偉大的事業，我也不是愛因斯坦，我就想老老實實做個普通人，那我能不能實現工作和生活的平衡呢？當然可以。

平衡

如果你放棄追求極端的成功，去保持工作和生活的平衡，反而會對你的工作有好處。比如研究發現，給小孩兒充分的時間玩，他的學習效率會提高。學習成績特別好的孩子可以同時也是愛玩的孩子。

我們之前講過創造性思維，**創造性思維常常就是在特別放鬆的情況下獲得靈感的**。很多人都是在洗澡時獲得靈感，就是因爲洗澡的時候讓人非常放鬆。

睡眠很重要。睡眠充足的人，記憶力、反應速度、學習和工作效率都會更好。超長的工作時間其實並不好。有研究發現，如果你每週的工作時間超過五十五個小時，那麼從第五十五個小時以後的那些時間，其實是沒有什麼產出的。

所以你需要玩鬧、有點幽默感、充分休息、多留出時間和家人在一起、時不時出去度個假，這樣才可以獲得最佳工作狀態。

而且用點巧妙手法也是可以的。《不理性的力量》的作者丹·艾瑞利和巴克爾說了一個經驗。對大多數人來說，早上起來過一個小時之後開始工作，連續工作兩個半小時，是最佳的工作時間。如果你七點起床，那麼從八點到十點半，就是你精力最充沛、效率最高的時間。最簡單的辦法就是，把最重要的工作放到這段時間做，然後剩餘的時間完全可以放鬆。

而這一切的前提是，你想要一個更完整的人生，而不是一個極端的成就。像馬斯克這樣的人，根本不可能過了上午十點半就放鬆。

想要極端的成功，你就要排除其他一切干擾，集中力量做這一件事。這意謂著你要犧牲家庭生活，甚至最好不要結婚。只要你做的這件事是你眞正想做而且是你眞正能做好的事，超長和高強度的工作就是你的樂趣。

如果你想要一個完整的人生，那麼平衡工作和生活反而能提高工作效率，但是對於特別極端的成功，你就別指望了。

那麼到底什麼叫「成功」？到底什麼樣的人生才值得追求？這個問題是可以討論的。

蜘蛛人套裝

有人做過調查，從一九七六到二〇〇〇年，美國高中生的野心和期望愈來愈大，現在已經到了不可理喻的程度——每個人都認爲，自己將來應該成爲億萬富翁和大明星之類了不起的人物。而等到他們大學畢業走向社會後就會慢慢失望，乃至非常憤怒。

曾經人們認爲所謂的「成功」是少數人的事，後來人們認爲只要努力就能成功，而現在有的人看明星的事蹟看多了，認爲不努力也能成功。

成功不是天賦人權，成功不是「有天賦」就有權，成功也不是埋頭苦幹、拚命硬幹就有回報的事。**成功，是在一系列矛盾中做出艱難的選擇**。

你是做個好學生、與人為善呢，還是做個極端學生、與體制為敵？你是現實一點，正確評估自己的能力呢，還是樂觀一點，用講故事的方法哄著自己堅持下去？你是科學評估各種方案再動手呢，還是無知無畏先動手再說？你是做個內向的人，專心做好一件事呢，還是做個外向的人，積極尋找新機會？你是個收入高又顧家的新好男人，還是沉迷工作只顧自己？

如果你拿這些問題去問專門販賣心靈雞湯的「人生導師」，他大概會建議你在中間選一個平衡點，這樣你就是個平庸的人。不選中間，你就面臨風險。這就像打電玩需要一點天賦，怎麼選是個人的事，但我們可以討論一下選擇的原則。

最關鍵的原則是掌握主動權。

共生體套裝

我們先講一個蜘蛛人的故事。我們知道蜘蛛人的力量來自他的一套紅藍色套裝。

但在某一集漫畫裡，他獲得一套黑白色套裝。這套衣服比舊的那套厲害多了，它能提供更高強度的蜘蛛絲和更強大的戰鬥力，而且還能隨時變成任何正常的服裝，這樣蜘蛛人就再也不用手忙腳亂地換衣服了。

蜘蛛人得到黑白套裝之後，戰鬥力飆升。但他很快發現了一個問題，自己每天會變得非常疲累。有時候脫下套裝，好好睡了一個晚上，第二天早上起來反而感覺更累了。這到底是怎麼回事呢？

原來這個黑白套裝是有生命的東西，這種東西叫「共生體」（symbiote，這是一個由漫畫作者發明的詞）。當蜘蛛人脫下衣服睡覺時，衣服自己又爬回到蜘蛛人身上，而且帶著他出門做了很多事！這就是爲什麼他總是這麼累。

等蜘蛛人知道套裝是個共生體時已經有點晚了。共生體愈來愈強大，以前是共生體寄生在蜘蛛人身上，爲蜘蛛人服務，現在是它要蜘蛛人寄生在它身上，讓蜘蛛人爲它服務。蜘蛛人以爲自己獲得了強大的力量，但他其實變成了這個力量的奴隸。

巴克爾說，共生體套裝就是你的工作。

成功人生的四個維度

有的人拚命工作是出於使命感，他感受到使命的召喚，認爲這件事非做不可，寧可犧牲一點個人生活。也有的人拚命工作，是深陷於某個遊戲之中不能自拔。一開始你沒想太多，可是一旦開啓遊戲模式，前面總有一個更高的目標等著，就停不下來了。

這兩種情況的區別是前者主動，後者被動。想要把握主動，你就得先問自己到底想要什麼，而不能讓別人影響你去做什麼。比如，日本公司的企業文化就是人人加班，下班後很晚了也不回家，都在公司耗著。公司也知道超長的工作時間並不能帶來更多的生產力，可是公司就算勸員工回家，員工也在互相影響之下，誰都不願意先走。

最怕的就是你超長時間工作，結果還是碌碌無爲。

人到底想要什麼呢？有研究者專訪了一些在某方面特別成功的人，問他們是否感到自己的生活在某一方面有缺陷。研究者把他們說的總結下來，發現有四個方面是所有成功者都想擁有，但感到在某一方面是有所欠缺的。我們大概可以認爲，這就是成功人生的四個維度：

一、**幸福**（happiness）：這裡說的幸福就是生活中的樂趣和滿足，幸福等於享受。

二、**成就**（achievement）：和那些有相同奮鬥目標的人相比，你取得了什麼了不起的成就，成就等於取勝。

三、**意義**（significance）：你對自己關心的那些人，有沒有一個正面的影響，意義等於可依靠。

四、**遺產**（legacy）：若你去世了，你的價值觀和成就能不能爲別人未來的成功鋪平道路，遺產等於延伸。

這「四個維度」的說法非常流行，你最好能記下來。

我覺得這個說法有點像中國人愛說的「立德、立功、立言」。「立德」就是「意義」，給周圍的人提供幫助；「立功」就是成就，你的論文比別人多，或者錢比別人多；「立言」就是「遺產」，影響後人。當然，中國聖人不太好意思說自己也要幸福。

那麼現在的問題就是，這四個維度你不能都拿滿分，你得做出選擇。

選擇者和挑選者

現代人都有選擇困難症。沒有什麼選項，我們該選個事情做，似乎活得也不錯；有了很多選項，我們反而不知道該怎麼辦了。寶僑公司（Procter & Gamble）曾經提供二十六種不同類型的海倫仙度絲洗髮水，結果消費者無所適從。後來，寶僑把種類削減到十五種，消費者反而更願意買了，銷售利潤上升了一〇%。

我們喜歡「有選擇」，但是不喜歡「做選擇」。有選擇就還有可能性，一旦做了選擇，就失去了可能性。

可是你總要選。有意識地選一下總比無意識地被局面牽著走來得好。具體怎麼選，心理學家巴里·施瓦茲（Barry Schwartz）有個理論把人分爲「選擇者」（choosers）和「挑選者」（pickers）。

所謂「挑選者」，就是比較被動地選擇：看看有哪些選項，評估一番優劣，從中選一個最好的。而「選擇者」則是積極主動地選擇：他先問問自己到底想要什麼，然後看當前這些選項是否適合自己。如果都不適合，他可以改變選項，甚至創造新選項。這正是我在第二十四章講決策科學時提到的：主動增加新選項。

而面對人生的選項，諾貝爾經濟學獎得主赫伯特·西蒙（Herbert A. Simon，他有個中文名叫「司馬賀」）還有個理論，說你的原則可以是「最大化」，也可以是「滿足」。

剛入職場時頻繁跳槽的人，後來的收入高於那些找個公司就一直做下去的人。前一種人的原則就是「最大化」，所有選項都嘗試一遍，看看哪個最好就選擇哪個。但還有一個壞消息。前一種人的收入的確比後一種人平均高了二〇%，幸福度卻下降了，因爲他們永遠這山望著那山高，總覺得自己當前擁有的不是最好的。而後一種人則比較容易滿足。

現在我們對做選擇有了兩個考慮：你是做「選擇者」還是「挑選者」？你是要「最大化」還是「滿足」？那麼具體到成功的四個維度，最好的辦法是做一個積極主動的「選擇者」，以我爲主調整選項，對某些選項採取「滿足」策略。

比如，如果你要追求極端的成功，那麼你可以對「幸福」和「意義」採取滿足策略。這就意謂著你對物質享受沒有太多要求，偶爾度個假、一年看兩場電影就可以了；你對親友也不能承擔太多責任，有時間就陪，沒時間就不陪了；你沒有什麼豐富的業餘生活，也不是個好家長，但是你對此滿意。然後你集中精力，追求「成就」和「遺產」。

「滿足」提供了一個自我限制，有了限制，決策就容易了。

所以說來說去，**成功不是演算法，而是選擇，是你自己想做個什麼樣的人**。當然，你的選擇可以隨時調整，不過一定得是「你的」選擇。

經常有人問，說我的條件是這樣的，我還能成功嗎？這種問題沒意義。成功不在於你手裡「有」什麼，而在於你願意「付出」什麼；或者更準確地說，是你願意「放棄」什麼。人生的成功有四個維度，每個人可以自由選擇想要什麼樣的成功，而選擇的關鍵在於主動。

知識和生產力是利滾利的正回饋

最後我想再來段勵志故事。我想介紹著名電腦科學家理查．漢明（Richard Hamming）的經驗，看看他是怎麼選擇的。

漢明是一九九八年去世的。他在一九八六年、也就是七十一歲的時候，曾經有個演講，題目是「你和你的研究」（You and Your Research）。這個演講流傳極廣，沒有什麼場面話，全是眞知灼見。演講中有一段，和我們說的內容很有關係。

漢明說，他年輕時非常仰慕一位同事，叫約翰．圖基（John Tukey）。漢明認爲，圖基的水準比自己高很多。有一天，漢明偶然發現，圖基的年齡居然比自己小！他有點受不了，就去問另一個同事到底怎麼做，才能變成他那樣？這位同事說，你要是也能像圖基那樣連續多年努力地工作，你根本想像不到自己能做出多少成就。

漢明言下頓悟。這個道理是：**知識和生產力是一種複利**。

如果你做一般的工作，你每天要比別人多搬一〇%的磚，一年下來你還是比別人多搬了一〇%的磚。但鑽研知識可不是這樣的。

漢明說，你知道得愈多，學得就愈多；學得愈多，能做的事就愈多；做得愈多，機會就愈多。這是一個正回饋過程，就像投資一樣，是利滾利。

如果你每天比別人多鑽研一〇%，那麼日積月累，你的成就會遠遠超過他。

如果存錢的利息很高，你還願意隨便花錢嗎？所以漢明說：「我不會當著妻子的面說這個，但我有時候的確忽略她了。我得鑽研。」

漢明從不掩飾自己對青史留名的渴望。他說科學家成功的唯一標準，就是你的名字能不能被以小寫的形式命名某個概念；事實上他做到了，電腦科學裡就有個「漢明碼」❿。

那麼，這個道理就是如果你想學漢明從妻子那裡苛扣時間，記住別用這寶貴的時間打《王者榮耀》，最好用在「得到」APP……用在能產生複利的事情上。

❿漢明碼為一種線性偵錯碼，找出傳輸資料的錯誤位元並加以更正，以維持資料的正確性。

第五章

高手來自競爭不充分的領域

左下這張照片是一九二七年索爾維會議（法語：Conseils Solvay）上物理學家的合影，這可能是物理學史上最著名的一張照片。照片中有二十九人，其中十七人得過諾貝爾獎。不過，諾貝爾獎並不能代表這些人的成就，愛因斯坦、保羅・狄拉克（Paul A. M. Dirac）⓫、尼爾斯・波耳（Niels Bohr）⓬、馬克斯・普朗克（Max Planck）⓭、居里夫人（Maria Curie）、厄文・薛丁格（Erwin Schrödinger）⓮、維爾納・海森堡（Werner Heisenberg）⓯、沃夫岡・包立（Wolfgang Ernst Pauli）⓰……這些人的名字如同恆星照耀著人類歷史。

我們不但知道他們的思想和成就，還知道他們的性格和趣聞軼事。就像文科生崇拜民國「大師」一樣，理科生崇拜二十世紀前期活躍的物理學家，這些人是真正的英雄。

那麼問題來了。從二十世紀後期到現在，還有哪些

物理學家是你熟悉的呢？

事實是，現在活躍的物理學家的「知名度」，遠遠不能與愛因斯坦那一代人相提並論。如果那一代物理學家是元帥和將軍，這一代物理學家只能算是連長和排長。

這當然可能有很多原因。一個原因是那一代物理學家都趕上了好時代，當時的物理學還是一門年輕的學科，有很多「低垂的果實」，一個年輕人單打獨鬥就可以取得非凡成就。而到今天，容易研究的問題都已研究完了，新的突破必須多人合作才能完成，投入大量的時間和金錢也未必見效。個人英雄主義的時代已經一去不復返了。

不過在我看來，還有一個原因也很重要，那就是現在會做物理研究的人太多了。現在的物理學是一個充分競爭、充分交流的學科，這就意謂著兩點：第一，會有很多高手；第二，高手的水準都差不多。

比如說，提出「希格斯機制」這個理論的英國物理學家彼得．希格斯（Peter Ware

⓫ 保羅．狄拉克是英國理論物理學家，量子力學創始人之一。

⓬ 尼爾斯．波耳是丹麥物理學家，量子力學創始人之一，一九二二年諾貝爾物理學獎得主。

⓭ 馬克斯．普朗克是德國物理學家，量子力學創始人之一，一九一八年諾貝爾物理學獎得主。

⓮ 厄文．薛丁格是奧地利物理學家，量子力學創始人之一。他提出薛丁格方程式，為量子力學奠定堅實基礎。

⓯ 維爾納．海森堡是德國物理學家，量子力學創始人之一，一九三二年諾貝爾物理學獎得主。

⓰ 沃夫岡．包立是奧地利理論物理學家，是量子力學研究先驅之一。一九四五年，在愛因斯坦的提名下，因包立不相容原理獲得諾貝爾物理學獎。

Higgs），因為大型強子對撞機發現希格斯玻色子的確存在，等於是驗證了他的理論，而獲得諾貝爾物理學獎。請問，希格斯是不是一位不世出的物理天才，他的理論是不是獨一無二呢？當然不是。事實上，一九六四年前後，至少有六位物理學家提出了相關的理論，他們的貢獻是平等的。直到諾貝爾獎宣布之前，人們都不能確定到底應該發給誰。

這和過去是完全不同的局面。愛因斯坦發表狹義相對論，這是他自己一個人的功勞，而且據說發表出來後，全世界只有二．五個人能「理解」他這個理論。

但是，愛因斯坦那個時代總共也沒有多少人學物理。當時的物理學仍是一個相對「新興」的學科，是極少數人玩的智力遊戲，絕大多數國家的大學裡可能都沒有物理系。

沒有英雄也沒有絕招的時代

「二戰」末期，原子彈的威力讓人們見識到物理的厲害，各國都開始重視物理。到了今天，幾乎每個正規大學都有物理系，每個物理系都在教相對論。當然，我聽說有的老師一上來就說：「相對論我也不懂，我們來共同學習……」但是在任何一個比較好的大學裡，只要是一個足夠認眞、聰明的大三學生，學過「電動力學」後就能完全理解狹義相對論。

狹義相對論根本就不是什麼不可理解的理論，中國每年都會產生好幾百個懂狹義相對論的人。

那麼你可能會說，「懂相對論」和「創立相對論」不能相提並論，愛因斯坦那一代物理學家做的都是革命性的理論，想法都非常離奇，只有天才才能產生那樣的想法。這是一個不了解情況的說法。如今，這一代物理學家思考的問題比那一代要難得多，他們的知識水準和思考深度都遠超過去，而且他們也都在不斷地嘗試各種大膽的想法。

我曾經收到一位讀者來信，他說爲什麼物理學家不聽聽外界的聲音呢？爲什麼就不能想想萬一相對論是錯誤呢？這是一種非常外行的說法。物理學家一直都在想「相對論有沒有可能是錯的」。要解釋暗物質和暗能量，物理學家首先想的就是要不要修正相對論。有人提出也許引力根本就不是一種基本的「力」，而是一種「熵力」⓱。這種想像力，比愛因斯坦那一代物理學家能差到哪兒去呢？

所以，這一代物理學家的水準並不差，但沒人知道他們的個性，沒人記錄他們的名言，沒人打聽他們的「風雅趣聞」，因爲他們的人數實在太多了。今天的「科學家」只是一個普通的職業，有很多從業者。

而且現代的物理學家，包括其他學科的科學家和各行各業的「高手」還有一個特點，現在的高手都沒有什麼個性化的、人無我有的「絕招」。像愛因斯坦那樣，隨便一出手就能震動天下，別人一看簡直匪夷所思，這種情況現在愈來愈不可能發生了，因爲現在是一個充分競爭、充分交流的時代。今天的物理學家非常喜歡四處拜訪，召開各種學術會議，論文直接上傳網路，好想法非常容易傳播出去，那你就很難做什麼「橫空出世」。事實上，連「研究風格」這個詞，現在都很少人使用了。

⓱ 重力的熵力假說是關於萬有引力本質的理論假說，二〇〇九年由荷蘭弦理論家艾瑞克・韋爾蘭德（Erik Verlinde）提出。

因爲只有在競爭不充分的領域裡才有「風格」。比如，現在我們看拳擊比賽、格鬥散打比賽，兩個選手的打法都非常相似。爲什麼不像電影裡那樣一個用鐵砂掌、一個用螳螂拳呢？

我理解，像少林、武當、峨嵋這些武林門派既然一直流傳到今天，歷史上必定都是非常厲害的，他們的武功一定不是假的。既然當時各個門派的打法非常不同，那就說明歷史上這些門派之間缺乏有效的交流。可能功夫都密不外傳，可能不同門派的人很難見面，也可能一見面一動手就死人，所以沒辦法總結經驗。

如果武術門派之間充分交流，像現在職業足球這樣每週打一場聯賽，那麼不同打法很快就能分出高下，所有門派的人都會去學習最高級的打法。最後的結果就是所有人都使用同樣的打法，這個打法在散打規則之下，也許就是今天的散打打法。

足球就是這樣。三十年前，足球是一個有明顯不同風格的運動。比如，英格蘭愛打長傳，南美洲足球則主打腳法細膩，有時一個人盤球動不動就能過好幾個人，還有什麼「歐洲拉丁派」。但是現在我們看世界盃比賽，這些風格都不那麼明顯了。巴西隊也追求快速推進，英格蘭也不打長傳了。當然，你可以說巴薩（Barça）[18]的踢法就是與眾不同，但這個關鍵字是「不明顯」。

這就是充分競爭、充分交流的結果。人都是同樣的人，既然你這個踢法好，那我爲什麼不能學呢？過去各國球員還有身高的差異，如今實在不行還可以引進歸化球員；而且球員還都在各個俱樂部流動，如果巴西國家隊球員都在歐洲踢球，那他們踢的到底是巴西足球還是歐洲足球？

幾十年前，圍棋大師也很講究個人風格，什麼這個流那個派，現在還有誰說我是什麼派的？招數就是那麼多招數，大家從小都學過，無非是靈活運用，哪裡還談得上流派？

這是一個沒有英雄也沒有絕招的時代。

同質化中見創新

韓非子有句話說：「上古競於道德，中世逐於智慧，當今爭於氣力。」

競爭愈充分，個人風格和絕招就愈沒用。今天的球星出頭，靠的是天賦、科學訓練、艱苦奮鬥和運氣，基本上就是看誰比誰有「氣力」。你說，我能不能詩情畫意、羽扇綸巾、姿態優雅地成爲世界第一？門都沒有，這是個想在任何行業成爲高手都先得有「體能」的時代。

那麼在這個時代，我們應該做什麼呢？難道只能在一個領域內模仿高手嗎？不是。

我們想想手機。十年前的手機，各家品牌有各家的風格，外觀千奇百怪，而今天的手機正面全都是一塊黑色螢幕。這就是競爭和交流帶來的同質化。我們做個對比，從前那些風格各異的手機，像不像已經逝去的物理學大師，而現在這些清一色的黑色螢幕手機，像不像今天這些「物理學工作者」，看上去沒什麼風格，實際上功能卻強大得多。

從這個手機故事裡，我們大概可以得出兩個教訓。

第一，應該盡可能去一個新興領域。領域不成熟，競爭不激烈，就有更大的自由度。

⑱ 巴薩是巴塞隆納足球俱樂部的簡稱。

第二，如果是一個成熟的領域，那麼你就得尊重這個領域的規律，不能隨便標新立異。雖然今天的手機行業也講設計，而且特別講創新。各家品牌的風格都淡化了，但每一支新手機都有自己的新特點，你只是無法預測這個新特點會在哪家先出現。

這就是說，沒有人想完全和別人一樣，你總要有些新東西。**如果一個圈子已經同質化，也許想要創新就得往圈外看，看誰能從圈外給這個圈子輸入新的元素。**

然而歸根結底，我們知道大創新是愈來愈難了，而小創新是愈來愈不自由了

第六章

用演化論修身養性

英國作家麥特．瑞德里（Matt Ridley）非常喜歡講大道理，像他之前的《世界，沒你想的那麼糟：達爾文也喊 Yes 的樂觀演化》（*The Rational Optimist*）講的就是交換與分工決定了人類的福祉，他能從原始社會一直講到未來。他的新書《無所不在的演化》（*The Evolution of Everything*）則更厲害，跨學科涉及很多領域，而且講了一個特別大的道理。

人生演化論：運氣×奮鬥

這個道理，其實就是「進化論」更準確地說，應該叫「演化論」，不僅僅是生物的演化，更是一切事物的演化。這本書的英文書名是 The Evolution of Everything，也就是一切事物的演化。

哪怕你對生物學、歷史和技術進步完全沒興趣，我也建議你深入了解一下「演化」這個思想。我認爲，演化思想可能是比其他任何現代思想都重要的一個道理，這個道理是能把現代智識份子和古人區別開來的一把尺。

我們先不談那些大事，先思考一個身邊的小事。假設你的家族幾十年前過得非常艱難，歷經了磨難，但現在發達了，家大業大，生意做得很興旺，家裡人才輩出。那你就會有一個問題：我們家族的興衰到底有沒有什麼道理呢？如果你去向智者尋求指引，那你可能會得到三個答案。

第一個答案是，你家之所以現在這麼興旺發達，是因爲在過去的困難時期，你的祖父是一位大善人，做了很多好事，積了德，現在是收穫好報。

第二個答案是，以前你家經歷的不幸其實不是白白經歷的，那都是考驗和鍛鍊！孟子說：「天將降大任於斯人也，必先苦其心志，勞其筋骨……」這一切都是爲了「增益其所不能」。沒有當年的不幸，就沒有現在的幸福。

第三個答案是，人左右不了時代和大環境。你家的家族基因和家族文化中的某些特點，恰好使得你家在過去那個時代過得很不好，不過所幸還是存活下來，趕上現代這個時代就過得很好，這裡面沒有什麼特殊的安排，純屬偶然。

請問這三個解釋，你接受哪個呢？第一個是「因果報應論」，第二個是「目的論」，第三個是「演化論」。

演化論看似平淡，其實是最厲害的。它和前兩個思想有本質的區別，不僅僅是無神論對有神論，而是根本哲學上的區別。前兩個說法都認爲一件事情的決定是「自上而下」，就好像天上有一雙眼睛或者有一套法則在指導世界上的一切事務；而演化論認爲，老天沒有決定任何東西，既沒有回報你，也沒有培養你，一切都是自己碰運氣和奮鬥的結果。

演化這個思想有大用，它爲我們提供了一個世界觀、一個社會觀、一個價值觀和一個人生觀。

世界觀：演化沒有目的

一提生物進化，我們就會想到以前背過的「從低級到高級，從簡單到複雜」，這個說法暗示演化有個方向。其實從微觀層面來說，演化是沒有方向的。

每個生物傳宗接代的時候，並沒有什麼明確的主觀意願，說我想讓後代變高級、變複雜，這是你想變也變不了。每一次基因變異都是隨機的，變異之後等待環境的選擇。賭對了就生存下來，賭錯了就會消亡。

環境也沒有目的。環境的變化並不是爲了「培養」或「選拔」什麼生物，環境只是冷漠地看著這些生物。有時候氣候劇烈變化，就可能有大規模的物種滅絕；有時候氣候溫暖，就可能有物種爆發……「環境」根本不在意。

整個宇宙也是如此。我有篇文章叫〈一個讓人寢食難安的世界觀〉，說宇宙的物理常數似乎正好適合生命存在，稍微變化一點都不行。物理學家仍在思考爲什麼會如此，但人們基本可以確定，宇宙並不是「爲了讓生命出現」才有這些常數的設定，我們只不過恰好生活在這麼一個適合生命存在的宇宙之中。

對這個世界來說，有沒有生命無所謂，有沒有你也無所謂。如果這是一場遊戲，那遊戲的整個設定是沒有任何目的的。

社會觀：好東西沒有設計

當我們觀察生物界的時候，總會讚歎生命的偉大，說：「這眞是造物主的鬼斧神工！」其實根本沒有什麼「造物主」。生物不是設計出來的，而是一步一步演化出來的。

經常有人質疑，說像人體的眼睛和消化系統這些東西，簡直太精巧了，怎麼可能是自然演化出來的呢？但生物學家有證據，演化的每一步都有跡可循。這些精巧的系統在別的生物上都能找到「原型」，就好像上一代產品一樣，更低級一些，沒有這麼複雜，但是也有用，而且原型的用處很可能和現在不同。生物演化非常精彩，但的確沒有什麼「總設計師」。

人類社會也是如此。比如亞當・斯密說，道德是從哪裡來的？難道是古代哪個聖人設計好，教給我們執行的嗎？道德其實也是自發演化出來的，是人和人交往過程中慢慢磨合出來一套約定俗成的行爲規範。就算一個孩子生下來沒有道德觀念，他到社會上吃了很多虧以後，也能意識到自己並不是宇宙的中心，得去做一些有道德的事。

而且道德也在不斷演變。瑞德里舉了一個例子：一百年前，社會是可以接受「戀童」的（比如娶未成年女孩），但同性戀不行；而今天，社會能接受同性戀，但絕對不能戀童。那你說哪個道德標準對？其實沒有什麼絕對的對錯，只是道德在現階段演變到什麼程度的問題。語言、文化和法律，也都是從下到上自發形成和演化的結果。「熊逸書院」有篇文章講《周禮》，說中國古代很多讀書人就是相信存在一套聖人設定的行爲規範，然後不顧現實去生搬硬套這套規範。這就是因爲沒有演化這個思想，而導致的悲劇。

價值觀：自發演化的東西往往比設計出來的東西好

如果不使用演化思想，經濟學中有些大問題是解釋不了的。

很早以前，李嘉圖（David Ricardo）就發現，僅僅使用純粹的經濟學理論，無法解釋爲什麼人類社會的生活水準愈來愈高。

李嘉圖注意到的現象是邊際效益遞減。比如我們耕種土地，肯定一上來先去找最容易耕種、產出最高的土地去耕種，也就是今天所說的「低垂的果實」。好地都被占有了，再開荒就只能是產量低的土地，那局面肯定就是土地愈來愈不好耕種，糧食愈來愈不容易生產，什麼工作都應該是愈來愈不好做才對！那如此說來，經濟根本就不應該增長啊！

勞動分工和比較優勢只能讓效率提高一點，卻解決不了邊際效益遞減的問題。可是爲什麼過去這幾百年間，人類的經濟水準一路猛漲呢？

這個問題困擾了經濟學家很久。後來最早是熊彼得提出了一個理論，發展到現在大家都信服了，這個理論就是說「創新帶來了增長」。企業家不僅僅是剝削工人和組織生產，他最大的作用是冒險和創新：大膽嘗試新東西，發明新技術。

那「創新」是從哪兒來的呢？是演化出來的。凱文·凱利在《科技想要什麼》（*What Technology Wants*）這本書裡就把技術創新和生物演化做了很好的類比，**創新從來都是自下而上、自發演化的結果**。什麼是市場？市場就是一個演化系統。

市場講究的是自下而上，而政府則是個自上而下的系統。如果要解決什麼問題，哪個系統更厲害呢？這個價值觀就是演化的力量往往更強大。

比如說，比較過去這麼多年各種商品的價格變動情況，你會發現絕大多數市場化的商品都是愈來愈便宜，哪怕最底層消費者的生活水準也大大超過一百年前。可是醫療和教育這兩個政府插手的專案，卻常常是愈來愈貴。據瑞德里考證，現在英國引以爲豪的全民醫保系統，還不如英國以前沒有政府插手的居民互助系統效率高。

當然，我們不是說要取消政府。政府有政府的作用，但這個價值觀是在演化機制能起作用的地方，最好把問題交給演化。

演化爲什麼這麼厲害？它有兩個重要特點。首先，演化是可以繼承的，好東西會得到獎賞，獲得更多的繁殖機會，它會生育很多後代，會更容易流傳。其次，兩個好東西之間可以透過異性繁殖，產生強強結合的後代。生物界的基因遺傳和異性繁殖，在人類社會的文化、道德和市場中的表現就是「模仿」和「交流」。

所以演化這個思想，落實在生物界就是達爾文的進化論，落實在經濟學上就是亞當・斯密的「看不見的手」。但瑞德里說，很少有人意識到這兩個東西其實說的是同一個道理。

美國就有很多自相矛盾的人。美國右翼信仰上帝，不相信進化論，但是非常相信自由市場。美國左翼非常相信進化論，但是不相信自由市場，總想讓政府來個頂層設計，取代市場的作用。其實進化論就是市場，上帝就是政府！

所以我說演化思想是一把尺。你到底是更相信自下而上的力量，還是自上而下的目的和設計？如果你能接受演化的世界觀、社會觀和價值觀，你大概會有一個特別的人生觀。

人生觀：符合天道

什麼思想極端化以後都不好。但是依我之見，如果一個人的三觀是以自下而上的演化思想爲主，那他可能就具備很多優良品質：

- 他不會迷信權威，不相信什麼救世主，願意靠自己。
- 他不會有那麼多人生的困惑，不會質疑命運不公平，不會抱怨做好事怎麼沒有好報，更容易接受現實。

• 他會比較謙虛，知道好的東西都是自發演化出來的，不是聖人所設計，所以他就不會妄想自己能一手遮天，搞個什麼頂層設計一下子就能治理好國家。

前面我說了，演化思想有大用。從個人角度，我們還可以從演化思想中推導出一套為人處世的行為準則。人生在世，到底有什麼事是最值得做的呢？

如果你接受演化的價值觀，如果你認為演化就是「天道」，我認為有三件事最值得做。

第一是「傳宗接代」。當然，這不只是生物學意義上的傳宗接代，也包括文化的傳承，手藝、技術的傳承。你去學習前人的好東西，讓它流傳下去，這總是好的。

第二是「交流」。交流就等於異性繁殖。你有一個好想法，我有一個好想法，我們倆交流一下，讓好東西結合，也許就能產生一個更好的東西。交流可以帶來綜合式的創新。

第三是「創新」。有一種創新是隨機產生的突變式創新，相當於基因變異。創新不一定是科技創新。如果你認為這個社會現在有問題了，你大膽創造一個新的行事方法，從自己開始慢慢影響周圍的人，最後改變社會規範，這就是你的一次創新。

我們有了演化的世界觀、社會觀、價值觀和人生觀，去做傳宗接代、交流和創新的事，那就算是符合天道了吧！

PART 2
高手的思維

二十一世紀什麼人才最貴？答案是天才最貴，第二貴的是跨界人才。
今天社會的分工愈來愈細，需要很多專才，
教育系統培養的也是專才，但眞正値錢的是通才。
眞正的斜槓青年追求的不是簡歷上多幾個斜槓，
而應該是培養廣泛的興趣，把知識本身當成回報。

第七章

從儉省思維創造價值

追求更多，有錯嗎？

《儉省：釋放「少」的潛能，取得「多」的成就》（*Stretch: Unlock the Power of Less-and Achieve More Than You Ever Imagined*）出版於二〇一七年二月，作者是美國萊斯大學（Rice University）管理學教授斯科特．索南史恩（Scott Sonenshein）。

現代社會有一個大家默認的、但一般不會明確說出來的主流價值觀，那就是要追求更多：個人想要更多的財富，公司想要更多的資源，多就代表成功。這個價值觀一旦說出來，我們就覺得不太合理，所以現在對它有一些批評的意見。在此之前，我看主流的意見大概有兩派。

一派是傳統的消極避世思想。有的說人類一味追求發展，地球環境根本承受不了，所以我們應該節制發展，追求人與自然的和諧；還有的說那些追逐財富的個人都已經迷失自我，還不如回歸家庭，應該多談「愛」，少談「錢」；甚至有極端的觀點認爲，人類工業文明就是地球的癌症，再不停止發展就會導致巨大的災難，等等。

還有一派是近幾年才開始流行的一種「極簡主義」生活方式。這一派要求我們把所有不常用的東西都扔了，排除一切干擾，聚精會神修身養性，這樣才能獲得幸福的生活。

這兩派思想我都不以爲然。現代社會組織的整個前提就是要發展，發展已是現代人的本能追求，你想停止發展可能嗎？發展中出現的問題，只能用發展解決。極端環保主義者、宗教人士鼓吹不發展，其實是一種撒嬌式的情懷；而所謂「極簡主義」，最多只能算是一種小眾的生活姿態，這個姿態甚至有點違反人性，非常做作，當你處處想著怎麼「極簡」的時候，你已經把太多精力浪費在這件小事上。

所以儘管有很多人呼籲限制發展，有很多書鼓吹極簡生活，我從來沒見哪個國家眞的限制發展，也沒遇過哪個人眞的在過極簡生活。

過分追求「多」，好像是不對的。可到底哪裡不對呢？怎麼做才是對的呢？

簡單道理

其實答案並不複雜，但還是得動用一個商學院教授才能把它說明白。這就是索南史恩這本《儉省》要做的事情。

Stretch 這個詞對應的中文意思除「儉省」之外，還有「拉伸」。我覺得對這個詞最形象的解釋就是你要做一件衣服，可是感覺手裡的布不太夠用，再買新布可能有點浪費，最後把手裡的布拉一拉、伸一伸，正好夠用。

極端環保派和極簡主義者各說對了一半。一味求多，的確是不可持續的，但這個不可持續只是你自己的不可持續，一旦不持續，最多就是你自己的公司倒閉，對大環境不會有什麼大危害，市場機制很善於懲罰不可持續的東西。**少擁有一點東西，也的確能讓東西發揮最大**

的效用，但是「少」不是目的，幸福生活也不能一味求「少」，發展才是目的。

索南史恩的觀點就是避免陷入一味求多的思維模式，盡可能利用手裡現有的資源發展。道理就這麼簡單。

那既然是發條微博就能說清楚的道理，爲什麼還得讓一個商學院教授寫本書呢？一個原因可能是商學院教授擅長講「案例」，這本書裡有非常多的案例可以當故事看。

更重要的是，索南史恩在書裡總結了一些實用的方法，告訴我們到底應該怎麼利用現有的資源來發展。

先說說這個一味求多的思維模式。

追逐者心態

有人曾對歐洲兩千名專業人士做過一次追蹤研究。首先，在這些人剛獲得碩士學位、即將走上職場時，研究者讓他們填寫一份問卷，其中的判斷題包括「我想賺很多錢」、「我想獲得很高的職業聲望」等，測試他們的個人野心。

三年後，研究者回訪這些專業人士，發現當初野心愈大的人，賺的錢的確更多。特別想賺錢的人也特別能賺錢，結果很不錯。

但是七年後，研究者再次回訪這些專業人士時，發現結果變了。當初特別想賺錢的人，收入反而比當初那些沒有強烈賺錢願望的人少了，而且他們的職業滿意度也不高，現在他們普遍有一種失望的情緒。

可能早期的希望太大，導致後期的失望也大，結果反而沒幹勁了。

想賺錢，是現代社會最容易理解的願望，人們追求「更多」，例如更多的收入、更大的辦公室、更高的職位、更好的汽車等，有這種強烈願望的人，索南史恩稱之為「追逐者」。追逐者，追逐外界的東西。索南史恩說，這種追逐心態，有三個來源：

第一個來源是和別人比。我們時刻都想知道自己在社會中的相對位置，相對位置很多時候比絕對位置還重要。我賺多少錢不重要，重要的是我比同事多賺或者少賺了多少錢。而且這個攀比還常常是往「上」比，這就是為什麼即使是奧運會銀牌得主也總是很不高興。所以有年薪上千萬美元的網路創業公司CEO表示，他的幸福感並不怎麼高，因為在矽谷他根本不算什麼。

第二個來源是我們總認為要想辦成更多的事，就得動用更多的資源。我們常常忽略自己已擁有的資源價值。關於這一點後面再說。

第三個來源是我們單純就是想要「更多」。有這樣一個實驗，在實驗室裡讓受試者聽音樂，你可以好好享受音樂，也可以打斷音樂，聽一段噪音，每聽若干次噪音，你就能贏取一塊巧克力。研究者事先聲明，所有的巧克力必須在遊戲結束後當場吃掉，不能帶走。結果，每個受試者都贏取了遠遠超過自己胃口的巧克力。

想要更多，這大概是短缺時代的一個思維烙印吧！那麼企業家在做公司決策時，是不是能更理性一點呢？

花錢與利用資源

二〇一六年的一個大新聞是，縱橫網際網路二十多年的雅虎公司分拆下市了。女CEO梅麗莎・梅爾（Marissa Mayer）成了眾矢之的，而人們對她的一個重大指責就是花錢太過大手大腳。這裡摘錄一段《華爾街日報》（*The Wall Street Journal*）的報導：

……二〇一五年前三季雅虎營運費用比二〇一四年同期大漲二〇％，原因在於梅爾與Mozilla、甲骨文簽署了昂貴的協議，結果卻沒有為雅虎搜尋引擎帶來預期的流量，導致公司營收不但沒有上升，反而下降了四％。另外，梅爾本人也承認，自己在二〇一三年年初豪擲十億美元買下輕部落格平台Tumblr[19]是一個失敗決定。她三年前扔出去的十億美元，如今已經縮水四分之一。

「買買買」是梅爾經營公司的一貫風格，她擔任雅虎CEO以來收購的大小公司不計其數。這可不是梅爾的女性購物欲起了什麼作用，這是網路公司的一個共同心態：燒錢。

索南史恩在書裡說，早在梅爾去雅虎之前，她在Google辦公室的門上就貼了一句話：「收入能解決所有問題。」鑑於很多網路公司的實際收入比花費少很多，這句話的眞實意思其實是「錢能解決所有問題」。

索南史恩給的一個案例是Pets.com。營運第一年，這個公司花費了一千二百萬美元做廣告，而廣告帶來的銷售收入僅六十二萬美元。營運第二年，公司花費超過一百萬美元在「超級盃」做了一個三十秒廣告，吸引用戶流量，然後用一個低於成本的價格把東西賣給吸引來的用戶。當時公司上下在紙面上都是百萬富翁。結果兩年燒光三億美元，股價從十一美元跌到二十二美分，被清算資產。

這個玩法在網路公司中一點都不罕見，並不是CEO們瘋了。網路創業公司的價值觀過分重視用戶總數和流量，根本不在乎實際盈利。這個理念就是先圈地再說，花錢慢的CEO甚至面臨投資者的壓力，他花錢愈快，公司的估值才能愈高。

這個網路創業公司動力學就是盡量動用更多的資源，一直到沒有資源可用爲止。

索南史恩把這個心態，總結爲一個公式：

擁有更多資源＝獲得更好的結果

而他認爲，眞正要把事情辦好，需要的是另一個公式：

更好地利用資源＝獲得更好的結果

我讀這段文字的時候，有一種「宿命感」。其實每個人都知道這個拚命追求更多資源的做法是不可持續的，但是爲什麼還有這麼多追逐者呢？

⑲ Tumblr 被戲稱為 Twitter、YouTube 與 WordPress 三者的結合。隨著部落格變得臃腫不堪，輕部落格應運而生，只是簡單地記錄文字、發一些圖片。

因爲這是一個正回饋遊戲。在短期內，你追逐的愈多，擁有的就愈多，然後你獲得的評價就愈高，你向上攀比的對象也愈高，你愈想追逐更多的東西。正回饋的遊戲一旦陷進去，想要主動停手就太難了。

然而這個遊戲是不可持續的，最後要嘛把能從外界獲取的資源耗光，要嘛把自己的精力和希望耗光。

還有一個問題。亞馬遜（Amazon）早期的擴張策略就是不顧一切先占上位置再說，也是近乎瘋狂地擴張，怎麼傑夫·貝佐斯（Jeff Bezos）就成功了呢？事實上，早期燒錢的網際網路公司最後活下來的也有啊！索南史恩寫書，只給了支持他的論點的正面案例，沒有給反面案例。

對此我們大概可以說兩句話：

第一，貝佐斯是看到了機會，爲了抓住機會而不得不冒險。他並不是爲了燒錢而燒錢，不是盲目地擴張。

第二，即便如此，貝佐斯的策略也是充滿風險。也許當初有十個亞馬遜，只有一個活了下來。

一旦發現自己處於正回饋遊戲中，就要意識到這樣的遊戲都是不可持續的，應該想想未來怎麼軟著陸。瘋狂擴張的公司往往會被自己壓垮，作爲追逐者的個人可能會後勁不足。

那麼面對一個具體的局面，到底應該冷靜點還是全力以赴爭取呢？我想大概有兩個判斷標準：

一、遊戲是不是可持續的。

二、你的追逐到底是實際的需要，還是爲了滿足自己的心理需求。

主動儉省激發創意

先來聽兩句名人名言：

價值是凝結在商品中的無差別的人類勞動。——卡爾·馬克思（Karl Marx）

人生的價值並不是用時間，而是用深度去衡量。——列夫·托爾斯泰（Lev Nikolayevich Tolstoy）

如果你仔細想想，這兩句名言說的道理其實是矛盾的。

想像你是一個開服裝店的老闆，你在全國各地開了若干家分店，每家店面的規模都不算大，生意也一般。你這個人比較愛放權（其實也是公司沒有那麼大的控制力量），你給了各個分店很大的自主權。時間長了，分店經理都在心理上把店當成了自己的。

總店進了一批正裝連衣裙，發到各個分店銷售。很快銷售結果回饋回來，說這個裙子的品質一般，看上去特別廉價，沒達到你們商店的檔次要求，根本賣不出去。

你正在抱怨總店採購經理的進貨決定，就聽說有一家分店把這個裙子全賣光了。那家店的經理自作主張，拿把剪刀改了裙子，當沙灘裙往外賣，結果大受歡迎！

正裝裙子，本來不是沙灘裙；分店經理，本來沒有設計和改裝服裝的職責。這件事本來不應該發生，它怎麼就發生了呢？

我看連馬克思的理論都未必能解釋這件事。

這個故事是眞實的，就在索南史恩的《儉省》這本書中。

面值和價值

索南史恩說，我們一般的思維模式是想要獲得更好的結果，就得動用更多的資源。說白了就是花多少錢辦多少事。你想獲得更多的銷售額，你就得進更多的商品。你想讓員工多工作，你就多招幾個員工。

這個思想的問題在於，我們只注意到了資源的「面值」。

一件衣服採購進來，店員把衣服貼好標籤，按尺寸排列上架，準備好包裝，再做一些廣告宣傳，這就是常規的賣法。進貨多少錢、店員的勞動多少錢，這些就是資源的面值。

按照中國人從小學到的政治經濟學，你賺取的差價來自於店員的勞動，也就是「凝結在商品中無差別的人類勞動」。

「無差別」這個詞，在馬克思那個時代特別科學。按理說，不同水準工人的勞動肯定有差別，但馬克思的意思是，你可以換算高等工人的勞動效果，比如經理，一定比普通工人高，可是他爲了達到這個水準，之前付出的學習勞動成本也高，把這個成本計算進去就得給他更高的工資，歸根結底，一切都能換算成「社會平均勞動時間」，即高和低沒有本質差別。

可是前面說的那個分店經理未必上過什麼服裝學校，未必比別人多花了「勞動時間」，未必比別人多忍受了勞動的痛苦，可能也未必多拿了工資，他怎麼就能點石成金，讓賣不出去的衣服獲得了價值呢？這個價值應該怎麼算呢？

包括索南史恩在內，現在有些研究者很關心這個憑空多出來的價值。

他們認爲，資源的「內在價值」是一回事，而人怎麼利用這個資源是另一回事；**如果人能夠善加利用，就可以替任何資源創造新的價值**。

那麼以我之見，既然這種創造新價值的活動是事先沒指望、沒有固定模式、本質上不可預測的，所以不能算「無差別」的人類勞動。

馬克思生活在工業革命早期，那是一個大機器、大工廠時代，普通工人無非是吃苦幹活，談不上什麼創造性，勞動都是「無差別」的。可是如今這個時代早就變了，按固定模式做事、無差別勞動的工作，早晚都會被機器人取代。

現代人，應該盡量做那種「有差別」的勞動：創造。那怎麼創造呢？

儉省者思維

其實我們每個人都做過替資源增加創造性的新價值的事。比如家裡要釘個釘子，可是一時之間沒有錘子，你一想也不用上街買錘子了，隨便找塊磚頭把釘子釘上了，那你就給這塊磚頭找到了新的價值。

超市裡賣的水果其實都是精挑細選的，有很多賣相不好的水果在上架之前就被淘汰了。

尤其是現代社會，什麼農產品一旦快要過期，馬上就得扔，美國甚至還發生過有人去超市的垃圾桶裡撿過期食品，被員警當竊盜犯抓起來。總之，浪費非常嚴重。如果你有辦法把那些被淘汰的水果變成能長期保存的果醬，變廢為寶，你就創造了新的價值。

經常使用這種思路做事的人，生活風格有可能比較儉省。

美國有很多浪費的人，但也有不少像老一輩人一樣儉省。比如，索南史恩在書裡介紹了一個公司，從CEO到普通員工出差一律住最差的旅館，不給報銷餐飲費，而且自己開車八小時能到的地方一律不許坐飛機；但員工還是很滿意，因為公司把省下來的錢都用於擴大規模、員工培訓和直接增加工資了。

索南史恩並不是號召所有公司都這麼儉省。儉省不等於吝嗇，儉省是一種思維模式。索南史恩說，儉省思維有三個好處：

第一，儉省者關注長遠目標。

第二，儉省者的攀比心理比較弱，不會陷入追逐者絕境。

第三，最重要的是，儉省者總是盡可能利用現有資源。

幾年以前流行過一本書，叫《匱乏經濟學》（*Scarcity*），不過那本書說的不是經濟學上的缺乏，而是人心理上的缺乏，嚴格地說應該叫「短缺思維」。那本書說，短缺思維會把我們的頭腦封閉起來，有機會也看不到，所以窮人會更窮。這個思想我非常贊同，但《匱乏經濟學》裡說的這個思維模式是被迫的，而且是人已經面臨生活絕境、是一種非常難受的狀態。

我看現在索南史恩這本《儉省》和《匱乏經濟學》不太一樣，這裡更多的是一種主動的儉省：不是買不起，是我不想買。

這種儉省，能激發人的創造性。

受限制條件下的創造

提起創新，我們一般比較強調自由，總想打破一個什麼規則或者禁忌去創新。但在很多情況下，人爲設定一些限制，沒有那麼多自由，反而有利於激發創新。索南史恩舉了好幾個例子。

有人做實驗讓小老鼠撥打一根槓桿。有的小老鼠可以隨便怎麼撥打，有的小老鼠被限制只能用右爪撥打，結果一段時間後，受限制組的小老鼠學會各種不同的撥打方法，而自由組老鼠會的方法反而較少。

有人做實驗讓學生探索平常用來做防護包裝的那種帶小氣泡塑膠布能做什麼。在學生探索之前，實驗人員先把他們隨機分成兩組。第一組被要求寫篇文章，設想自己在一個短缺的環境中長大；第二組則寫文章設想自己在一個富足的環境中長大。當然，這個文章的作用是給學生一種心理暗示。結果發現短缺組的學生找到了更多使用氣泡塑膠布的方法。

還有很多研究發現，給一個預算限制，再讓人設計一件產品，比沒有預算限制情況下的結果反而更好。其中的原理就在於在限制條件下，你不得不對現有資源開發出新的用法，這個新用法往往有很好的創造性。反過來說，如果要什麼有什麼，你可以用新資源來實現新功能，那就根本沒必要研究什麼新用法，也就沒有創造性了。

事實上，藝術家都是自己給自己設定限制的。索南史恩引用一個藝術評論家的話來說莫內：莫內本來就是個很好的畫家，但是眞正讓他出類拔萃的，是他主動放棄了傳統繪畫中寫實的明暗對比，給自己加了這麼一個技術限制，結果成了印象派創始人之一。

索南史恩說的儉省，就是這麼一種思維模式：主動給自己設定一些限制，專注於替已有的資源開發新用途，避免陷入一味求多的追逐者絕境。

我初讀此書，印象最深的是這個儉省的做法，感覺有點小氣，擔心這個思想不符合中國經濟快速增長的國情。現在感覺，這本書說的其實不是節省和小氣，也不是什麼變廢爲寶，而是一個什麼東西到你手裡，你能不能給它增加一點「創造性的」附加值。

就比如說「得到」專欄。一般做專欄都是提供一個平台，找作者來寫，在作者和讀者之間提供一個基本的支援，那麼平台所提供的就是「無差別的」人類勞動。平台很容易做，可以任意放大，作者多多益善。

而羅胖從一開始就強調「得到」專欄這不是一個平台，「得到」團隊在作者和讀者之間又增加了大量的服務，給作者提各種要求，每個「產品」都磨合很長時間。這就是「有差別的」人類勞動，所以產生了創造性的的附加值。

無差別和有差別的根本區別不在於勞動強度大小，而在於有沒有創造性。如果「得到」的模式固定下來了，以至於別的公司也可以輕易複製，那這個勞動的附加值就降低了。其實我們做任何工作都是這樣。那麼據此我們得到：

一、最有價值的人類勞動是「有差別的」勞動，是你能不能爲手裡的資源增加一個創造性的附加值。

二、獲得創造性的好辦法是人爲設定一個限制，逼自己在框架之內尋找發揮。

從刻意練習到斜槓青年

儉省思維模式的關鍵，是從已有的資源中發揮出創造性的價值。我從另一個角度再說說這個創造性。

一個最普遍的創造方法就是「想法的連結」。前面說過「發散思維」，我們說過最好能把一個遙遠的想法和你手裡的東西連結在一起，提供一個新思路。索南史恩在這本書裡列舉了大量案例和研究結果，我看完覺得想法連結式的創新模式，比我們想像的還要重要得多。

可能遙遠的想法比你手裡的東西還有用；可能外行比專家還厲害；可能這是一個跨界人才當道的時代。

外行的洞見

對於丹尼爾・康納曼（Daniel Kahneman）的《快思慢想》（*Thinking, Fast and Slow*）一書，現在有很多聲音說，康納曼在書裡提到的有些實驗是不可重複的。可能現在你看那本書的感覺（讓我們大膽推測一下），就如同讀過《三國演義》後回頭再讀《三國志》，原來「眞實」情況沒有那麼有意思啊！

但我想說的是，《三國演義》可比《三國志》有用多了。

看《三國志》的人可以獲得學術聲望，看《三國演義》的人卻能解決大問題。

索南史恩講了這麼一個案例。視訊網站 Netflix 曾辦過一個競賽，懸賞一百萬美元，給第一個能把它的電影推薦引擎的準確度提高一〇%的團隊。

有兩萬多支隊伍參賽。最後排名第十七的隊伍只有父女兩人，女兒只提供數學支援，父親也沒有太多專業背景。父親叫加文·波特（Gavin Potter），他是康納曼的粉絲。

當年在大學的時候，波特聽說過康納曼的一個思想。康納曼說，如果在一個人做預測或判斷一個數值時，給他事先看一個比較大或比較小的數字，那麼他的判斷也會是一個比較大或比較小的數字。這個人明知道給他看的數字和他要判斷的專案沒有任何關係，還是會受到那個數字的影響。

這個現象在心理學上叫「錨定效應」（anchoring effect）[20]。我可以補充一點，有人做實驗，讓受試者先寫下自己的生日，然後判斷一瓶紅酒的價格。結果生日數字比較大的人，給紅酒的估價也比較高。這個實驗的結果在意料之外但又在情理之中，可惜後來有人發現，實驗結果無法重複。

所以波特聽說的那個心理學結論未必合乎情理。但波特先生有個洞見，他設想一個人連續在 Netflix 上看兩部電影，如果第一部電影他很不喜歡，那麼這種心情就可能會影響他，會使他也給第二部電影一個過低的評分；反過來，如果他非常喜歡第一部電影，那就可能給第二部電影一個過高的評分。在那一刻，他並不是真實的自己！那麼當你使用他的評分資料時，就應該考慮到這一點，調整他給第二部電影的打分。

憑這一點，波特最後把推薦引擎的準確度提高了九·〇六%。

康納曼說的不一定對，可是波特說對了。波特在之前Netflix所舉辦的一次交流會上，把這個思想分享給其他隊伍，最後獲得第一的隊伍實際上也使用了這個思想。

這件事非常有意思。波特是個外行，他眞正的優勢既不是編寫程式技術，也不是自己以前的專業，而居然是他早年從康納曼那裡學來的一個不近情理的心理學知識。

這就叫「神來之筆」：非常遙遠的兩個東西，透過一個非常規的管道連結在一起，把問題解決了。

事實上，外行解決問題是一個非常普遍的現象。有個群眾外包（crowd-sourcing）網站叫InnoCentive，你如果是某個領域的高手，不妨去註冊一個帳號。InnoCentive是個平台，哪個公司有什麼解決不了的技術問題，可以在這個網站上懸賞，誰第一個解決了就給誰獎金，有時候獎金高達幾萬美元。

有人拿InnoCentive的資料做了一個研究，結果發現「外行」解決的問題，比「內行」解決的問題多；生物學家解決的化學問題，比化學家解決的化學問題多。

爲什麼會這樣？一方面，本行專業專家能解決的問題肯定早就解決了，也不至於懸賞；另一方面，複雜問題的確需要用到多個專業的知識，比如有個研究水泥、從來沒研究過石油的化學家，就在InnoCentive上解決一個海洋石油汙染的問題。

那麼技能和眼界單一的專家們，就得有點緊迫感了。

---

⑳ 錨定效應或稱「錨點效應」，即做決定時往往會過度相信第一時間所取得的片段資訊，以此作為判斷根據，接著逐步修正。

什麼時候「練習」最有用？

成爲專家的辦法是「刻意練習」。本來刻意練習強調的是練習的方法，但麥爾坎・葛拉威爾（Malcom Gladwell）的暢銷書《異數：超凡與平凡的界線在哪裡？》（*Outliers: The Story of Success*）的影響力實在太大，現在人們都認爲練習的關鍵是時間長短，你要練習一萬個小時才能成爲專家。

可是，練習時間長短和實際工作表現之間到底有多大聯繫？索南史恩列舉一些綜合性研究，即所謂「薈萃分析」（meta analysis），把幾十個研究放在一起分析結論。結論有兩個。

第一，有嚴格固定規則的領域，練習的作用最大；沒有嚴格規則的領域，練習的作用非常有限。比如說，國際象棋就有非常嚴格的規則，在國際象棋的領域內，一個人的總練習時間能夠解釋他二六%的表現；在音樂領域，練習時間長短能解釋二一%的表現；在體育領域，練習時間能解釋一八%的表現。剩下的可能是天賦和臨場發揮水準之類的，也許還包含偶然因素。而教育、編寫程式、航空飛行這些更常見的職業，往往不像體育比賽那樣有固定規則，發揮更加複雜，一個人的練習時間，居然只能解釋不到一〇%的表現。

第二，環境局面愈是可控、可預測的，練習的作用愈大；局面如果是複雜多變、不可預測的，練習的作用就很小。綜合統計，在最可預測的環境裡，練習能解釋二四%的表現；在最不可預測的環境中，練習能夠解釋的因素只有四%。

練習其實就是練習模式。眞實世界裡的工作模式並不固定，高水準工作要求你能臨場發揮，要求你借鑑不同領域的見識，只靠年輕時的刻意練習，當個領域的專家就遠遠不夠了。

二十一世紀什麼人才最貴？

答案當然是天才最貴。天賦無法複製，可遇不可求，是最稀缺的資源。

那什麼人才是第二貴的？答案是跨界人才。

索南史恩舉了個例子。現在有個流行辭彙叫「斜槓青年」，下面要說的這個人就是「特極斜槓青年」。

斯多里・馬斯格雷夫（Story Musgrave）是NASA的太空人，他還曾經是：

- 數學家
- 程式師
- 飛行員
- 軍人
- 研究人腦的科學家
- 外科醫生

事實上，他在NASA工作的三十年間，馬斯格雷夫每個月還有三天時間去醫院幫人做手術。馬斯格雷夫沒有高中畢業證書，念到一半就退學了，在機場擔任過一段時間的電氣工程師。他看人開飛機自己也想開，就重返校園讀大學，結果一發不可收地拿了很多學位：

- 數學學士
- 化學學士
- 工商管理碩士
- 生理學和生物物理學碩士
- 文學碩士
- 醫學博士

像這樣什麼都懂的人應該做什麼呢？學這麼多有什麼用呢？

馬斯格雷夫在NASA以「能修理所有東西」著稱，特別擅長臨場解決問題。所以當哈伯太空望遠鏡出了問題，整個NASA的聲望繫於一線的時候，NASA發現只有馬斯格雷夫最適合執行這個修復任務。馬斯格雷夫自己也對人說：「我之前學習的所有技能，可能都是爲這一天準備的。」

馬斯格雷夫通過三次太空行走，總共歷時二十二個小時，修好了哈伯望遠鏡。

今天社會的分工愈來愈細，需要很多專才，教育系統培養的也是專才，但眞正値錢的卻是通才。尤其是領導職位，比如一個公司的CEO，應該在各個領域都有所涉獵才行。

有人調查了四千五百名CEO的履歷表，發現他們總共從事過超過三．五萬個不同的職位。研究者就考察這些CEO之前從事過的職業多樣化程度，來判斷這個人是「專才」還是「通才」。結果是「通才」更受歡迎。

「通才式CEO」的平均工資，比「專才式CEO」的高出一九％，相當於每年多了一百萬美元。如果是特別複雜的業務，比如涉及公司合併、收購之類的技能，通才的工資甚至比專才高出四四％。

我想澄清一下「練習時間」和人所能達到的水準之間的關係。我多次說過，**「刻意練習」的關鍵不是時間，而是方法**。但問題在於「方法」很難觀測，「時間」容易統計，這就是爲什麼大部分對練習的研究都在考察練習時間，其實總時間根本不能說明問題。

比如我看過有研究說，一個醫生在剛工作的頭幾年是經驗愈豐富、水準就愈高，可是幾年後水準常常就停滯不前。這是因爲他們只是花時間工作，而不是「在學習區」工作，那不叫「刻意練習」。

不過，「老手並不一定是高手」、「專家不一定最好用」這兩個道理，仍然是成立的。

這是一個需要通才的時代。可是「練習」容易刻意，成爲通才似乎很難刻意。你很難抱著實用的目的學習廣泛的知識，到底哪個知識有用，應該在各個領域投入多少時間最划算，這種優化問題根本無解。通才本來就是爲了應付複雜問題和不確定的局面。

也許「什麼什麼知識到底有什麼用」，這個問題本身就錯了。如果哪個知識都可能有用，那你最應該關心的其實是你對什麼感興趣。**眞正的斜槓青年追求的不是簡歷上多幾個斜槓，而應該是培養廣泛的興趣，把知識本身當成回報**。

如果你們公司要請一位CEO，你是選一個一路都在學習「管理」、被人用各種大小職位餵出來的「管理者」呢，還是選一個經歷複雜的非科班人士呢？美國人選總統選了沒有行政經驗的川普。

年輕人應該多講講「刻意練習」，出來做事就要多想想「功夫在詩外」。可是我們的這種教育強迫小孩每個週末出去學習各種「才藝」，長大了愈學愈專一，什麼吹拉彈唱早就不用了，這是不是本末倒置呢？

窈窕淑女效應

有人講過這樣一個笑話，叫「薛丁格的滾」：如果女朋友讓你「滾」，她其實是處於「真的讓你滾」和「讓你過去抱她」這兩種心理狀態的一個「疊加態」。

你的下一步行動（用物理學的話叫「觀測」），將會使這個疊加態坍縮到一個固定的狀態。你要是真滾了，她可能就是真的想讓你滾；你要是過去抱她，她可能就認爲自己原本就是想讓你抱她。

作爲一個前物理學家，我必須說明，「薛丁格的滾」和「薛丁格的貓」是兩碼事。一個關鍵區別是，量子疊加態的坍縮結果是完全不可控的，物理學家就算滿懷良好的祝願，也不能讓貓坍縮成「活」的可能性增加一分。

而你，卻可以左右你女朋友的波函數。

儉省思維模式的關鍵在於怎麼開發手裡現有的資源。資源還是這個資源，女朋友還是這個女朋友，你有什麼辦法能讓她變得更好一點呢？

你當她是什麼人

二十世紀七〇年代，有人拿男女大學生做了一個相親實驗。實驗中的相親男女從來沒見過面，而且在相親過程中也不見面，只是透過電話交流。實驗人員透過「偷聽」這些電話裡的對話，來評估每一對男女的進展程度。

實驗有個有點殘忍的設定。某些男生會在電話相親之前，收到他的相親對象的照片，但是他不知道這張照片其實不是那個女生的，而是研究者專門找來一位特別出眾的美女照片。

男生以爲自己是在和「女神」相親，我們可以想像他肯定會表現得更好一點，但研究者關心的不是這個男生的表現，而是電話那頭這位女生的表現。

結果，被男生誤以爲是女神的這位女生表現得也和女神一樣。她說話非常友好，給人感覺很善於交際，聰明伶俐，討人喜歡。

這當然就是我們之前常說的「正回饋」。你以爲她很好，你就對她很好；你對她很好，她就眞的表現得很好；她表現得很好，你就更加相信她很好。

關鍵在於，你們倆之間這個回饋過程往往是非常微妙的，各種無法言傳的表情和聲調變化都能被對方捕捉到，還能產生不經意的效果。

喬治．蕭伯納（George Bernard shaw）有個戲劇叫《賣花女》（*Pygmalion*），後來被改編成好萊塢電影，翻譯成《窈窕淑女》（*My Fair Lady*）㉑。這個故事說有個語言學家和人打賭，說他能把一個粗俗的街頭賣花女（名叫伊莉莎）給訓練好，讓她學會上流社會的口音，變成一位淑女。

㉑《窈窕淑女》由奧黛麗．赫本（Aurdrey Hepburn）與雷克斯．哈里遜（Rex Harrison）主演，一九六四年上演，獲得奧斯卡最佳影片等八項大獎。

語言學家的口音訓練很順利，但別人還是一眼就看出伊莉莎不是淑女，舉止儀態都不對。後來有人提出一個洞見：你想讓她成爲淑女，就必須像對待淑女那樣好好對待她。於是伊莉莎就享受到了淑女的待遇，處處受到尊重，最後果然成了一個眞正的淑女。

你當她是什麼人，她最後就眞的是什麼人。科學家早就知道這個效應，乾脆就叫做「窈窕淑女效應」（pygmalion effect）吧。

這個效應的適用範圍非常之大。

自證預言

我們現在說心理學實驗不合乎情理，其實早在二十世紀六〇年代，哈佛大學心理學家羅伯特．羅森塔爾（Robert Rosenthal）就有過一個更深的擔心。當時人們已經知道，有些動物能體察到人給牠的最微小的暗示，比如一匹馬居然能根據主人的暗示用前蹄在地上敲擊數字，還騙了科學家好幾年。羅森塔爾就說，如果你做實驗用的那些小白鼠能夠感受到你想要什麼結果，並且按照你想要的結果去行動，那你的實驗結果還有意義嗎？

羅森塔爾據此寫了一篇質疑整個學界的文章，但是沒有受到廣泛重視，這個問題可能到今天也沒解決。有位小學校長叫雅各森（Jacobson），他看了羅森塔爾的論文，說我們乾脆拿小學生做個實驗，驗證一下這個思想吧。

這就引出了一個無比經典的教育實驗。

美國小學的老師都是只教一個固定年級，並不跟班走，所以學生每學年遇到的老師都是新的。在這個小學的新學年開學時，雅各森和羅森塔爾把每個班的學生都分成三組：天賦組、中等組、低於平均水準組。學生和家長都蒙在鼓裡，他們只把分組情況告訴老師，說這是上學期測驗的結果。

眞相是，分組完全是隨機，但老師不知道。結果老師們對「天賦組」的學生寄予很大的期望，在接下來的八個月裡，他們在教學中更關注這些學生，給這些學生更有挑戰性的問題，就算學生一時之間做不好，他們也認爲這個學生肯定是有潛力的，只不過還沒發揮。

這些被隨機分配到天賦組的學生非常非常幸運。實驗結束後一測驗，一年級的班級平均成績提高了十二分，而「天賦組」的平均成績提高了二十七·四分；二年級的效果沒那麼明顯，班級平均成績提高了七分，「天賦組」提高了十六·五分。

你當這些學生是什麼水準，他們最後就眞的表現出這種水準。後來人們發現這個現象實在太普遍了，美國社會學家羅伯特·莫頓（Robert K. Merton）給它起了個名字，叫「自我應驗預言」（self-fulfilling prophecy）：**你「預言」局面會如何如何，你就按照這個想法去做，局面眞的就會如何如何**。

類似的研究做過很多。如果經理一開始「誤以爲」手下這個雇員的水準很高，經常給他安排比較難的任務，還和他討論公司戰略問題，結果這個雇員的水準就會眞的愈來愈高；反過來說，如果你認定一個學生調皮搗蛋，甚至公開羞辱他，他就會按照你的預言行事，故意搗亂。某公司要轉型，如果高層從一開始就認定員工會抵制這次轉型，做出各種防範措施和強制行動，員工眞的就會抵制轉型。

索南史恩以一個商學院教授的經驗說，所有商學院教科書上都寫著公司轉型難，可是實際上，員工一開始本來都對轉型持「中性」的態度。所以很多情況下，人心本來是個「疊加態」。你想觀測到什麼狀態，它就會往什麼狀態坍縮。

這就是「預期」的力量。那我們自己對自己的預期，也有這樣的效果嗎？

你和你對你的預期

索南史恩曾經參與調研一些環保主義者，發現他們當中有很多人都是「自我挫敗型」（self-defeating）的人格。

比如說，普通人都開汽油驅動的汽車，而一位環保主義者開混合動力的汽車。即使考慮到油價，混合動力的車也比同檔次汽油車要貴一些，所以環保主義者已爲保護環境做出了犧牲。但是你採訪他，他說他做的還不夠，根本就不應該開車，應該去坐公車才對。

然後你去採訪一個故意不開車每天坐公車的環保主義者，他說他做的還很不夠，根本就不應該坐車，應該走路才對。

然後你去採訪一個每天走路的環保主義者，他說他做的還很不夠，根本就不應該買肉吃，應該吃素才對。

他們是不是只要還活著，就永遠感到很慚愧。

索南史恩說，在這些環保主義者的心中，有一顆消極負面的種子。他們預期的局面很負面，局面就愈來愈負面，他們就覺得自己做什麼都不夠；反過來說，如果你心中有一顆積極正面的種子，對局面有正面的預期，那你的命運就可能非常不同。

這本書裡我最喜歡的一個故事不是什麼經典的研究實驗，而是一百多年前一位黑人女企業家的事蹟，她就是沃克夫人（Madam C. J. Walker）。

沃克夫人創業的那個年代，美國黑人地位非常低，她深陷貧困，是個單親媽媽，而且還有病。她做生意處處碰壁，到外地出差時連旅館都不讓她入住。但是，後來她居然就慢慢做大了。

以前我聽過一句俏皮話，說：「巴菲特等待機會，索羅斯尋找機會，賓拉登製造機會。」沃克夫人，就是個能自己製造機會的人。

沃克夫人是史上第一個成爲百萬富翁的黑人女性。她的創業故事我們就不細說了，我只想說一點。沃克夫人專門雇用黑人女性在各地當推銷員，當時一般無技能工人的平均工資是每週十一美元，而沃克夫人給這些推銷員的薪資是每天五至十五美元。

她想用高工資改變黑人女性的形象。沃克夫人要求這些女推銷員攢錢買房、好好教育孩子，還要給慈善機構捐款！她可以說是以一己之力提升了黑人女性的社會形象。她把挑戰都當成了機會。

她有很好的期望，結果就有很好的收穫。

你把別人當成什麼樣的人，別人慢慢就會變成什麼樣的人。你認爲自己是個什麼人，你自己就會變成什麼人……這套說法，要是十年以前的我，肯定會認爲是雞湯。

我記得有一次在論壇與人爭吵，有人就跟我講了蘇東坡和佛印的典故，說你如果是佛，看別人也是佛，你要是看別人是牛糞，那你自己也是牛糞。我說是嗎？我就找了一張牛糞的照片給他看：你說這是牛糞還是佛？

我想說的是，心理學的規律並不一定在哪裡都有用，需要環境、人和時間的配合。給足夠的互動時間，今天說的內容也許就能發揮作用。

索南史恩說的這個「預期」放在自己身上，其實就是「敘事自我」。我們時刻都在爲自己講一個故事，說我這麼做是因爲我是個這樣的人。而我們今天看到，**人都是高度可塑的**。

雲對雨，雪對風，佛陀對蒼生；我對你，嘴對心，九夏對三冬。我們都想想，應該怎麼對家人、同事和自己吧！

第八章

贏家的心法、習慣和日常

呆伯特作者的二五%哲學

有一本新近特別流行的書《巨人的工具：億萬富翁、偶像和世界級表演者的戰術、習慣和日常》（*Tools of Titans: The Tactics, Routines, and Habits of Billionaires, Icons, and World-Class Performers*），作者是提摩西・費理斯（Tim Ferriss）。這本書是二〇一六年十二月在美國出版的，現在很多人都在談論。

費理斯出生於一九七七年，年紀不大卻已經出了好幾本超級暢銷書，例如《每週工作四小時》（*The 4-Hour Workweek : Escape 9-5, Live Anywhere, and Join the New Rich*）、《身體調校聖經》（*The 4-Hour Body*）《廚藝解構聖經》（*The 4-Hour Chef*），他有一個特別受歡迎的部落格（www.fourhourblog.com）。費理斯從二〇〇三年開始在普林斯頓大學授課，還號稱是一個連續創業者和天使投資人。我以前嘗試讀過費理斯的《每週工作四小時》，感覺寫得特別浮誇，讀了個開頭就放棄了。

不過，這本《巨人的工具》不是費理斯自己的思想。費理斯做了一個播客（Podcasting）節目，專門對名人訪談。他訪問了大概一、兩百位名人，都是一線人物，可說是當世之俊傑。費理斯讓這些高手都講講自己的經驗，他把訪談內容編排在一起，就成了這本書。

從這些訪談裡我們還是能看出費理斯的功夫的。他不是一個外行記者，他自己就直接參與過很多事，所以和這些高手能聊起來，雙方互相啓發，對話很精彩。

這本書七百多頁，裡面的人物實在太多，我們只能精選幾個。我最感興趣的是史考特·亞當斯（Scott Adams），他是呆伯特（Dilbert）系列漫畫的作者。亞當斯又寫部落格又畫漫畫又出書，特別高產，而且自成體系，我就想和他學一點寫作的經驗。

呆伯特系列漫畫今天已在六十五個國家、超過二千家報紙用二十五種語言轉載。亞當斯原本是坐辦公室的白領文書職員，剛開始畫呆伯特漫畫時因爲要上班，必須每天早上四點起來畫……他是怎麼堅持下來，取得今天這個成就的呢？

亞當斯分享的最有價值的經驗，大概是這三個。

目標和系統

亞當斯當年一邊工作一邊業餘畫畫和寫作，畫畫和寫作帶給他的物質回報非常少，大概只相當於薪資收入的五％，對生活沒有任何影響。當時他女朋友問他爲什麼要做這件事，亞當斯對此無法回答。

亞當斯現在總結，他做的這件事不是爲了完成一個什麼具體的「目標」，而是爲了發展一個「系統」。

所謂「目標」，即你做這件事就是爲了做好這件事，成功就有回報，失敗就算白做。而亞當斯所謂的「系統」，則是一個連續變化的東西，或是一項技能，或是一個關係，比如夫妻關係。為了這個系統，你可以做各種項目，可以要求自己養成什麼習慣，你要的不是某個具體事件的成敗，而是「發展」這個系統。

亞當斯的部落格寫作就是一個系統。具體哪篇文章能不能獲得收入、有多少讀者閱讀都不重要，重要的是能不能讓這個系統不斷發展。他寫部落格沒有任何具體的目標，這恰恰是系統的特徵。

怎麼發展系統呢？亞當斯做了兩方面的事情。第一，要定期寫，不能三天打漁兩天曬網。第二，亞當斯把部落格當做一個研發平台，在上面做了各種寫作技術的測試。比如，他測試了不同類型的話題，看哪個話題受讀者歡迎。他還測試自己用各種不同的「聲音」寫作，比如憤怒的聲音、幽默的聲音、批評的聲音等，看哪種聲音更受讀者歡迎。

時間長了，部落格文愈寫愈多，亞當斯的寫作系統就成長起來了。後來《華爾街日報》聽說了他的部落格，就邀請他開個專欄。亞當斯一上手，專欄馬上大受歡迎！這是因為此時的亞當斯已經擁有一個成熟的寫作系統，他完全知道文章應該怎麼寫。

亞當斯說，他寫部落格的時候，只知道它壯大起來就會有各種可能性，但他完全沒有任何具體目標。他並沒有事先規畫好到什麼時候去《華爾街日報》開專欄……系統有了，一切都自然發生。

靈感

如果你的寫作技術已經比較成熟，你最關心的就不是「怎麼寫」，而是「寫什麼」。亞當斯要保持高頻率的更新，就必須要有大量的想法做後盾。那麼他的想法都是從哪兒來呢？這是我最想知道的問題，而亞當斯的答案給了我很大啓發。

爲了獲得新想法，亞當斯每天早上起來之後的流程完全固定，連吃的早餐每天都完全一樣。他這個模式的精髓是先清空大腦，再用新資訊灌滿大腦。

清空大腦，就是早餐之後把昨天的一切問題拋到腦後，把整個大腦「騰出來」接收新資訊。然後他就打開電腦，看新聞、讀文章，了解現在世界正在發生什麼，他必須從這些日常的新資訊裡獲得下一幅漫畫或專欄文章的素材和靈感。

現在關鍵點來了。在瀏覽資訊的過程中，你怎麼判斷哪條資訊值得作爲素材呢？亞當斯說，你不應該聽從大腦的判斷，你應該聽從身體的判斷。可能大腦容易想太多，容易過度擬合，而身體則是自然反應。亞當斯總是觀察自己的身體反應，是不是不由自主地笑了？腎上腺素激增？產生強烈的情感波動？那就說明這個東西一定是個好素材。

如果你的身體對什麼資訊做出強烈反應，那麼別人大概也會關心這個東西。亞當斯說到這裡，費理斯馬上補充說，他知道編劇諾瓦克（B. J. Novak）也是使用這個方法。你需要練習才能掌握這個方法，但是肯定管用。

技能

亞當斯說，如果你想取得出類拔萃的成就，你大概有兩個選擇。

第一個選擇是，你把自己的某項技能練到全世界最好。這個非常困難，極少數人能做到。

第二個選擇是，你可以選擇兩項技能，把每一項技能都練到世界前二五％的水準，這就比較容易。同時擁有兩個能排在前二五％的技能的人，其實是很少的，而如果你能把這兩個技能結合起來去做一件事，就可能取得了不起的成就。

比如亞當斯自己。他不是世界上畫畫技能最好的，但他的畫畫技能可達到前二五%的水準。他寫笑話的技能也不是全世界最好的，但他寫笑話的技能也能達到前二五%的水準。現在他把這兩項技能結合在一起，畫出「呆伯特漫畫」，能做到這一點的人太少了。

而亞當斯其實還有第三項技能，那就是他此前坐辦公室坐了很多年，他特別懂辦公室政治！「辦公室政治」恰恰就是呆伯特漫畫的主題，這就是三項厲害的技能放在一個人身上產生的化學反應。

所以亞當斯給年輕人的建議是，**不管你真正喜歡的領域是什麼，你要努力在這個領域練到前二五%**。然後你還得再加一個領域，當然能加兩個更好。如果你不知道該加什麼領域，亞當斯建議你練演講。

亞當斯說，演講這個東西，只要是個人願意苦練，就一定能練好。如果你是個 Top 二五%的程式設計師，你們公司有很多也是 Top 二五%的程式設計師，但你同時還是一個 Top 二五%的演講者，那你自然就是其他那些程式設計師的領導者啊！

費理斯對此評論說，另一個著名作家馬克・安德森（Marc Andreessen）[22]也有類似的建議。年輕人在大學最好能拿到兩個不同學科的學位，這兩個學科距離愈遠愈好。比如工程加MBA、法學加MBA或者物理學加經濟學。

[22] 馬克・安德森為瀏覽器網景通訊創辦人，現為創投 Andreessen Horowitz（簡稱 a16z）的合夥創辦人，投資過臉書、Skype 等。

亞當斯這三個經驗，第三個是水準問題，第二個是敏感度問題，我覺得最值得品味的是他的第一個，也就是「系統」，這是一個氣度問題。

試問有多少人能做到，沒有設定階段的職業規畫，沒有具體目標，不計回報，長時間地去發展這麼一個系統。

請允許我吹個牛……我就做到了。當然我的系統沒有亞當斯這麼厲害，但我的確曾在很多年裡，在寫作不能帶來什麼收入的情況下，花很多時間用自詡專業作家的精神寫部落格。我從未主動給任何媒體投過稿，從未向任何名人求推廣，從未計畫過哪年出書、哪年全職寫作，我只是把寫作當成嚴肅的業餘愛好。

你想做到這一點，需要一定的條件。你得有個正職工作，還得有家人的支持。比如我妻子就一直很支持我，其實有一段時間我整天打遊戲她也支持。我的父母倒是問過我為什麼要花這個功夫，我就開玩笑說因為我要當思想家，我們都覺得這挺好笑。

當然，首先你得有興趣，你得能從這個系統本身獲得樂趣。可是有興趣的人太多了，每個人都對某一方面的事情感興趣，但是要真像亞當斯這樣做下來，光有興趣是不夠的。**發展一個系統，不但需要你做「好玩」的事，還需要你做很多「不好玩」的事**。「興趣」，是個被高估了的素質。「氣度」，是個被忽略了的素質。不計較得失，心裡有一件「大」事，我特別佩服有這樣氣度的人。

那麼，據此我們得到了亞當斯的三個經驗：

一、要發展一個系統，不要在乎小目標的成敗。

二、判斷一個靈感值不值，與其聽大腦的，不如聽身體的。

三、在二至三個領域達到前二五％的水準。

海豹指揮官的自律風範

這裡要出場的人物，是曾經擔任美國海軍海豹突擊隊（SEALs）指揮官的傑克・威林克（Jocko Willink）。

威林克在海豹突擊隊服役二十年，參與過伊拉克戰爭，回來後負責西海岸所有海豹突擊隊隊員的訓練，退伍後和人合開一家諮詢公司，專門向商界傳授軍隊的領導力和管理經驗。二〇一五年，他出了一本書《極端所有權：海豹突擊隊的領導方法與制勝策略》（*Extreme Ownership: How U.S. Navy SEALs Lead and Win*），曾在《紐約時報》暢銷書排行榜名列第一。

即便在名人之中，這位威林克也不是個普通人物，他非常有派頭。我讀書的時候隔著紙背，都能感受到威林克的氣勢。

自律＝自由

以前我聽說《羅輯思維》幫用戶畫像，說「得到」的用戶都是「戰士」，每天工作學習都像戰鬥一樣，都在想方設法提高自己、取得勝利。這種精神當然厲害，不過我猜這裡說的「戰士」和「戰鬥」主要還是一種比喻。

畢竟你的工作和學習都見不著血，就算偶爾失敗了，也不至於有人犧牲生命。我們有時候自己給自己增加壓力，弄個什麼演習之類，其實多數情況下最高目標也就是讓領導者滿意而已。

那如果一個人眞的上過戰場、見過血、面對過眞正的敵人，自己一個錯誤的決定就可能導致戰友犧牲，這樣的人會有什麼氣質呢？

爲了這本書的訪談，費理斯特意把威林克請到自己家裡，留他住了一晚。第二天早上八點，費理斯的女朋友把他叫醒，說威林克好像五個小時前就起床了，一直在看書。她作爲女主人，都不知道該怎麼招待。

其實可能也不至於有五個小時，威林克的正常習慣是每天早上四點四十五分起床做事。他早就退役了，但是保留了特種部隊的紀律，還能連續做七十六個伏地挺身。

費理斯其實也是個特別有效率的人，但生活習慣是科技宅男式，一般都是晚睡晚起。費理斯問威林克爲什麼非得早起，威林克說早起能讓他獲得一種在心理上戰勝敵人的感覺。

威林克總覺得世界上的某個地方有個敵人，一手拿著衝鋒槍，一手拿著手榴彈，等著跟他交鋒。他已經不在軍隊，將來也不會再上戰場，但他總覺得有一天還會面對敵人。他每天早上一睡醒就問自己，現在做什麼才能爲那個時刻做好準備？然後他就起來了。

威林克這個精神感染了很多美國人。現在推特上就有人組成一個「四點四十五分起床俱樂部」（Twitter 標籤是 #0445club）！

早起也是自律的體現。威林克的座右銘是「自律＝自由」，即你爲了獲得眞正的自由，就非得給自己設定一些限制。所謂「眞正的自由」，也就是財務自由、時間自由、免於疾病和貧困的自由，爲了達到這樣的目標，你必須自律才行，這個道理很明顯。

不過，今天的自律也不一定非得是爲了「將來」的自由——那豈不成了無限推遲自由了嗎？費理斯在書裡還對「自由」有另一番解釋。我們平時所謂的自由，比如說想要什麼有什麼、想做什麼做什麼，這其實有兩個弊端，不是眞正的自由。

一個弊端是「選擇悖論」。如果你面臨的選項太多，就容易挑花眼，根本不知道選什麼好，幸福度反而下降了。還有一個弊端是「決策疲勞」。有個理論說我們每做一次決定都會消耗一點意志力，選來選去什麼都沒做就已經身心俱疲。

這裡我想補充一句，現代社會某些人得憂鬱症，可能就是因爲太自由了。表面上看什麼都可以做，實際上做什麼都沒意思、也沒意義。這樣的自由如同開了作弊器打電子遊戲，玩一會兒之後面對的就是無盡的空虛。

但如果你是個特別自律的人，每天面對各種限制，有各種固定流程，無時無刻都「知道自己應該」做什麼，你反而獲得一種自主的感覺。

極端的所有權

我的父親曾經擔任某虧損國有大工廠的生產線主任，手下有五百多名工人。他在家裡不怎麼說工廠的事，但退休後經常和我們吹他當年代表生產線和工廠談判生產任務的事蹟。他據理力爭，寸土不讓，最大限度地維護工人的利益，所以升官無望，但聲譽很高。我爸引以爲榮。

世界上有太多爲了奉承上級而不顧手下死活的人，所以我特別佩服我爸這個領導風格。可是威林克的風格，似乎又比我爸高了一個境界。

海豹突擊隊在重大行動之前，負責整個海豹突擊隊的海軍准將會召集所有分隊指揮官開個會。這個會議最主要的內容就是准將要聽取各分隊的回饋。准將一個個問各分隊指揮官，指揮官們就抓住這個機會趕緊向上級提出要求。

有的指揮官說和直升機的合練還不夠，請求多派幾架直升機；有的指揮官說配發的靴子只適合炎熱天氣，這次任務估計天氣比較冷，希望能發新靴子；有的指揮官說我們在沙漠行軍，士兵和外界失去聯絡很難受，最好能給 Wi-Fi 信號……准將一一答應了這些要求。

威林克引以爲榮的一個時刻，是准將問到他這裡，他的回答是：「我們很好，長官。」他沒有提任何要求。

威林克說，這個邏輯是這樣的：我對我的世界有極端的所有權，如果我的隊伍有問題，我自己就會解決，我不會等到這個時候向上級抱怨；反過來說，如果哪一天我眞的對上級說：「老闆，我需要這個。」那我馬上就能得到我需要的，因爲上級明白，凡是我提出的要求，一定是我眞的需要。

威林克說，人們總愛抱怨上級沒有給予足夠的支持，其實那根本就是你自己的錯誤。你沒有好好教育你的上級，你沒有正確影響你的上級，你沒有讓他理解你爲什麼需要這個支持。**自己必須負責任，這就是極端的所有權**。

謙卑與領導力

費理斯問威林克，怎樣才是一個好的指揮官？威林克首先想到的是「謙卑」。威林克回到本土負責整個西海岸海豹突擊隊的訓練，他故意用超高難度的環境和任務壓迫部隊，一直到壓垮所有隊伍爲止，其中一項考察重點就是看各小隊的指揮官怎麼反應，不行的就淘汰。

威林克發現，最後被淘汰的指揮官幾乎沒有人是因爲軍事技術或體能不行，而都是領導力不行。其中最缺乏的一個素質，就是「謙卑」。

這裡「謙卑」對應的英文是 humility 和 humble，並不是說對領導者畢恭畢敬，而是你這個人聽得進去別人的話，有開放的頭腦，能時刻學習。

訓練任務是故意讓所有隊伍都失敗。有謙卑素質的指揮官回來，首先把責任歸於自己：是我沒控制好，我輸了，我們能不能檢討一下，看看我哪個地方做得不對？然後你給他指出不足，他馬上記在筆記本上。

而對比之下，傲慢自大的指揮官回來先指責別人，反正自己沒錯，他好像什麼都知道，其實他連誠實的自我評估都做不到。

那威林克是怎麼自我評估的呢？這個方法我在別的地方也看過，非常值得借鑑，那就是**以一個第三方的視角，旁觀自己**。

你正在做這件事，但你能夠時不時地跳出自己的身體、去觀察自己：我是不是生氣了？我是不是太感情用事了？我是不是反應過度了？

這個其實就有點像我們中國人說的「當局者迷，旁觀者清」，這等於是自己給自己提供即時回饋。做到這一點非常困難，這要求你在即使身心全部投入的情況下，仍然能在心裡保持一個冷靜的聲音，給自己提個醒。我看這大概就是「謙卑」的最高境界。

威林克不抽菸不喝酒，連咖啡都不喝，唯一的嗜好是偶爾喝點茶。他在軍中養成習慣，做事永遠有個備用方案，永遠保持可靠性。威林克平時愛讀一些非常黑暗的紀實作品，他說愈了解黑暗，對安定的日常生活愈充滿感恩之情。

我讀威林克事蹟的時候一直在想，軍隊到底是個什麼樣的組織？

有篇文章叫〈有一種情懷叫「有限」〉，其中提到德國軍人的榮譽感特別強，甚至上升到宗教的程度。我們當然不贊成德軍那種情懷，但是軍人，的確是一個特別講榮譽感的職業。

我想，軍隊其實就是一個專門研究怎麼在競爭中取勝的組織。軍隊就要打仗，打仗就要打贏，軍人的榮譽感不是「我衣服漂亮我很光榮」那種榮譽感，而是「每次與人競爭我都要贏」的這種榮譽感。

我總是晚睡，幾乎從來沒有早起過。以前我總想，晚睡晚起和早睡早起的實際清醒時間不是一樣的嗎？早起有什麼了不起呢？今天想來，早起的人的確更自律。該睡覺不睡容易，睡得很香到點就起床比較難。如果你真的四點四十五分起床，心想別人都還睡著而你已經做了不少工作，心理上可能的確會有一種強烈的勝利感。所以**早睡早起不一定非得是爲了養生，也可以是爲了自律和榮譽感**。

很多人一過五十歲就整天研究養生之道。像威林克這樣從戰場回來的人，到八十歲都不會跟你談什麼養生之道。威林克身上有這麼一種派頭，那大概是因爲他永遠高看自己一眼。

戰爭能培養人。我們從一個經歷戰鬥的特種部隊指揮官身上，大概可以學到這麼三點：

一、眞正的自由是自律。

二、你要對你的世界有極端所有權，任何事情負責到底。

三、謙卑使人進步。

給前輩鋪路的人

標題並沒有寫錯，我們這一節要說的不是給「後輩」鋪路的人，而是給「前輩」鋪路的人。這聽著有點怪，事實上這也是一個不一般的道理，你可能要糾結一番，才能接受。

這一節要出場的人物是媒體策略師萊恩．霍利得（Ryan Holiday），他為大公司和暢銷書作者提供諮詢服務，還出過四本書。

不過，霍利得在《巨人的工具》這本書裡說的道理不是媒體策略，而是怎麼當學徒，他把這個道理稱為「畫布策略」。

我們先假想一個劇情。假設你是一個生物專業博士生，你的導師是著名的生物學家。導師給你安排了非常繁重的任務，你做了很多實驗，整理了資料，畫成圖表交給導師。在一次學術會議上，導師做了精彩的報告，這個報告裡最重要的實驗結果就是你做出來的、甚至PPT上的圖都是你畫的。可是自始至終，導師根本就沒提你的名字。

當然，現在幾乎所有的科研專案都是多人合作的，你的名字也出現在PPT的第一頁，只不過你被淹沒在眾多聯合署名者之中，位置一點都不特殊。會後，人們談論這個報告內容的時候，都說那是你導師的成果。

請問你會做何感想？這對你很不公平。公平的做法應該是講到誰的成果，就告訴聽眾這是誰做出來的，最好還利用報告的機會把自己的學生介紹給與會者。但是我們知道，有些導師就愛把功勞歸於自己。有時候甚至整個工作都是學生做的，導師非得當論文第一作者。因為這樣的矛盾，學生和導師翻臉的故事數不勝數。那你怎麼辦？

霍利得的策略是，你不妨把所有功勞都給導師。

美式足球聯盟（NFL）新英格蘭愛國者隊的主教練比爾．貝利奇克（Bill Belichick）曾拿過四次超級盃冠軍，也曾經給人當過不計功勞的學徒。

貝利奇克高中時就是橄欖球隊員，他對橄欖球比他的教練懂得還多，他在場上就相當於半個教練。這可能得益於貝利奇克的父親就是美國海軍橄欖球隊的助理教練。而父親給貝利奇克最重要的一個忠告不是關於技巧戰術，而是關於球隊政治：如果你要給教練提回饋意見，一定要找個私下的場合，用最謙遜的方法告訴他，這樣你就不會冒犯他。

貝利奇克做到了。他在不得罪任何人的情況下成了一個明星。可是最值得說的，還是貝利奇克退役後轉型當教練的故事。他在職業球隊的第一份工作是錄影分析師，純實習，沒有工資。

這是一個費時費力、教練沒有時間親自做的工作。貝利奇克會用幾個小時的時間分析對手的比賽錄影，得到結果和數據，提出自己的看法和戰術建議，交給助理教練。等到助理教練和總教練討論戰術時，他會把所有想法都說成是自己的，連貝利奇克的名字都不會提。那貝利奇克對此怎麼反應呢？

一個教練是這麼評價貝利奇克的：「你給他一個任務，他消失幾個小時，等你再次看到他的時候他已經做完了，然後他向你要更多的任務。」

霍利得說，貝利奇克掌握了「畫布策略」。**所謂「畫布策略」，就是你發現別人要畫油畫，你給他找個畫布讓他畫。畫裡也許有你的功勞，但你的位置是給人提供畫布的。這就是學徒做的事情。**

發揮學徒精神：幫助別人就是影響別人

古羅馬有一種職業叫「清道夫」。政客或有錢人會雇用有才華的年輕人替自己做事，但不是作爲工作助手，而有點像是現代這些影視明星的「助理」。清道夫的一項任務就是在這些大亨出行之前，把路上的事情安排好，所以叫「清道夫」，也會做送信之類的跑腿事情。

有個古羅馬文學家叫馬提亞爾（Marcus Valerius Martialis），早年生活貧寒，就幫人當過清道夫，而且他還同時服務於兩位大亨。他每天的工作就是在這兩位大亨家之間跑來跑去，很辛苦。

馬提亞爾非常不喜歡這個工作。在他後來的作品中對自己早年的這個職業有很多怨恨之詞：我一個文學青年，才華蓋世，你們居然讓我做這個?!

霍利得對此的評論是，馬提亞爾怎麼不想想，如果沒有這個工作，以當時的條件，怎麼可能有機會接觸到羅馬上層社會的生活？你又怎麼可能有一個這麼好的視角、有這些好素材，去寫出那些作品來呢？

清道夫這個職業有點像中國過去的「學徒」，爲了學點手藝什麼雜活都做，其實西方的學徒也是這樣。達文西（Leonardo da Vinci）、米開朗基羅（Michelangelo）都是從學徒起步。

霍利得說，學徒這個工作的邏輯是什麼呢？

第一，你根本沒有你想像的那麼厲害，也沒有那麼重要。

第二，你這個不謙虛的態度就不對，你的性格需要磨練。

第三，你從學校和書本上學到的那些知識要嘛過時了、要嘛根本是錯的，你需要第一線高手的眞知灼見。

給人當學徒，就給你提供了一個機會。你現在把自己和一個高手連接在一起，你可以從內部了解第一手的經驗。這就是學徒工作的協議：用禮敬和服務換取機會，而這個機會還不是立功露臉的機會，而是學習實踐的機會。

班傑明．富蘭克林（Benjamin Franklin）做過類似的事情。他哥哥辦了份報紙，富蘭克林匿名寫稿，把稿子放在信封裡從哥哥的印刷廠門縫裡塞進去。他哥哥一看文章不錯，就發表出來。一來二去，富蘭克林的匿名文章愈來愈受歡迎，乾脆每期都上報紙頭版。富蘭克林從來沒從中拿到過一分錢稿費，而且一直過了很久都沒有人知道那些文章是他寫的。

富蘭克林收穫的是寫作經驗和眞實的讀者回饋。那富蘭克林爲什麼不直接把文章交給他哥哥發表呢？原因難以置信，因爲他哥哥嫉妒他。事實上，等到他哥哥知道是富蘭克林寫了那些文章之後，不但沒有感謝他，還把他打了一頓！

我們可以想想這件事情。如果你的老闆嫉妒你，不給你出頭的機會，你會怎麼做？班傑明．富蘭克林，美國國父[23]當年可是這麼做的。

注意，霍利得一再強調，學徒的作用不是阿諛奉承，用英文說就是這不是 kiss ass。這不是讓你給老闆送禮，不是讓你去走什麼夫人路線，也不是讓你卑躬屈膝。**「畫布策略」的關鍵是在工作上給人幫助、給人鋪路，讓別人能把事做得更漂亮**。

然後你把功勞也給對方。前面我們說你「不妨把所有功勞都給導師」，「不妨」這個詞還用錯了，你應該高高興興地把功勞讓給別人。從功利的角度講，你可以把這件事當成一個投資，與其你欠大人物一個人情，不如讓他欠你一個人情。

用一句話總結畫布策略的心法，就是「be lesser, do more」，即**把自己放在更次要的位置，給別人做更多的事**。

有什麼好想法，趕緊告訴老闆。多和不同的人認識，介紹不同的人互相認識。別人都不願意做的事，你去做。發現團隊有什麼缺點和漏洞，你去補救。更進一步，不但對前輩要這樣，最好對所有人都這樣。想想有什麼好想法能幫助別人，免費把想法給他。

這就是學徒的精神。

那你說，這個學徒什麼時候才能當到頭呢？霍利得說，「畫布策略」沒有過期時間。哪怕你已經獨立做事了，哪怕別人開始對你使用畫布策略了，你還應該繼續幫人當清道夫。

因爲還有一個最後的道理，是那些狂妄自大的人體會不到的：**當你給人鋪路的時候，你實際上也在左右他的前進方向**。

今天說的這番道理，你很難想像是從美國人嘴裡說出來的。前段時間有個熱門新聞，說有個實習生因爲公司上下的人讓他中午去買便當，他很不滿。網上很多討論，有人說這就是中國國情，你要不服，你去美國工作。但美國厲害的學徒可能會高高興興地出去買便當。

這段話到底要不要講，我自己其實猶豫了很久，因爲我覺得這個道理有點 low。想當大人物，就得先當小人物，要想學會指揮，就得先學會服從，這怎麼聽都不像是英雄所爲。更何

㉓ 美國有十二位開國元勳，又稱國父群，富蘭克林是其中一位。

況如果你今天的所作所爲都是爲了明天的回報，這不是太功利了嗎？

首先我們得承認，這裡面確實有功利的因素。人非聖賢，厲害人物難免有傲慢的缺點，你想和他平等共事，但他根本沒必要和你平等。當然你可以說，研究所是我自己考上的，你就得好好教我。可是什麼叫「好好教」？他可以例行公事地教你，也可以眞心付出地教你。

可是從另一方面說，當好學徒，也是一種不帶功利的自我修養。對高手難道不應該禮敬嗎？對事業難道不應該奉獻嗎？不計功勞，難道不也是氣度嗎？人不知而不慍，不亦君子乎。

霍利得說的最後這個道理，更値得我們好好體會。**幫助別人就是影響別人，如果你能幫很多人，你本身就是高手，你的影響力就很大，你就能做更大的事，這大概也是氣度的力量。**

所謂畫布策略，就是學徒要善於爲高手創造條件，讓高手把事做好，只有這樣，高手才願意帶你玩。

風險投資人的養成：主動出擊

這一節要出場的人物是風險投資人（又稱創投家）克里斯．薩卡（Chris Sacca）。

薩卡可能是矽谷最成功的風險投資人之一，據說身價超過十億美元。薩卡曾經在 Google 擔任過部門經理，出來做風險投資以後有過多個神來之筆，像 Twitter、Uber、Instagram、Kickstarter 這些現在如雷貫耳的公司，薩卡都是在它們創業早期就投資了。他還上過《富比士》（*Forbes*）雜誌的封面。

費理斯這本書裡的薩卡是個有點性格的人。比如作爲風險投資者，人們都把他當成矽谷的人，畢竟他投資的大部分公司都在矽谷。但薩卡不住在矽谷，他住在加州某個山區裡。

薩卡不住浪潮中心，因爲他說他是一個「進攻」的人。

進攻和防守

薩卡說，你在生活中面對的各種挑戰可以分爲兩類。一類挑戰是「防守」，也就是那些別人給你的挑戰。別人給你任務，你想方設法完成，做成了也很有成就感，但是主動權在別人手裡。另外一類挑戰是「進攻」，是你做自己想做的事情，主動權在自己手裡。

比如你的電子郵箱，其實就是你的防守任務列表。每一封郵件都是別人想讓你做的事，如果你一直被郵箱左右，你就一直在防守。薩卡想進攻。所以他從二〇〇七年就搬離了距離矽谷三十分鐘車程的舊金山，跑到山裡去居住。薩卡不想再沒完沒了地見各種人、開各種會了。他在山裡可以集中精力做一些自己想做的事情，學習新東西，建立一些眞正有價値的長期關係。

他住的地方正好是個滑雪勝地，景色很好。他就經常在週末邀請各路商業夥伴來家裡玩，別人也願意來，結果這樣的關係顯然更深入。這種長期的個人朋友關係，是薩卡成功投資 Twitter 和 Uber 這些公司的關鍵。

所以，我們看風險投資人肯定要認識很多人，而現在薩卡的特點是他已經不再被動地見很多人，而是主動地、有選擇性地和一些人建立更高水準的關係。

關鍵字：「主動」。所謂進攻，就是要以我爲主，積極主動。實際上薩卡早期也是這樣。他知道風險投資人需要很多知識，對各行各業的情況都得有點了解，可是如果你在一個公司有份正式工作，你的工作能夠給你提供的視野往往非常有限，那你就必須主動出擊。

當年薩卡的做法就是不論哪裡有重要會議，不論人家是否邀請了他，他都想方設法去聽一下。在Google的時候，各種高層的會議，甚至創始人之間的會議，薩卡也去參加。他去開會別人根本沒請他，有時人家不好意思說他，有時也會有人問他來做什麼，這時薩卡就說：「我是來幫你們做會議記錄的。」然後他真的會把自己記的筆記發給與會者。

像這樣的情商，是怎麼練出來的呢？

少年時代

美國現在階層固化，連網際網路這個全新行業的創業者，通常也不是出自中等以下的家庭。薩卡的家庭就有點不同，他的父母都是有一定能力的人。

美國學校的暑假長達兩個半月，窮人家小孩就在家裡瞎玩，有條件人家的小孩則可以參加各種培訓班和夏令營。而薩卡家的規矩，是每年暑假出去實習。

實習分兩個階段，薩卡稱之爲「甜酸暑假」。

先說「甜」的部分。薩卡的父親有個朋友，也是薩卡的教父，這位教父有個兒子，算是薩卡的「教兄」（godbrother）吧。薩卡這位教兄的職業，是幫著利益集團在華盛頓遊說國會議員。十二歲那年，薩卡的實習生工作就是給教兄當小跟班，去參加遊說。

而且薩卡在其中起到一個相當嚴肅的作用。在遊說每個政客之前，薩卡會先和他的教兄梳理一下這次遊說要達成的各種條款，然後把計畫的內容濃縮到一張紙上，幫教兄理清思路。接著他跟著教兄去參加和政客的會面，教兄和政客談，他就在旁邊看。

十二歲的薩卡已經見識了華盛頓那幫議員的各種嘴臉。他說這種實習至少給他三個收穫：第一是獲得了很多見識；第二是建立了強大的自信心；而更重要的第三個，是透過總結談話要點，掌握了很強的講故事的能力。

而暑假裡「酸」的部分是薩卡回到自己家，父親安排他去一個建築隊打雜。建築隊的老闆是他父親的朋友，他父親要求老闆把最髒最累的工作安排給薩卡，比如把糞肥灑到別人家的院子裡。如果薩卡做得不好，工友們還會對他打罵！

也許這種吃苦的工作能磨練意志品質吧。不過薩卡調侃，他父親安排這兩份實習可能還有一個警告的意思：如果你找不到華盛頓說客這樣高端的工作，那你就只能做建築隊那種「眞正」的工作了。

日常風格

我們知道有些矽谷名人愛穿標誌性的衣服，比如賈伯斯每次開發表會都是一件黑色套頭衫，祖克伯格總愛穿一件T恤。薩卡的標誌性服裝是一件繡花牛仔服。

爲什麼非得這樣呢？薩卡說他有一次出去演講，在機場很隨性地買了件衣服，演講的時候穿著反應很好。於是他回來就把這家店裡同款衣服的一半庫存都買了，從此一有正式場合就穿這件。這件衣服給了媒體一個很強的辨識度，這是在不傷害自己的情況下增加曝光度的最好方法，何樂而不爲呢？

薩卡面對壓力的方法是反覆對自己說一句話：「今天晚上我還是會回到我的床上。」不管這一天有多難，不管當前的事有多棘手，晚上就可以獲得安寧。

薩卡對年輕人的忠告是，**任何時候都要眞誠，不要模仿任何人，永遠做最眞實的自己**。而且你不必爲此道歉。如果你的眞實自我是一個很怪異的人，那你就做這樣一個很怪異的人。

其實這個說法在《巨人的工具》一書裡提到的另一個人物格林．貝克（Glenn Beck）也表達過。格林．貝克是現在美國當紅的節目主持人，他有一次在電台節目裡暴露了自己很隱私的事情，以爲職業生涯就此結束，沒想到獲得了很好的迴響。

這個邏輯是，現代社會裡太多人說話都是按照事先寫好的稿子，愈是這樣，人們就愈歡迎眞誠的聲音。和別人一樣非常無趣，眞誠的自我表達反而可能有市場。如果你眞的在某些方面有特殊之處，它可能還是你的賣點。

薩卡給的最後一個忠告是，一定要善於講故事。風險投資人做決策時，其實並不是依靠理性分析你的數字和圖表，而是在聽你的故事。如果他能被你的故事打動，他就會投資你的項目。如果你發現一個投資人在糾結地翻來覆去看你的資料，他其實不是在那裡做計算，他是想從這些資料裡找到相信你這個故事的理由。

我認爲現在風險投資人是非常有意思的職業。他們並不直接發明什麼東西，但總能侃侃而談，專門給創業者指點江山，而且所有人都重視他們的意見，因爲他們是拿著眞金白銀玩眞的。厲害的風險投資人應該擁有多方面的素質，從低到高排列，至少有這麼幾個：

第一，你得有錢。但錢反而不是最重要的條件，現在是資本過剩的時代，創業公司弄到錢比較容易。

第二，你得有五花八門的知識。你需要的不見得是什麼專業技能，但你得能理解一個行業的邏輯，你得理解風險和人心，你得理解歷史和趨勢。你需要像狐狸一樣有跨界的見識。

第三，你得有關係。你得認識很多人，你得知道高手都在哪兒。但是光認識還不夠，還得和這些人建立長期、深度的關係，最好能時不時互相幫忙。風險投資人對創業者的幫助絕不僅僅是金錢上的，還包括比如說你能不能透過關係把發明創造和市場連接起來。

第四，風險投資人還得有自己的風格，甚至是哲學。如果巴菲特剛剛投資了一個東西，你要不要跟著做？

這本書中就提到，另一個風險投資人馬克・安德森（Mark Andreessen）就非要和巴菲特反著投資，他不相信巴菲特的方向。安德森說，你一定得有一個強烈的觀點，然後你還得有放棄這個觀點的勇氣。有強烈的觀點，你才能下水去做這件事。可是一旦現實告訴你這個強烈的觀點是錯誤的，你還得能馬上調整，而不是固執己見。

有觀點、有態度，再往高了說還得有思想。馬克・安德森就是一個很有思想的人。他現在到處鼓吹的一個思想是，現在創業者的產品都賣得太便宜了。產品賣得太便宜就收不回資金，收不回資金就做不了推廣，做不了推廣就不能把產品推廣給更多的人。所以他強烈主張創業者們提高產品價格。其實我覺得他說得好像不對，但最起碼他有這個思想。

這大概就是爲什麼人們都愛聽風險投資人講話吧。

並不是每個人都能有薩卡這樣的條件，能獲得那些經歷和見識。但是每個人都能更「積極主動」一點。有多少事情是別人讓你做的，有多少事情是你自己眞正想做的？你想不想嘗試一下，進攻！

第九章

斯多噶學派的「處變不驚」哲學

有一個古老的哲學學派叫「斯多噶派」（Stoicism）。近年來，這一學派在美國非常流行，我經常能看到有人寫文章介紹這個哲學學派的心法，也有很多人正在按照這個學派的指導自我修行。但是據我觀察，斯多噶派對中國讀者來說還是比較陌生。

斯多噶派哲學要求我們做一個堅忍、堅定、不輕易動感情的人。「stoic」在英文中可以當名詞，那就是指一個斯多噶派的信徒，譯爲「斯多噶者」；也可以當形容詞，形容一個人寵辱不驚、堅忍。比如我曾經看到有文章形容歐巴馬是一個「stoic」的人，意思就是說他作爲一個領導人，遇事不慌不忙，鎮定自若。像川普，有時給人感覺有點一驚一乍，那就不太可能用這個詞來形容他。

中國讀者可能不太熟悉「斯多噶」這個詞，但是我說一個人你肯定知道。前任總理溫家寶很喜歡讀一本書叫《沉思錄》（*The Meditations of Marcus Aurelius*），據說放在枕邊已讀過一百多遍。這個《沉思錄》的作者是古羅馬皇帝馬可·奧勒留（Marcus Aurelius），被後人稱爲「哲人王」。那麼，奧勒留又是哪個哲學學派門下的呢？就是這個斯多噶派。

斯多噶派，在兩千多年以前的古羅馬時代就已經有了，爲什麼現在還這麼受歡迎？

斯多噶控制二分法

我要說的是《Aeon》㉔上的一篇文章，題目是〈想要更幸福，就關注你能控制的東西〉（To be happier, focus on what's within your control），作者是紐約市立大學哲學教授馬西莫．皮戈里奇（Massimo Pigliucci），他出版過一本書，叫《別因渴望你沒有的，糟蹋了你已經擁有的：跟斯多噶哲學家對話，學習面對生命處境的智慧》（*How to Be a Stoic*）。在上述這篇文章中，皮戈里奇只說了斯多噶派的一點內容，被稱爲「斯多噶控制二分法」。意思是說，在生活中有些事情是你能控制的，有些事情你是控制不了的，你應該只關注你能控制的東西。

你聽了這句話是不是感覺有點熟悉？基督教裡有個類似的說法。美國基督教神學家尼布林（Reinhold Niebuhr）曾在十九世紀三〇年代寫過一段〈寧靜禱文〉（The Serenity Prayer，以下是維基百科收錄的洪宋弦的譯文）：

> 神啊，
> 請賜與我寧靜，好讓我能接受，我無法改變的事情；
> 請賜與我勇氣，好讓我能改變，我能去改變的事情；
> 請賜與我睿智，好讓我能區別，以上這兩者的不同。

㉔ 二〇一二年創立於倫敦的《Aeon》雜誌，很多人視之為最愛的網路雜誌，是網路上慢媒體的代表，每天只發表一篇長文章。

其實，猶太教也有類似的說法。中國科技大學前任校長朱清時也非常喜歡這段話，曾經用來勉勵學生：「有勇氣去改變那些可以改變的事；有度量去容忍那些不能改變的事；有智慧區別以上兩類事。」

據皮戈里奇考證，這段話恰恰起源於斯多噶派哲學。兩千年以前，古羅馬的斯多噶派哲學家愛比克泰德（Epictetus）說過一段這樣的話。所以這段寧靜禱文的本意並不是出自基督教，而是出自哲學家。所謂「可以改變」，就是「斯多噶控制二分法」中的「你能控制」。

如今，你聽到這個「斯多噶控制二分法」，可能第一個反應是覺得平淡無奇。我知道這個方法，又能怎樣呢？

也許會很不一樣。皮戈里奇把「斯多噶控制二分法」的效果稱為「愛比克泰德的許諾」，即如果你眞的能區分你能控制的事情和你不能控制的事情，並且將兩者區別對待，那麼你在心理上就會是不可戰勝的。在面對人生起伏的時候，你就能眞正做到寵辱不驚。

轉念，豁然開朗

皮戈里奇舉了一個例子。有一次，他在羅馬搭地鐵，眼睜睜看著一個小偷把他身上的錢包偷走，還沒等他反應過來，小偷就拿著錢包轉身跑出了地鐵車廂的門，然後門正好關上，皮戈里奇無可奈何。錢包中不僅有現金，還有他的證件、信用卡等。丟了錢包非常麻煩，他得花很多時間去補辦各種證件、掛失信用卡，簡直想想都讓人頭大。

一般人遇到這種情況，正常的反應肯定是非常惱火，會痛恨小偷，還會責備自己怎麼就沒把錢包看好，可能未來幾天的情緒都會受到影響。但是，皮戈里奇因爲已經學習斯多噶派哲學多年，當他遇到這樣的事時，就能夠很好地面對。

皮戈里奇想，小偷把錢包偷走這件事，是我不能控制的，那我就只能接受。錢包已經丟了，那我就應該把關注點放在自己能夠控制的事情上。

我能控制什麼呢？我可以選擇好好度過這一天。本來，皮戈里奇已經和家人、朋友約好當天晚上一起去看演出，然後吃頓晚餐。結果，他根本不受丟錢包這件事的影響，該看的演出、該吃的飯一點兒也沒耽誤。皮戈里奇的弟弟對他的反應非常羨慕，說你錢包丟了居然沒當回事，情緒還這麼好。

這就是「心法」的作用。事情還是那個事情，僅僅是因爲你面對它的態度變了，你整個人可能都不一樣了。「斯多噶控制二分法」可以讓我們在面對小事時從容不迫。那麼當面對大事時，就更厲害了。

皮戈里奇舉了一個美軍戰鬥機飛行員的例子。這位飛行員被敵人俘虜，在戰俘營待了好幾年，其間，他遭到了嚴刑拷打，受盡了折磨。但是，這位飛行員也修行過斯多噶派哲學，哲學幫助了他。

飛行員想，肉體上的折磨是我無法控制的，那我就只能接受，安之若素就好了。然而，哲學並沒有把他變成一個消極的人，他也關注到自己能夠控制的東西。他本身是一個高級軍官，所以領導其他戰俘一起反抗就是他能做到的。結果，他抓住機會組織了一次抵抗運動！

皮戈里奇更進一步說，如果你能夠接受「斯多噶派控制二分法」，那麼你的個人目標就應該從「外界目標」轉換爲「內部目標」。

聚焦內部目標

那麼，什麼叫「外界目標」，什麼叫「內部目標」呢？

比如說，現在你的面前有一個升職的機會。你準備好了簡歷，列舉出自己取得的各項成績，把簡歷交給老闆，希望能拿到這個職位。

如果你的目標是獲得這個職位，那就是一個「外界目標」。因爲這裡面有很多因素是你無法控制的。可能你的競爭對手表現得更好，也可能老闆不喜歡你。如果你把希望寄託在一個外界目標上，你就會有各種焦慮不安的情緒。

所以皮戈里奇說，你應該選擇的是一個「內部目標」。**你控制不了外界，但是可以控制自己。**你可以把目標設定爲盡自己所能，寫一份最理想的簡歷。

有了這個控制二分法，你設定的是內部目標，那麼對於不能控制的最後結果，你就沒有什麼可焦慮的。最後結果不管是什麼，你都可以坦然接受。就算沒有拿到這個職位，任何憤怒的情緒也是沒必要的，多餘的感情只是自我傷害。

想通了這一點，你會發現生活中很多方面都是這樣的：

比如，你參加了一個比賽，你要關注的重點應該是發揮出自己最好的水準，打一場漂亮的比賽，而不是能不能贏得比賽；再比如，你喜歡某個人，想獲得對方的愛，那麼他／她怎麼對待你是你無法控制的，但你能控制的是你對他／她的態度，呈現出自己最好的一面。

皮戈里奇認爲，如果能做到這些，那麼你就沒有什麼敵人和對手，因爲你關注的是你自己，你不會去指責任何人。

我們想想，為什麼斯多噶派哲學在今天仍然受到歡迎。這大概是因爲它沒有脫離實際，具備實現的可能性吧。

每個人都希望自己能克服焦慮情緒，任何時候都鎮定自若。在這方面，中國有句成語叫「無欲則剛」。如果你能消除自己的欲望，自然就不會有焦慮。佛教也有類似的說法，要求我們消除欲望。

但是我們普通人怎麼可能消除欲望呢？我參加一個比賽，我當然想贏！我馬上就要上場了，教練看我緊張，過來跟我說你要消除獲勝的欲望，這可能嗎？消除欲望這個要求實在太高了，而斯多噶派這個心法就實在得多，並不是沒有欲望，你可以有欲望！但是，你要把注意力全部集中在自己能控制的這部分上。

「控制二分法」，可能是斯多噶派哲學中最重要的一個心法。**我們應該區分自己能控制和不能控制的東西，接受那些不能控制的，把注意力集中在能控制的東西上，並且有勇氣去控制**。這不是什麼心靈雞湯，而是很有實用價值的哲學思想。若能做到這一點，我們遇事就能從容大度，處變不驚。

第十章

天才和瘋子只是一線之隔

前幾年國內流行一本書叫《天才在左，瘋子在右》，作者應該是一個經常和精神病人接觸的人。他筆下的精神病人都有非常豐富的想像力，有各種離奇的事蹟。我不知道那些故事是眞是假，但是絕對符合我們平常的印象，精神病患者的思路非常廣，簡直就是天才。

的確，有些天才人物存在類似瘋子的特徵。比如，因爲電影《美麗境界》（*A Beautiful Mind*）而被我們熟悉的數學家約翰．納許（John Nash），曾在很多年裡受精神病的困擾，無法區分幻想和現實，但是他最終獲得了諾貝爾經濟學獎。中國人受宣傳和報導文學的影響，對科學家的印象一般是人畜無害的「默默奉獻」者；而美國人則受漫畫和英雄電影的影響，心中有一個「瘋狂科學家」的形象，感覺做科學的人都比較瘋狂。藝術家更是如此，像梵谷（Vincent Van Gogh）、海明威（Ernest Miller Hemingway），中國詩人海子、顧城，人們一致認爲從事藝術的人都有不同程度的瘋子特徵。

那麼，天才和瘋子之間到底有沒有必然的聯繫？想要有「創造性」，是不是就必須要「任性」呢？《鸚鵡螺》（*Nautilus*）雜誌有一篇新文章，叫〈如果你認爲你是天才，那麼你就是瘋子〉（If You Think You're a Genius, You're Crazy），作者是加州大學戴維斯分校的心理學教授迪恩．西蒙頓（Dean Keith Simonton）。

這篇文章屬於我最讚賞的一種新型科學寫作，他直接引用一些最新的科研結果，講了一個以前從來沒有被說明白過的道理，並且提供一個新思想。這不是「科普」，這是來自科研前線的分析報告。

老百姓覺得天才和瘋子的關係很近，而那些善於理性思考的人認爲天才和瘋子是兩碼事。第一，天才人物這麼多，其中有幾個人瘋了，並不能說明兩者之間有什麼聯繫；第二，我們沒聽說過有哪些偉大的思想或藝術品是精神病院生產出來的。

天才從重要小細節裡找靈感

那麼心理學家又是怎麼說呢？根據西蒙頓的調研，近年來心理學家的研究結果是，天才和瘋子之間的確有一個共同點。這個共同點叫做「認知抑制解除」（cognitive disinhibition）。

我先說說什麼叫「認知抑制」。在生活中，我們無時無刻都會接觸到大量的資訊，按高畫質電影計算的話，大概每秒幾百萬個位元，而大腦的注意力能夠處理的資訊，我聽過一個說法，也就是每秒五十個位元。這就意謂著你必須大量忽略資訊。比如，你和一個陌生人見面，可能會重點看他的臉，而不會注意他的衣服上有幾顆紐釦；再比如，你每天上班都見到的同事，你就會注意他的變化，而忽略他不變的東西。這個時刻忽略和過濾資訊的本能，就叫「認知抑制」，這是一種本能，不用學，每個人都能自動進行。

而「認知抑制解除」則指有人具有解除這種認知抑制的本能，專門注意到被一般人忽略的資訊，並從中發現一些東西。舉個例子，青黴素的發明者叫亞歷山大·佛萊明（Alexander

Fleming），他做了實驗，在培養皿裡放了細菌培養液。偶然一次機會，佛萊明注意到他的培養皿裡有一處藍色發黴的地方，這個黴點周圍沒有細菌，好像細菌都被殺死了。佛萊明注意到這個細節，他抓住機會深入研究，結果就發現了青黴素，並以此獲得了諾貝爾獎。

這個故事聽起來很簡單，但是你仔細想想，其實並不簡單。科學家做實驗往往要準備好多個培養皿，而當時的實驗也不是爲了發現能殺死細菌的物質，而且實驗條件有限，出現樣品汙染也十分正常。如果你對每個看上去不太對的培養皿都深入研究，那你最大的可能就是在浪費時間。**你必須學會忽略雜訊、抓住主題，才能高效地完成研究工作**，而這恰恰就是「認知抑制」的作用。認知抑制是理性的，認知抑制解除則是非理性的。

正常人「不應該」關注那個有青黴的培養皿，佛萊明卻關注了。你說他到底是天才，還是瘋子？藝術家也是這樣。他們經常能從生活中不被注意的小細節裡得到靈感，做出創造性的作品。瘋子也是這樣，關注不該關注的細節，不會過濾錯誤的想法，他們和天才的差別在哪裡呢？

智能劃出天才與瘋子的楚河漢界

西蒙頓說，差別在於智能。如果一個人的智能高，他就能判斷哪些細節重要、哪些不重要。他就能在「認知抑制解除」之後，再次忽略不重要的細節而留下重要的，成爲自己的靈感來源；而那些智能低、認知抑制解除水準又特別高的人，他的大腦會被大量不重要的資訊和幻覺轟炸，不能控制自己的想法，就成了瘋子。這就是天才和瘋子最重要的區別。

所以，「智能」和「想法多」是兩個不同的維度。智能是對想法的選擇和加工處理。**只有想法沒有智能，就是瘋子；只有智能沒有想法，就會缺乏創造性。**

有些領域更強調智能，有些領域更強調想法。西蒙頓特別提到，在數學、物理、化學這些「硬科學」領域，天才和瘋子的區別是比較明顯的，因爲硬科學對智能要求高，能夠進入這一行業的肯定都是有一定智能的人，他們善於判斷，不太可能瘋掉。

但特別有意思的是，那些在「硬科學」中做出革命性發現、甚至能改變同行思維模式的人物，反而和瘋子的聯繫更近一些、更像藝術家，因爲他們需要創造性，要調動更多的「認知抑制解除」。

那麼想當天才，最理想的狀態當然是在具備「認知抑制解除」的同時，還能保持清醒。怎麼訓練才能有這個效果呢？西蒙頓也做了研究，這個方法可比「腦筋急轉彎」難多了。這個研究說，如果一個人在青少年時代的生存環境有較強的多樣性，他就能獲得更好的創造性，同時又能保持理性。所謂「多樣性」的環境，就是各種複雜的經歷，比如一個能接觸到不同文化的環境、一個多語言的環境，或是生活經歷坎坷、有過貧困或單親這樣的苦難等。

我們要提升自己的敏感度，同時也要學會主動忽略。這和我們說過的「集中思維」「發散思維」「功夫在詩外」，以及最好的設計原則是ＭＡＹＡ（Most Advanced Yet Acceptable的縮寫，即盡可能前衛，只要能被人接受。詳見第二十章），也都有聯繫。

如果用一個公式來總結，那就是：**創造力等於大膽嘗試新想法乘以智能**。

這裡最值得強調的收穫是：**「想法多」不等於「智能水準高」**。如果沒有足夠的智能去判斷、篩選、駕馭和經營那些想法，那麼最後就只能停留在膚淺的表面。「智能」和「想法多」

的關係，也許就相當於「學習好」和「跑得快」的關係，是兩個不同的維度。

爲什麼多樣化的環境能在培養一個人敏感度的同時，還讓他保持清醒呢？我認爲這種敏感度是「後天習得」的，而瘋子的敏感度可能是天生的。天生敏感度高可能不是一件好事，因爲你不容易控制它。但如果敏感度是後天慢慢習得，你就可以一直控制它，爲你所用。在這個特定情況下，後天的東西要比天生的好。

最後，我想到電影《美麗境界》裡的一個情節，當然我不知道這個情節是眞實發生過還是編劇寫的。納許患精神病期間，他經常幻想有兩個男人領著一個小女孩來找他，可是他無法區分幻想和現實。最後他是怎麼戰勝這個幻想呢？突然有一天，納許說，我知道他們是假的了，這幾年來，那個小女孩從來沒有長大過！

納許用理智戰勝了幻想。

創造力等於大膽嘗試新想法乘以智能。既要任性，還得理性。天才和瘋子的關係，我們大概可以用一個表格總結出來。

	認知抑制解除高	**認知抑制解除低**
智能高	天才	缺乏創造性但是能幹、可靠的人才
智能低	瘋子	「正常」人

第十一章

塞車也是一種納許均衡

這篇文章要說的是「納許均衡」（Nash equilibrium）。

這個概念聽著學術味道太濃，所以我得用一句「人話」來轉述它。

如果參與遊戲的各方都是「老司機」，每個人都非常聰明，誰也唬弄不了誰，那麼遊戲就會達到一個各方都滿意或者各方都無奈的局面，任何一方想要採取一個什麼行動讓自己的局面比現在更好都不可能了，這個局面就叫「納許均衡」。

先舉一個不是納許均衡的例子：田忌賽馬。田忌與齊威王賽馬，本來，田忌的上、中、下三等馬都不如齊威王的，孫臏獻計讓田忌以下等馬對齊威王的上等馬、中等馬對下等馬、上等馬對中等馬，最後二比一取勝。

這個遊戲對齊威王其實是不公平的，因爲田忌知道齊威王賽馬的出場順序，齊威王卻不知道田忌的，齊威王如果是老司機，他就不應該首先公布自己隊伍的出場順序。

納許均衡簡單說

當一個數學家或經濟學家說「博弈論」的時候，他說的可不是孫臏玩的這種欺負老實人的騙術。作爲一門高大上的理論，博弈論最基本的假設就是參賽各方全是老司機。

這就要求每個參與者在做決定時必須知道對手並不笨、對手會有什麼反應，而且他還必須知道對手也知道他不笨，也在考慮他未來的反應。這樣的高手下棋一定會往後看很多步：我如果這樣走，你一定會那樣走，然後我就這樣走，你再那樣走……而且參與者還會考慮到所有可能性，對所有選擇的結局做出評估才能出手。這裡沒有「陰」謀，全是「陽」謀。

那麼老司機遇到老司機，高手過招是一個什麼境界呢？我們說一個有點極端的納許均衡例子：「旅行者困境」。

這是印度經濟學家考希克．巴蘇（Kaushik Basu）一九九四年提出來的。有一趟航班的兩個旅行者丟失了行李，其中包括價值相同的兩件古董，而兩人都聲稱古董的價值是一百元。航空公司認爲，這兩人故意高估了價值騙取賠償，於是把兩人分開，要求他們寫下古董的眞正價值，且必須是二至一百元之間的一個數字。航空公司規定，如果兩人寫下的數字相同，就認爲那是一個眞實的數字，照價賠償；如果兩人寫下的數字不同，那麼就認爲較小的那個數字是眞實價格，就按這個價格賠償，並且對寫下較大數字的人處以兩元罰款，對寫下較小數字的人給予兩元獎勵。

規則看起來簡明合理，可是老司機一看，可就要了命了。

你的第一反應是寫一百元。但你隨即想到，對手也會寫一百元，這樣一來你的最佳策略其實是寫九十九元，因爲如此你就會得到九十九加二等於一百零一元，還能多拿一元。但是，對手難道就想不到這一點嗎？他肯定也寫九十九元。而在這種情況下，你寫九十八元比九十九元更好，因爲這樣你可以得到一百元而不是九十九元。同理，對手也會得出寫九十八元比寫九十九元好的結論……這樣一步步推理下去，你會發現最後的結果（也就是納許均衡）是兩個人都寫兩元。

看到這裡你可能會說這個納許均衡也太不親民了，日常生活中誰會算得這麼精？這個例子確實極端了一點，但日常生活中的很多局面，其實就是納許均衡。

比如，你換了個新工作，早上開車去上班，走到高速公路正好碰上大塞車。這時候你可能就會想，如果我從高速公路上下來，走一條有點繞遠的小路，那條小路如果不堵的話，豈不是能更早到嗎？

於是你下了高速公路，走小路，結果一看，小路也在堵。

爲什麼呢？因爲你能想到這招，別的司機也能想到，如果小路不堵，也會有人過去把它弄堵了。路上的交通狀況，基本上就是一個納許均衡。就算有偶爾偏離均衡的時候，也是稍縱即逝的機會，根本別想抓住。

等你上過幾天班，在這條路上成了老司機以後，就不會再動這種腦筋，而會心平氣和地接受納許均衡。

理性與非理性行爲共舞

傳統經濟學或者「古典經濟學」，研究的就是這種均衡的局面。它假設參與各方都是老司機（學術上叫「理性人」），然後研究如果市場上都是理性人，市場會是一個什麼情況。

而現在各種暢銷書中流行的一種經濟學叫「行爲經濟學」，認爲人根本就沒有那麼理性，它專門研究人的非理性行爲對經濟生活的影響。這些講行爲經濟學的書一般都是一上來就把傳統經濟學批判一番，說你這個理性人假設根本不符合實際情況，眞實經濟經常遠離平衡，等等。

但是據我所知，那些研究傳統經濟學的經濟學家對此相當不以爲然。比如你去超市買菜，行爲經濟學家會告訴你，商店裡擺在貨架正中位置的那些商品，其實不是最受消費者歡迎的商品，而是「商店最想賣給你」的商品。可能這種商品質次價高，擺在顯眼的位置上，希望激發你的非理性。但是這招對誰有用呢？也許只對那些不常買菜的人有用！

如果你每天都去超市，你就會對各種商品的價格和性能非常熟悉，你可能早就知道自己最需要的商品擺在哪裡，哪怕它再不顯眼你都能找到。商家玩的這些把戲對你根本不好使。換句話說，你買菜的時候是非常理性的。

所謂各種非理性，其實是人在面對一個陌生環境做不熟悉事情時的表現，而我們日常的各種經濟行爲，恰恰是我們熟悉的事情！別忘了，人腦可以迅速適應新局面，今天的新手過不了多久就是老司機。騙我一次是你的錯，被你騙兩次就是我的錯了！

所以我認爲，我們應該如此看待經濟學：

- 在大多數情況下，傳統經濟學最好用，因爲人是理性的，市場是大體均衡的。
- 在少數情況下，人可能會表現出非理性，市場可能偏離均衡。
- 非理性和偏離均衡，可以爲世界帶來活力。

如果非要再多說一句的話，就是市場不可能是絕對均衡的。回到前面塞車的例子，如果每個人都認爲小路肯定也被堵上了，沒必要去，那麼小路反而就不會堵！總有一些人不信邪，非得去小路看一眼，這些人就促成了市場從一種均衡向另一種均衡演變。均衡既然能演變，中間當然就有不均衡的狀態。

我敢寫這篇文章，就是因爲我認爲市場還不夠均衡。如果我相信所有對這個話題感興趣的人都已經了解和想明白了這個話題，我寫文章不是多餘嗎？如果你認爲所有好想法都已經被人實踐過了，那你還創什麼業？

所以，納許均衡只是一種特別有用的理想狀態。

納許均衡，以約翰·納許命名，他正是電影《美麗境界》的主人翁。

「納許均衡」理論就是他在普林斯頓大學時的博士論文，只有二十八頁，這個理論後來讓他獲得了諾貝爾經濟學獎。在此之後的幾年裡，他連續做出重要的工作，然而在一九五九年因被診斷出精神分裂症而住院。

這並不是說特別理性的人容易精神分裂，事實上，後來納許的病好了，恰恰是他自己運用理性戰勝病魔的結果。

納許均衡，閃爍著理性的光輝！

不過話說回來，特別有理性也不見得有多大意思，納許本人病好以後說了這麼一段話：

「……回歸成爲一個理性人的快樂，和身體有病然後康復獲得的快樂，還是不能比的。」

納許和他的妻子在二〇一五年死於車禍，終年八十六歲。

第十二章
跟《冰雪奇緣》學創造力魔法

《紐約時報》的記者查爾斯·杜希格（Charles Duhigg）寫了一本書，書名是《爲什麼這樣工作會快、準、好：全球瘋行的工作效率升級方案，讓你的生活不再辛苦，工作更加省時省力》（*Smarter Faster Better: The Secrets of Being Productive in Life and Business*）。

他寫此書的初衷是想了解當今各行業的高手是怎麼擁有那麼高的生產率，他爲此採訪了很多人，這些人給了他各種說法，可以說非常混亂。

書中有一個內容價值極高。作者採訪了前幾年非常成功的一部動畫片——迪士尼《冰雪奇緣》（*Frozen*）——的全體劇本創作人員，而且還與他們進行了特別深入的交流。從《冰雪奇緣》的劇本創作過程中，我們能學到很多很多。

影片最初設定的劇情是這樣的：

童話王國中的一對公主姊妹，姊姊艾莎有製造冰雪的超能力，但是她無法控制，所以其實是個毛病，她因此失去了王位繼承權。妹妹安娜是個典型的好姑娘，獲得繼承權的同時還即將和英俊的王子結婚……

姊姊深感嫉妒，最終在妹妹婚禮當天發動冰雪攻擊……

妹妹被擊中，心臟漸凍，只有王子的眞愛之吻才能救她……

姊姊製造出來的雪怪失控了，姊妹倆必須聯手……

你覺得這個劇情如何。好萊塢有個好習慣，大片正式推出之前要先拍個簡陋的樣片，內部試映一下看看反應。結果反應都很差。而這時候，距離公布的正式上映日期還有十八個月。

關鍵問題是沒人喜歡這兩個角色，妹妹太乖，姊姊太邪惡。嫉妒和報復，這樣的情節很難討好觀眾。而且姊姊一言不合就做這麼大的動作，似乎也不太眞實。以兩姊妹作爲主角，以及無法控制的超能力，都是非常新穎的設定，應該有很好的發揮，可是現在這個劇情沒有靈魂！

現在的影視劇通常由一個團隊的編劇集體創作，這樣設計人物、劇情、對話可以發揮個人的特長，和傳統上一個人寫劇本的做法很不一樣。《冰雪奇緣》的編劇團隊陷入了困境。

接下來的事情，就成了「怎麼發揮創造力」的一個經典案例。杜希格總結說，我們至少可以從中學到有關創造過程的三個教訓。

壓力

可能有人覺得時間緊、壓力大的局面會扼殺創造力，但有時候正因爲這樣，人們才能更清楚地看到最本質的東西。

編劇們自己對劇情也很不滿意。有個編劇說他非常不喜歡王子吻醒公主這個老套劇情，現在都什麼年代了，女孩應該自救！

還是製片人說了一句話。他說我們能不能先別說你不喜歡的部分，先把電影中你內心深處最喜歡的設定列出來，你最想在這部片子裡看到什麼？

這正是迪士尼電影能打動人的祕訣，它總是要求創作者深挖自己的內心，一直挖到最後，其實是創作者把自己心中某個眞實的部分展現給觀眾。

有一個叫李的女編劇說，我小時候經常和我姊姊打架，長大以後我們就分開了，可是有一次我遇到不幸，我姊姊第一時間過來安慰我。想起姊姊，這就是我加入劇組的原因。編劇們最後認定，以姊妹倆爲主人翁，她們長大以後疏遠了，然後又團聚，這個設定必須保留。

但是問題來了，劇情要想好看，姊妹之間必須有張力。但要有張力，似乎就得安排一個扮演好人、一個扮演壞人，只是如此一來，觀眾就不可能同時喜歡姊妹倆！這個矛盾怎麼解決呢？

李說，我非常不喜歡姊妹倆一好一壞這個設定，根本不眞實！眞實的姊妹就算分開了也不是因爲誰是壞人，而且最後她們總能發現自己其實是需要對方的。

好吧，必須是一對好姊妹。可是，劇情的張力從哪裡來呢？

心理學家把這種重壓之下進行的創造叫做「絕望創造」（creative desperation）；而且心理學家發現，**在絕望的時候，人們常常能從自身的經歷中獲得啓發，把個人的素材和新的內容連接起來，產生一個特別有意思的創造**。

人生經歷的價值

負責替這部電影寫歌曲的是一對夫妻，羅伯特・羅培茲（Robert Lopez）和克莉絲坦・羅培茲（Kristen Anderson-Lopez）。這兩人已經被劇情折騰瘋了，實在無法爲一個壞姊姊寫首好歌。

有一次兩人在公園散步，羅伯特突然對克莉絲坦說，如果你是艾莎，你會是什麼感受？克莉絲坦想到了自己的經歷。作爲事業心很強的夫妻，兩人在照顧孩子方面不太細心，有時候給孩子吃冰淇淋，在美國的社會氛圍內，這是不負責任的做法，因爲冰淇淋是不健康的食品。有一次他們在飯館吃飯，還允許孩子一邊吃飯一邊玩 iPad。周圍別的家長都用異樣的眼神看著克莉絲坦，也就是所謂的被人給 judge 了。

克莉絲坦心想，我既想當個好媽媽、好妻子，也想有自己的事業、寫好的歌曲，這難道錯了嗎？我不管怎麼努力，你們還是會 judge 我，我沒必要爲此道歉！

克莉絲坦當即就說，也許艾莎根本就不是壞人！她一直都在努力做個好姊姊，可是沒有用，別人還是會 judge 她！人們懲罰她，僅僅是因爲她是她自己！她被逼到一定的程度，唯一的出路就是根本不在乎別人怎麼看，隨它去！Let it go!

羅伯特一聽，你這個感覺太對了！兩人馬上想到，歌曲的開頭應該是典型的女孩童話，中間是艾莎面對壓力，一直想做一個符合別人預期的好女孩，後面是艾莎終於想通了，Let it go! 這個心理轉變使她從女孩變成女人。

克莉絲坦就在公園把這首歌唱出來了，羅伯特用手機錄下來，兩人回到家裡連夜編曲，發電子郵件給劇組。

全體編劇聽了這首歌，迪士尼高層當場拍板，這首歌就是主題曲，這首歌就是整部電影的主題。

擾動

所有編劇都喜歡這個主題，現在兩姊妹都是好人，觀眾都喜歡，而且還產生了張力。一通百通！整個影片三分之二的劇情很快就被確定下來了。

但是編劇團隊又有了一個新的麻煩：他們不知道結尾怎麼寫。

事後分析，團隊當時大概陷入了「當局者迷」的狀態，用好萊塢的語言來說，這就叫做「spinning」（圍繞一個東西旋轉）。也就是說，編劇們對目前的劇情設定非常滿意，他們都沉浸在這個設定之中，沒有靈活性，也沒有辦法從新的角度去考慮問題。

這時，迪士尼高層使出了看似很不起眼的一招，他們把前面說的那個叫李的女編劇提拔為這部電影的副導演，並且給了她對劇本最後拍板的權力。

此書作者杜希格說，這個辦法其實就是對系統的一個外來擾動。生物學家很早就知道，如果一個生態系統長期沒有外來擾動，其中一個物種就會一家獨大，整個系統將毫無生氣。這時候如果突然來一個不大不小的外來擾動，打破原有的平衡，系統往往能爆發出很大的創造性，也就是說，不同的物種都能夠活躍起來。

人還是這個人，但擾動之後角色不同，李現在能從全局的角度考慮劇情了。很快地，李提出了一個非常宏觀的看法：這部電影的主題應該是「愛與恐懼」。妹妹代表愛，姊姊代表恐懼。姊姊在片中的心靈之旅是戰勝對自己超能力的恐懼，妹妹的心靈之旅則是理解什麼是眞正的愛。

王子對妹妹不是眞愛！因爲眞愛意謂著犧牲，沒有犧牲的愛純屬自戀。那麼影片結局就必須是妹妹透過犧牲自己去救姊姊，才理解了眞愛，而這個眞愛也救了她自己！

這才有了我們最後看到的電影結局：王子用劍砍向姊姊，妹妹在自己即將完全冰凍的一剎那，替姊姊擋住了劍鋒。

這是一部充滿迪士尼元素而又特別與眾不同的電影。主人翁是兩個公主，但王子居然是壞人；公主不是王子救的，而是自救；救下她們的不是一開始就有的眞愛，而是因爲救的這個動作，才讓眞愛展現出來。

杜希格說，**創造力可能很難捉摸，但創造的過程是可以總結和模仿的**。《冰雪奇緣》的劇本創作過程其實就是解決問題的過程：你先想好自己想要什麼，然後再解決怎麼得到這些。

對有志於創造內容的人來說，從這個故事裡可以學的東西實在太多了，但我最想說的是迪士尼的創作態度。

現在中國電影從票房到投資，可能都不遜色於好萊塢，可是爲什麼很多國產電影的劇情看著那麼愚蠢、那麼虛假呢？我們在特效技術之類的硬體方面投入很多，而在編劇這個環節上是不是比人家落後很遠呢？

你到底想呈現一個什麼樣的故事？我們的編劇曾經有過這種內心追問嗎？

有三個激發創造力的辦法：

一、把你最想要的東西列出來，用解決問題的思維，想想怎麼實現它。

二、個人的經歷往往是創作的源泉，你要做的是把自己投入過情感的經歷與新的東西連接起來，這就是創作。

三、旁觀者清。陷入一種情境不能自拔時，主動換一個視角。但更重要的教訓是：只有對內心追問到迪士尼編劇們這樣的程度，讓自己信服，才能讓觀眾信服。

自己感動過的，才能讓觀眾感動。

Let it go，你得先有過這樣的情緒，它才是一個站得住的、撐得起整部電影的主題情緒。

第十三章

贏家都有個豌豆公主心

我兒子給我讀了個童話故事，我覺得挺有意思，故事是這樣的：

從前有個王子，立志要娶一位真正的公主，可他又不知道怎樣才算是真正的公主，就向一位女巫請教。女巫說，真正的公主符合三個標準：第一，她對所有人都有禮貌；第二，她對窮人和富人都有關愛之心；第三，她必須有非常敏感的皮膚。怎樣才算敏感的皮膚呢？你在二十層床墊下面放一粒豌豆，真正的公主睡在床上能感覺到豌豆的存在！

王子見了很多公主，都沒通過三個測試，特別是沒有通過豌豆測試。最後是一名女僕通過了三個測試，她在機緣巧合下在床上睡了一晚，但是沒睡好，被二十層床墊之下的豌豆硌著了。最後王子就娶了女僕，兩人從此幸福地生活在一起了。

爲寫這篇文章我特地考證了一下，這個故事改編自安徒生的童話《豌豆公主》。原文是一個眞的公主通過了測試，我兒子看的版本是女僕取代了公主，這顯然是爲了迎合現代人的自由主義思想。

這個故事的有意思之處在於，爲什麼非得要求公主有如此敏感的皮膚呢？我是這麼想的，女巫提出的前兩個標準，凡是「好人」都能做到，而只有這第三個標準，卻非得是從小富養、對生活享受有敏銳感覺的女孩才有可能做到。所以女僕版不太眞實，這第三點就是爲了把女僕淘汰掉。

知識＝體驗×敏感度

我覺得安徒生這個故事背後有個道理。他想說的是，「敏感度」可區分人的高低貴賤。當然不一定是皮膚敏感，也不一定是享受方面的敏感，還包括各種感覺的敏感。有的人能體察到細微的東西，而有的人不能。

比如我最近在微博上看到一個描寫阿茲海默症的公益廣告。某人的父親得了阿茲海默症，連兒子都認不出來。但有一次，他帶父親出去吃飯，父親看到餐桌上有餃子就直接拿起來裝到口袋裡，說要留給兒子吃。這個廣告說儘管老人得了病，忘掉了所有事情，但他始終沒有忘記對兒子的愛。這是一個非常令人感動的故事，許多人都被觸動了。

但我看微博評論，也有人說，他在電視裡看到這個廣告時，身邊的一個人就非常無感，而且還嘲笑老人竟然鬧出了直接把餃子裝進口袋裡的笑話！

所以哪怕是特別簡單的點，有的人也get不到。這就是敏感度不行。一個人如果在人際交往中缺乏敏感度，他做事就沒有分寸，說話就不知輕重，他就無法理解別人的暗示，甚至你講個高級點的笑話他都聽不懂。他可以是個好人，也可以擁有很厲害的專業技能，但是他本質上還是個「粗人」，不能通過豌豆測試。那他有可能就做不好一些高級的事情，比如說支配人，這種公主該做的事情。

現在早就不是公主和女僕的時代了，身分愈來愈不重要，但是敏感度仍然事關重大。在《人類大命運》中，烏瓦爾．諾亞．哈拉瑞（Yuval Noah Haravi）提出一個公式：知識＝體驗×敏感度。

哈拉瑞說在這個沒有宗教信仰的現代社會，想要尋找人生的意義就得有體驗和敏感度。哈拉瑞說敏感度的意思就是你要從經歷中獲得體驗，用體驗改造自己。你透過不斷地體驗能對世界產生更深的理解，最終變成一個更好的人。

敏感度，就是人文主義者的自我修養。

敏感度是可以學的。比如我看春晚，感覺舞台非常奢華，但總覺得有點土氣，卻又說不清是怎麼個土法。最近看到一篇文章〈爲什麼大牌時裝在春晚就失去了高級感？〉，其中提到一個概念叫「顏色飽和度」。作者的理論是顏色飽和度愈高，高級感就愈弱，春晚舞台就土在大量使用了大紅大綠這種高飽和度的顏色！

這讓我們學會了一個新的看問題的角度。**概念一旦明確，敏感度就能成倍增加**。我們再看春晚舞台，可能感覺就不是朦朧的土，而是特別土。

生活中其他事情也是如此。一旦你做錯一件事，體會到嚴重後果之後，最好還能用一個成語典故之類的概念概括這個事情，那麼下次再遇到類似的局面，你就會特別敏感，你就會做得更有分寸。我們經常談論的「刻意練習」，就要求練習者必須對錯誤非常敏感，隨時知道哪裡錯了，最好還能感到精神上的疼痛！水準高的人敏感度都高，這大概就是爲什麼人們誇周瑜的誇法是「曲有誤，周郎顧」。

但是敏感度高也有問題，你可能會「過敏」，過度擬合式的敏感。有些人就是特別敏感，別人隨便一句話，他還以爲是什麼暗示，別人隨便開個玩笑，他可能會生氣。我覺得有些資訊最好忽略，沒必要過度解讀，從數學上講，就是沒必要過度擬合。有這種過度擬合式的敏感，可能還不如「粗人」的生活愉快。試想，如果公主眞的因爲二十層床墊下的豌豆感到不適，她還能正常生活嗎？

忽略雜訊，見微知著

這就要求我們提升敏感度的同時還必須學習另一項技能：忽略。

看到但是假裝沒看到，這是被動的忽略。根本不往那個方面看，這是主動的忽略。想要有這樣的忽略水準，就必須知道什麼重要、什麼不重要。**我們應該只在重要的事情上保持敏感度，在不重要的事情上放鬆敏感度。要避免「過度擬合」，就得「難得糊塗」**。

那到底什麼重要、什麼不重要呢？

琢磨人就不重要。有些人一輩子就把敏感度發揮在琢磨人上去了。察言觀色，看家本領是任何時候都能迅速識別周圍人的身分等級，專門研究人的眉眼高低。可是我們看那些眞正厲害的人物，不管是商人還是科學家、學者還是官員，有時候就是直來直去，從來不去「適應」別人，都是別人去「適應」他們。他們把敏感度用在了更高級的地方。

琢磨事兒，琢磨思想，才是用到了高級的地方。富蘭克林·羅斯福總統（小羅斯福）的夫人艾莉諾·羅斯福（Anna Eleanor Roosevelt）有句名言：「偉大的頭腦談論想法，中等的頭腦談論事件，弱小的頭腦談論人。」

我讀過一本小書叫做《有錢人的習慣，和你不一樣》（*The Top 10 Distinctions Between Millionaires and the Middle Class*），書裡對這句話有個解讀特別好，說這三種人其實就是「讓事情發生的人、看著事情發生的人和根本不知道發生了什麼的人」。

你得先有想法，才能使一件事情發生。「百萬富翁」是能讓事情發生的人，他們積極主動，愛談論想法；一般人比較被動，多數情況下只能作爲一個觀眾，在事情發生以後議論一番；還有一種人，只顧著如何取悅前兩種人。

想法來自觀察，觀察需要敏感度。

最高水準的敏感度能達到見微知著的境界。有個著名故事說，西漢丞相丙吉去地方視察時遇到有人街頭鬥毆，他視而不見，又見到一頭牛似乎病了，卻仔細查看牛的病情。下屬問他爲什麼不管鬥毆這樣的大事，反而關心牛生病這樣的小事。丞相說，鬥毆是地方官的事，「宰相不親小事」，但是牛生病了則說明今年可能氣候異常，這才是大事。到底什麼是小事、什麼是大事？什麼是偶然事件、什麼是大趨勢？什麼是信號、什麼是雜訊？

跟電腦相比，人腦非常善於模式識別。Google 不知道費了多大力氣，才讓人工智慧學會在任意一張圖片裡識別一隻貓，而人類幾乎天生就會。在天氣預報系統已經如此精密的今天，還是需要人類對結果進行微調。模式識別、見微知著，絕對是值得努力提升的眞功夫。

想要獲得這樣的功夫就得多積累實踐經驗、多讀書、多了解這個世界。聽說了一、兩個負面資訊就對世界絕望了，那是無知。認爲什麼資訊都沒意義，那是麻木。知道什麼重要什麼不重要、該信什麼不該信什麼，才能對世界有個「educated guess」（有根據的猜測）。

第十四章

成熟度＝對小機率事件的接受程度

我在監督兒子複習中文課時偶有所得：所謂成熟，就是能接受小機率事件。

他課文裡有一句「冬天到，雪花飄」，但是他唸錯了，唸成了「春天到，雪花飄」。我言下頓悟。

冬天下雪是標準模式，「冬天到，雪花飄」這一句不需要任何解釋，放在小學一年級課文裡非常合適。

可是來一句「春天到，雪花飄」，如果不是唸錯了，就可以肯定不是小學生課文，可能是某個給大人看的小說裡的一句。因爲春天雖然也可能下雪，但這個事情在文學套路中有點不尋常。只有比較成熟的人才能接受不怎麼尋常的事情而不需要特別說明。

一個單個的小機率事件發生的機率……很小；但是「任何小機率事件都不發生」的機率也很小。從數學上講，就是儘管p是個小數，$(1-p)^N$ 在N足夠大的情況下也是一個小數。也就是說，如果你活得足夠長，經歷足夠多，就難免會遇到一些怪事。

所謂「見多識廣」、「見怪不怪」，其實就是說這個人因爲閱歷豐富，不至於因爲一些事情而大驚小怪，能夠泰然處之。他看到那些事情在他眼前發生過，而天並沒有塌下來，所以當他再次遇到類似的事情，就不會覺得特別不可接受。

他聽說有人決定終生不婚，聽說有人是同性戀，聽說有人把好好的工作辭了，等等，都不會懷疑自己聽錯了，你不需要再給他解釋一遍。

反過來說，如果有人遇到一點兒不尋常的事情就大驚小怪，那麼他顯然就是不成熟的。所以，成熟度＝對小機率事件的接受程度。從這個意義上講，（嚴肅）文學作品總愛寫一些不同尋常的人物和事情，這其實是幫著讀者成熟。我聽說過一個研究，可以從另一個側面定義人的「成熟」，因爲經歷得多，所以學會了從不同人的角度看問題。直接引用到這裡：

研究發現閱讀小說改善了移情能力

美國的一項研究發現，閱讀小說能改善閱讀者理解他人所思所感的能力。論文發表在上周出版的《科學》（*Science*）期刊上。研究人員將受試者分成幾組，分別閱讀不同的內容，分屬小說、文學小說（Literary Fiction，指更趨向於嚴肅性的小說）和非虛構文學等類別。完成閱讀之後，受試者參加了衡量判斷理解他人思想和情感能力的測試。研究人員發現，嚴肅小說和通俗小說對讀者的影響存在顯著差異。研究人員認為，閱讀嚴肅小說能擴展我們對他人生活的了解，迫使我們同時從不同的角度感知世界，並幫助我們認識到我們與小說人物的相似性。所有這些特徵都模仿了心理理論。

這個研究認爲，閱讀嚴肅小說可以讓人學會從不同的角度感知世界。換句話說，就是透過小說裡的人物過了好幾輩子，經歷了你自己不可能經歷的事情，現在你能設身處地地從別人的角度考慮問題了，你的認知能力當然提高了！

當然，這種成熟只是認知上的，不包括做事的手法熟練；然而**認知成熟是做事成熟的第一步**。

那麼，據此我們得到：「經歷讓人成熟」到底是個什麼原理，有數學上的，也有心理學上的。經歷不夠可以看小說，最好是既能反映真實世界又不按套路出牌的嚴肅小說。

第十五章 聲望是一門好生意，別搞砸了！

在網路上，付費閱讀作爲一個新事物，已經得到很多人的認可。今天，我們來說說一種規模和利潤都遠遠大於「得到」的付費閱讀——學術期刊。這是一種非常貴的付費閱讀。如果你想從國外一般學術期刊的官網付費下載一篇「正版」的科研論文，你大概要花費三十至五十美元。這麼看論文誰也受不了，所以一般情況下，都是各個科研機構和大學包年訂閱，而這個訂閱費也是非常高的。綜合性大學要訂閱很多學術期刊，可以說是一筆沉重的負擔。聽說，連哈佛大學都開始抱怨現在訂閱費愈來愈貴。

可是你仔細想想，這個情況卻非常奇怪。

聲望沒有替代品

科學家發表論文是沒有稿費的。不但沒有稿費，而且你還要交「版面費」——你占用了人家的版面，就得按論文的頁數交錢，每頁幾百美元。如果你的論文要用到彩色插圖，還要支付彩色圖片費。

讀者付費閱讀，作者付費發表，那是不是編輯和審稿需要很大費用呢？也不是。審稿是沒有費用的。學術界的審稿工作並不是由編輯部負責的，而是採用「同行評議」的做法，即編輯部負責找到同一領域的科學家來替論文審稿。審稿，是科研工作者作爲「科學共同體」的一員的義務，不但沒有報酬，而且還必須保證品質，按時完成。審稿人不但要評判論文的學術價值，而且連拼寫、語法都要檢查。

不但審稿人沒有報酬，就連對論文發表與否有最終決定權的主編們也沒有什麼報酬。在重要學術期刊擔任主編是科研人員學術地位的表現，人們看中的是這個位置的權勢，而工資還是從自己所在的單位拿。

所以，一篇論文從研發、寫作、審稿到最後發表，基本上是科學家們自治的結果。那麼期刊都做了哪些工作呢？他們透過電子郵件往來，把論文和審稿人、主編聯繫起來。他們提供了排版和發行工作，而且現在排版有自動的排版軟體，發行主要靠網際網路。

那麼期刊憑什麼收那麼多錢？我看過一個統計，現在最大的學術期刊公司 Elsevier[25]旗下有上千份期刊，每年的銷售規模能達到二十億至三十億美元，利潤率高達四〇％。

這是一個什麼概念呢？要知道，普通的雜誌既要養記者、給作者稿費，還要做各種工作，最後的利潤率不到五％。這還是盈利的期刊。

這麼看來，學術期刊簡直是一門最好的生意。

我甚至覺得這門生意在道義上是站不住腳的。大部分的學術研究都是政府資助的，國家出錢讓科學家去做研究，做出來的研究結果如果不是出於保密需求，難道不應該讓全體國民免費閱讀嗎？作爲納稅人，我們交了稅去資助這些研究，憑什麼我要看論文還得向一個私人公司付費？

其實道理是這樣的。在二十世紀中葉以前，學術期刊都是非營利性的，它們只收最起碼的費用，因爲當時沒有網路，需要印刷和投遞，可說是一種非常健康的形態。到了二十世紀六、七○年代，一些私人出版商就從大學、研究所及各學科學會中收購這些期刊的出版權。收購時因爲這些期刊都是不盈利的，所以大家都是一副無所謂的態度，還認爲由私人公司來營運也許更好。

但是，這些私人公司收購了這些期刊以後就開始逐年漲價，到現在成本降低了，價格卻翻了好多倍。關鍵的問題是，爲什麼在價格如此貴的情況下，這個生意還能持續營運？因爲市場上沒有替代品。歸根結底，這些出版公司壟斷了一個最稀缺的資源：聲望。

聲望，不僅僅是面子問題

聲望，是一本學術期刊最大的價值，而聲望只能依靠在歷史上慢慢積累。

如果你是科研工作者，你寫了一篇特別厲害且注定能獲得諾貝爾獎的論文，那你不用在乎期刊的聲望，你發到哪裡就給哪裡送去了聲望。可是，對絕大多數科研人員來說，說白了，做研究就是爲了寫一篇好論文。在一個很有聲望的期刊上發表論文，對他來說是一個極

㉕ Elsevier 旗下出版品超過兩千五百本，包括知名學術期刊《刺胳針》（*The Lancet*）、《細胞》（*Cell*）、《四面體》（*Tetrahedron*）等，占全球學術期刊數量的四分之一，為全世界最大的學術期刊文獻出版社之一，總部位於荷蘭阿姆斯特丹。

大的成就。人人都狂熱追求把論文發表在優秀的期刊上。

就算那些好的期刊已經被私人公司收購了，你唯一的做法還是繼續投稿。

出版公司一旦壟斷這個獨一無二的聲望資源，它就獲得一個非常奇怪的產品。按市場經濟的常規道理來說，如果你的產品很好但很貴，馬上就會出現一個便宜的替代品，你隨便定價就是不行。但對學術期刊來說，這個道理就失效了，因爲**「聲望」根本沒有替代品**。

比如，物理學界最好的期刊是《物理評論快報》（*Physical Review Letters*），我第一次在上面發表論文時高興得連覺都沒睡好。哪怕它的訂閱費用再貴，只要你能掏出這筆錢，你也得交。如果你對這個現象不服氣，說乾脆自己創辦一個物理期刊，免費提供論文給人看，但根本沒用，因爲你沒有聲望。

最好的期刊需要聲望，一般的期刊也需要聲望，所有的期刊在聲望的鄙視鏈中都有自己的位置，想要移動一下都非常困難。我以前從事物理的時候，有時候就會收到廣告，說他們成立了一個新的期刊，不收版面費，你來投稿吧……我怎麼可能去投稿！

現在有很多人呼籲抵制 Elsevier，另創一個免費開放的期刊體系，但根本壯大不起來。

所以，學術期刊這門生意的模式是這樣的，我掌握了「聲望」這個獨一無二的資源，它沒有替代品，我就不必考慮競爭，所以我的定價模式就是：只要在人們可承受的範圍內，我就可以盡可能多收錢。

爲什麼學術期刊一定要嚴格審稿，一旦發現有學術不端的行爲馬上制裁，而且還特意大張旗鼓地宣傳？就是因爲他們非常注重自己的聲望。「聲望」在這裡不僅僅是面子問題，還是生存問題。

聲望，就是哈拉瑞在《人類大歷史》（*Sapiens: A Brief History of Humankind*）和《人類大命運》裡說的「聯合想像」，它只存在於人們的觀念中，但它像金錢一樣眞實。

反過來說，國內一些小的學術期刊就沒有這個聲望意識。爲了創造營收，收錢給別人發根本不應該發的論文。

這就引出一個很值得我們思考的問題：爲什麼美國公司和機構不貪小便宜？它們花錢大手大腳，做事大大方方，爲什麼還是比中國公司和機構富裕很多？其實就是因爲它們掌握了更優質的資源。

第十六章 先做好這三件事，再道歉！

我談論有關道德的話題，其實不是我的刻意選擇或故作姿態。我是想告訴你西方精英在想什麼，我發現他們很關注道德。

這裡說的道德不是別人要求我們或我們要求別人的「社會倫理」（ethic），而是 moral，是你自己的道德選擇。一個人做的事只要對外界有影響，他就一定會面臨道德選擇。愈是精英人物，就必須愈重視這個問題，因爲你隨意的一個小錯誤就可能給別人帶來很壞的結果。正所謂「能力愈大，責任也愈大」。

整天拿 ethic 對別人進行道德綁架，那是軟弱的表現，是綿羊做的事。不管別人怎麼想，專注於自己的 moral，這就絕不是綿羊的事情了，這是獅子、老虎的事情。

先別急著道歉

之前，《哈佛商業評論》（*Harvard Business Review*）發表了一篇文章，說的是道歉的事。我細讀之下，心中暗暗吃驚。

這些商界人物對自己內心的挖掘，竟然到了這樣的程度！

這篇文章題目是〈眞正的道歉需要什麼〉（What a Real Apology Requires），作者是喬瑟夫．葛瑞尼（Joseph Grenny）。葛瑞尼是一位非常有成就的作家和商業學者，有四本書上了《紐約時報》暢銷書排行榜，他還經常幫各大公司做諮詢。這篇文章說，他最近到某公司做報告，結果搞砸了。他使用的一些材料是這個公司早就知道的，而且他穿插的幾個笑話還傷害了聽眾中的某些人。對高手來說，這樣的錯誤不能犯。

於是在回程的飛機上，葛瑞尼就想寫一封道歉信。寫信之前他想了很多，這就引出了一個有關道歉的理論。

當你道歉的時候，你到底想做什麼呢？

如果是一般的「職場導師」，可能會這麼告訴年輕人：你做錯了事要道歉，最關鍵的就是要重新贏得別人對你的信任，現在這件事你辦砸了，老闆或客戶可能就不信任你了，他們認爲你的態度或能力有問題，趕緊從這兩個方面想想，這個道歉信該怎麼寫！

可是葛瑞尼說，你這麼做其實是想用一封道歉信操縱別人。這幫認爲道歉就是爲了贏回信任的人，其實正在惡意傷害社會信任。

他說，**道歉應該是你個人從這件事上吸取了教訓，從而獲得了進步的結果，而不應該是對別人施加影響力的工具**。

所以，你首先應該關注的不是人際關係問題，而是你自己人格的完善。

什麼叫人格完善呢？就是你做的這件事和你想成爲的那個人之間有一個差距。注意，葛瑞尼這裡說的可不是「客戶期待你是個什麼人」，而是「你自己想成爲什麼人」。你必須和你自己較勁。

可能你是眞心想幫助客戶，結果卻幫了倒忙。是不是你對這個工作重視不夠，事先沒有充分調研客戶的狀況和需求？是不是你能力不足？事情辦砸了，別人批評你，你的本能反應可能是防守反擊，但你要想眞正從這個事件中學習、有所進步，就必須從對方的角度來看待這件事。接下來你還要決定將來怎麼辦，怎麼改進態度和能力。

葛瑞尼說，**只有當你分析和解決了自己的問題，你的道歉才配得上被人原諒**。

你在道歉中要告訴別人你自己對這件事的評價和反思，你對對方感情的回應；你本來想要的是什麼結果，而因爲你的錯誤，這件事變成了什麼結果，爲對方帶來了什麼傷害；這是因爲你的態度還是因爲你的能力；你會做出什麼改進。

道歉的目的不應該是爲了從對方那裡獲得什麼。這個你控制不了，你只能控制你自己。

道歉三部曲

我們能從這篇文章裡學到的東西絕不僅僅是道歉，不過我們首先要學的還是如何道歉。我們中國人從小寫檢討書都是寫慣了的，可能工作以後，歲數挺大了，還要時不時來一段自我批評。可是我們的道歉，有沒有這樣的水準呢？

我寫這篇文章的時候還特意在中文網路搜尋了一番，看看怎麼寫一份好的檢討。主流的意見是，檢討主要是給領導者面子。我做錯了，領導者要出氣，我做個檢討讓他消消氣。一般都是走個過場，讓領導者收穫面子也就算了。還有的做法是，乾脆深挖自己的內心，觸及靈魂，把自己貶低得一無是處，乃至痛哭流涕……

這些道歉法恰恰如前面所說的，把道歉這個動作當成一個社交行爲，一種影響力工具。爲什麼是這麼一個局面呢？古人說「吾日三省吾身」，今天的人爲什麼在最需要自我反省的時刻，卻把反省當成了社交工具？以我之見，這是因爲古代說那句話的是君子（曾子），今天上網發帖詢問如何寫檢討的都是小民。

君子關注自己的內心，小民研究如何應付和取悅別人。

但是這個局面正在往好的方向轉變。中國現在的大局是新興中產階級崛起，消費升級，人的觀念和意識也在升級。可能新一代的中國人正在學習怎麼像紳士一樣生活，也在學習怎麼像紳士一樣自省。

一個好的道歉要有三步：

一、明確動機：不是爲了贏回別人的信任，而是爲了完善自己的人格。

二、學到東西：態度有問題就解決態度問題，能力有問題就解決能力問題。

三、提出道歉：說明你的錯誤，也說明你的改變，但把是否原諒的決定權留給對方。

不過我猜，這篇文章更大的教訓是，一個眞正的精英人物要有點中國古代君子或西方紳士的作風，學一點反思自己的功夫。

第十七章

浪漫的真諦：愛比自私更有價值

我有一篇文章叫〈你會跟誰結婚〉，文中提到經濟學家的資料顯示，現在美國的婚姻中「強強聯合」的現象愈來愈嚴重，高收入者和高收入者結婚，高學歷者和高學歷者結婚。

經濟學家很無奈，我們也無語了。在那篇文章的留言區，我們搞了個行爲藝術，只放出了一位讀者的留言：「我只和我愛的人結婚。」

我們表達了態度，但是問題還沒解決。婚姻大事，到底應該遵循什麼樣的原則呢？

《紐約時報》的專欄作家大衛．布魯克斯（David Brooks）最近有一篇文章，標題是〈你屬於哪個浪漫體制〉（*What Romantic Regime Are You In*）。

布魯克斯是我最喜歡的作家之一，我們的讀者可能也比較熟悉他，《社會性動物》（*The Social Animal*）、《品格：履歷表與追悼文的抉擇》（*The Road to Character*）這些書就是他寫的。但是自從川普當選總統以後，他就像瘋了一樣，寫的文章幾乎都是在罵川普，簡直沒辦法看。

後來，我看他終於寫了一篇正經文章也就是這篇談婚姻的，而且寫得很不錯。

婚姻是天注定還是體制化？

他首先寫道，有一個從小在俄羅斯長大、十六歲移民到美國的女作家叫波利娜·阿倫森（Polina Aronson），對美國人的愛情婚姻觀發表了自己的看法。

阿倫森說，俄羅斯人認爲愛情是上天注定的，愛情來了你就無法抗拒，人們爲了愛情願意做出犧牲，甚至可以承擔痛苦。總之，所有事情都應該爲愛情讓路。

但是美國人不這麼認爲。阿倫森發現美國人特別講究「選擇」。美國人尋找戀愛和結婚對象會特別理性地權衡比較，對方能不能滿足我的各種需要？我在這段關係中能不能舒服地行使自己的權利？就好像自己是在挑選一件適合自己的商品一樣。

阿倫森對美國人這種婚姻觀持批評的態度。她認爲美國人過分強調自我，有很強的邊界意識，特別不願意依賴對方。阿倫森問，美國人這種「自立自強」是不是太誇張了，人在婚姻中難道不就應該互相依賴嗎？

布魯克斯對此有感而發，他把俄羅斯人的婚姻理念稱爲「命運體制」，把美國人的婚姻理念稱爲「選擇體制」。

說到這裡，我眞的很想補充一句。其實除了這兩種體制，某些中國家長們的婚姻理念也是一種體制，也許應該叫「指標體制」。這些家長爲子女挑選對象，都是按照一系列量化的硬指標來的：薪水多少、學歷多高、身高多少、年齡多大。美國人雖然講理性，但至少沒有那麼直白，中國家長則直接把人指標化了。

當然，大多數中國人也不是這個態度。那麼俄羅斯體制和美國體制，哪個體制好呢？

布魯克斯說，都不好。「命運體制」太過草率，但是「選擇體制」也太過現實了。美國人真的把婚姻當成了「市場」，挑選適合自己的，同時也被別人挑選，如此理性，可是結果並不理想。很多人挑花了眼之後，乾脆不結婚了，在不到三十歲生了孩子的女性中，超過一半都是未婚媽媽。

契約制婚姻，「我們」白首偕老

布魯克斯說，你去考察那些攜手走過大半輩子、婚姻幸福的老夫婦，你會發現他們的婚姻既不屬於「命運體制」，也不屬於「選擇體制」，而是屬於「契約體制」。

在契約體制下，婚姻是一個承諾。爲了實現這個承諾，雙方都需要改變自己。你不需要在婚姻市場裡精心挑選另一半。契約體制認爲，婚姻有一定的偶然性，你可能偶然遇到一個特別心動的人，說結婚就結婚了。但是請注意，這一步並不是最重要的。最重要的是第二步，也就是雙方如何把這個婚姻關係維持下去。

布魯克斯說，你們兩個人要建立「我們」這個概念。從此之後，在生活中的優先順序，你們兩人的「關係」是排在第一位，排第二位的是對方的需求，而你自己的需求只能排在第三位。

契約體制認爲雙方結婚以後，不應該過分強調個人獨立性，而應該互相依靠。

那麼，這個「契約」中最關鍵的一點是，一旦婚姻出現危機，雙方要明白不能輕易退出。解決危機的辦法是再深入一步去挖掘雙方的關係。

可是爲什麼要這樣呢？我生活得自由自在，何必非得結婚，受這個契約的束縛呢？

布魯克斯說，婚姻並不僅僅是兩個人在一起，還有更高的目的，就像我們經常提到的那個「something bigger than yourself 」。顯然，更高的目的就是孩子，照顧孩子需要兩個人的努力。

但是，還有一個比孩子更重要的目標，那就是我們要透過婚姻關係去增加自己的「可愛度」（loveliness）。「lovely」這個詞我在第一章講亞當．斯密時說到，在這裡並不是指小孩子的那種聰明可愛，而是「値得愛」的意思。

說白了，就是一個結了婚的人會慢慢變得不那麼自私了。他會學著去愛別人，自己也就變得更加値得愛，他就變成一個更好的人。

歸根結底，契約體制的出發點，就是愛比自私更有價値。做事永遠都爲了滿足自己的需求，那種生活其實沒什麼意思，搞不好還是一個自我窒息的過程。**學會愛別人，才能獲得眞正的幸福**。

追求「更好的」成就

我看過一個研究，是華南師範大學的王智波和李長洪的一篇經濟學論文〈好男人都結婚了嗎？——我國男性工資婚姻溢價形成機制〉，這篇文章使用統計方法把各種可能的相關因素（比如年齡之類）都排除在外，發現處在婚姻狀態的男性，他的薪資比沒有處在婚姻狀態的男性高了六．八％。

你可能會說，肯定是賺錢多的人才能找到老婆。而這個研究恰恰說不是這樣。事實上，結婚三年以內的男性並沒有這種工資溢價，是在三年以後，處於婚姻狀態的時間愈長，男性的工資愈高。研究者甚至發現，這個溢價不能用「結婚以後有人照顧自己」來解釋，也不能用「男人結婚以後責任感更強」來解釋。

眞正左右這種溢價的，是他妻子的素質。研究者的結論是一位高收入和高學歷的妻子，對丈夫有「相夫效應」。說白了，就是男人和她結婚以後，變成了一個更好的人，所以才獲得了更高的收入。所以，不是好男人都結婚了，而是結了婚才變成了好男人。

這是經濟學家做的統計研究，只能使用可觀測的變數，所以談的都是收入、學歷這些「硬指標」。即便如此，我們也可以認爲，這個研究說的其實就是布魯克斯所說的「婚姻的更高的目的」。

我認爲這個「契約體制」並不僅僅是一種婚姻觀，對於任何嚴肅的事業而言也應如此。整天問自己喜歡什麼，永遠都在做選擇，沒有長性，這種生活其實並不愉快。**自己親手創造一個更好的關係、一個更好的事業，乃至一個更好的自己，這種成就才最値得追求。**

第十八章

平庸公司的厚黑學

在這個時代，各種研究企業管理、商業模式、創新之道的書和文章實在非常多，大概每個人都能說出幾個思想和套路來；但我突然想到，我們平時大量閱讀和談論的這些東西其實有個系統偏見：我們過分關注了成功和高調創新的公司。

平庸的組織，靠愚蠢生存

左手Google右手臉書，內有馬雲外有馬斯克，這些公司、書和理論當然都是極好的，但我們可能忽略了一點：這些都是在全世界範圍內非常罕見、極其特殊的公司。有句俏皮話說，現代心理學理論應該都叫「大學生心理學」，因爲研究人員用的受試者一般都是在校大學生。那麼根據這句話的精神，我們是否應該把市場上大部分講管理學的書都稱爲「矽谷管理學」，因爲它們研究的其實都是矽谷式的創新型公司？

世界上絕大多數的公司，並不是像Google和臉書那樣營運的。

那些普通的、平庸的，沒有什麼成功經驗值得寫，沒有青年偶像式的CEO，甚至可能患有大企業病的公司是怎麼營運的呢？在這樣的公司或組織裡工作是一種怎樣的體驗？

《Aeon》雜誌有篇文章，作者是倫敦城市大學組織行爲學教授安德列·斯派塞（André Spicer），他研究的就是這個問題。這篇文章的標題是〈愚蠢化：爲什麼組織會供奉愚蠢和獎勵雇員不帶腦子〉（Stupefied: How organisations enshrine collective stupidity and employees are rewarded for checking their brains at the office door），他給的答案是：平庸的組織是靠愚蠢營運的。

這句話聽起來挺極端，但他給了很好的解釋，說明爲什麼你必須愚蠢（實際上是必須假裝愚蠢），才能在平庸的組織裡很好地生存下去。具體來說，組織的愚蠢化來自五個方面。

流程和規定

比如，你是一個剛從名校畢業的大學生，躊躇滿志地加入一家很有名氣的諮詢公司，你的第一個任務是深入到客戶公司，幫客戶找出問題，提出解決方案。如果你眞的發現了客戶公司業務的三個重大缺陷，還興沖沖地提出各式各樣的解決方案，你根本就沒上道。

你們公司爲客戶服務的商業模式早就有固定流程。可能客戶想要的只不過是一份漂亮的PPT而已。你要做的就是在自己公司內網上找些現成格式，把這份PPT做出來，給人製造一個專業的印象。若你眞想在流程之外發揮自己的聰明才智，還提出人家「致命」的問題，客戶可能反而非常不高興，他花錢購買諮詢服務，不是爲了聽你一個新人指點江山。

大組織都是靠成熟的流程和條例運行的。一個醫生做的大部分工作，就是在清單的一個個選項上打勾而已！按條例走能確保工作順利完成，確保誰來都能提供同樣品質的服務。

更有甚者，大組織的「動腦時刻」，也就是著手制訂新條例的時刻，而不是解決新問題的時刻。新條例定下來了，人們就假裝問題已經解決了。

領導力

「領導力」這個詞現在已經泛濫了。領導者們讀各種書、上各種培訓班去提高自己的領導力。據統計，美國企業每年要花費一百四十億美元來提升領導力，而結果是……幾乎沒有任何效果。

說實話，在知識密集型的組織裡，雇員其實都是自我激勵，根本不需要上面給個什麼領導力！大部分所謂的領導人，每天做的其實就是開會、填表和傳遞資訊。作者說，有個公司領導人張口閉口都是領導力，宣稱自己是開放型領導者。然後他問這個公司的雇員，你們領導人都做了什麼？雇員說，他每天早上請我們吃早餐，每年還辦一次啤酒品嘗會。

換品牌

前幾年中國大學有個改名潮，各種農機學院、紡織學院紛紛變身爲「科技大學」，這個動作就是改變品牌。對公司來說，這個做法也是屢見不鮮。換個品牌，同時再換一個更漂亮的logo，表示革新的態度……而實際上，眞正更新的也就是品牌和logo了。

很多企業家愛說，品牌就是自己公司的形象和生命！但如果你私下問他，你們賣牙膏的，到底怎麼賣才能賣得好呢？他如果老老實實告訴你，那就是「關鍵在於促銷。沒人對牙膏感興趣，什麼時候搞促銷活動什麼時候就賣得好」。

模仿

企業家追起星來，和女中學生追逐名牌沒什麼區別。昨天馬雲又說什麼了？Google 又玩了什麼新管理理念？甭管是大數據還是專注力，我們公司也上！

這種刻意的跟風往往不起什麼作用。比如，現在美國特別流行的一個企業理念叫做「多樣性」，也就是說，公司的雇員絕對不能全是白人男性，最好各種族、各年齡段、各種宗教信仰、男女都有。這個理念背後的理論支持是「三個臭皮匠勝過諸葛亮」，人員愈多樣化，公司的決策就愈科學，而且這在政治上還特別正確！

但是，有一項針對石油和天然氣公司的研究表明，多樣性根本沒有帶來什麼正面效果，甚至沒有讓這些公司的員工變得更寬容。

企業文化

有個高科技公司的企業文化是「改變」，每隔幾年就要來一次大變革，結果什麼有意義的效果都沒有。人們根本不知道爲什麼要改變，別的公司變革的邏輯是什麼，反正既然現在又有新東西了，我們公司也得變。

有個公司的企業文化是「正能量」，公司上下牢記的口號是：「我們不要問題，我們只要解決！」結果沒人敢提問題，沒人敢說實話，上上下下刻意維持一團和氣。外人觀察之後的評價是：這不是一個公司，這是一個宗教。

那麼，爲什麼這些組織和個人會愚蠢到容忍自己被「愚蠢化」呢？作者提出，這是因爲從短期利益來講，愚蠢是有好處的。按流程做了，就不會有人找我麻煩；大談領導力口號，我就容易獲得提拔；模仿 Google，外界就會把我們當成世界級的創新型公司；推出新品牌，領導層不用痛苦地變革就能給公司一個新形象；強調企業文化，員工的忠誠度才能提升。

愚蠢化的眞正問題在於長期。iPhone 手機二〇〇六年就出來了，天大的威脅就在眼前，而諾基亞公司，二〇〇七至一三年整個高層強調的企業文化是什麼呢？是正能量！高層聽不得壞消息，底層就只彙報好消息，結果公司一步步走向深淵。

故意愚蠢，短多長空

如果不幸身處一個平庸的、愚蠢化了的組織，我們應該怎麼辦呢？作者提出了六項建議，在我看來，簡直深得厚黑學的精髓。他的六項建議，我看可以重新排列一下，分爲四個普通厚黑功夫和兩個高級厚黑功夫。

普通厚黑功夫，可以保證你的生存：

一、領導人要你做什麼就做什麼，出錯也是領導人的錯。

二、別人做什麼你就做什麼。競爭對手開始學 Google 了嗎？我們也學 Google！錯了難道還能是我的責任？

三、用各種專業術語把別人弄暈，這樣你就不用認眞做事了。

四、如果你要做一件沒把握的事，擔心可能會出錯，你要事先告訴所有同事，你這麼做純粹爲了多賺錢。這樣萬一事實證明這個做法是錯的，你也可以說是因爲公司的激勵制度有問題，而不是你的智商有問題。

高級厚黑功夫可以為你帶來升職的機會：

一、見好就收。愚蠢的做法在短期往往是有好處的，這個計畫的好處一出來，你就趕緊拿功勞走人，將來出了毛病也找不到你。

二、少下功夫做事，多下功夫做PPT。表現得漂亮比把事情做對更重要。也許你的PPT裡有很多錯誤的東西，但這沒關係，萬一出問題，就說主管當時沒有仔細看我的PPT；其實主管根本記不住你的PPT裡有什麼。

組織愚蠢化可不是什麼心理學問題或行為經濟學問題。不是因為領導人愚蠢，才讓組織愚蠢化。愚蠢化往往是有意為之的！因為愚蠢化能帶來短期的好處。

你可能會問，為什麼這些愚蠢化了的組織還能在市場中長期生存？我覺得答案是，市場競爭其實沒有讀書人想像得那麼激烈，用經濟學的話說，就是市場的效率沒有那麼高。

創立初期的公司，什麼資源都要自己爭取，品牌、商業模式和客戶關係要慢慢建立，那是絕對不可能靠愚蠢運作的。一旦這些東西已經建立起來，一套成熟的制度就是讓公司持續賺錢的保障。這個工作方法已經被證明是好用的，客戶已經接受了，為什麼不把它變成流程呢？江山已經打下來了，不需要什麼特別高明的領導人就能讓公司平穩運行，何必計較什麼叫真正的領導力？

如果不出事，大部分公司就能這麼一直生存下去。剛招進來的年輕人如果不服這一套，非得按自己的想法做事，對公司的效率反而是個威脅。打普通的仗根本不需要特別聰明的士兵，你保持隊形就行了。**愚蠢化，恰恰是效率的保障。直到遇到危機為止。**

這是對眞實世界的一個認識。

PART 3

高手的學習方法

面對這個世界，你不能一味地迎合，

要敢於任性地加入一點新東西，

但是爲了你自己的安全起見，也不要太新！

最容易被人接受的東西，

往往能在熟悉和新奇之間找到一個微妙的平衡。

第十九章

行為設計學，創造推力

幾年前有一本非常流行的書叫《推力：決定你的健康、財富與快樂》（*Nudge*），書中提到如果你能使用一些心理學的小技巧去設計一個東西，就能往好的方向引導用戶的行爲。不管你有沒有看過這本書，你肯定聽說過它的思想。我們舉幾個大家熟悉的例子：

- 在男性小便池裡印上一隻蒼蠅，就能大大減少尿液外濺，因爲人們會「瞄準」蒼蠅。
- 美國人存退休金的比例很低，但如果發工資時把默認選項設定爲存一定比例的退休金，誰想不存就要單獨提出來，那麼存錢的比例就會大大上升。
- 學生食堂裡把蘋果之類的健康食品放在容易拿到的地方，把薯條之類的不健康食品放在不容易拿到的地方，人們就會更多地吃健康食品。

這些做法的妙處在於它既不是強迫，也不是花錢收買你做什麼事，它只是利用人的心理弱點或心理特點，去引導你按照它設計的方向做事。你沒有壓力，我沒有成本，然後你高高興興地按我想的把事情辦了，心理學就這麼好使。

不過，這本書的重點是如何在公共政策上引導人民，而對於這些技術的商業應用關注的並不多。我看過一篇文章，說的是類似的技術在商業上的應用，而且非常直白地把這些技術的門道說了出來，以至於儘管我早就知道nudge，但看完這篇文章還是覺得有點觸目驚心。

簡化體驗流程，黏住用戶

如果我使用心理學技術不是讓你去做「好事」，而是去做「對我有利的事」，將會怎樣？這篇文章來自《1843》（《經濟學人》旗下一個新的文化雜誌，雙月刊，內容不錯，推薦閱讀），文章標題是〈讓APP使人上癮的科學〉（The scientists who make apps addictive），作者是伊安．萊斯禮（Ian Leslie）。

這一切起源於一個老鼠實驗。一九三〇年，哈佛大學心理學家斯金納（B.F. Skinner）發明了一個實驗裝置「斯金納箱」（Skinner Box），來研究老鼠是如何對獎勵做出反應的。實驗中老鼠被關在盒子裡，其中有個控制桿，老鼠只要一推這個控制桿，下面就會有食物出來。實驗結果是，老鼠被關進去後，一旦發現這個控制桿的作用，很快就學會去推這個控制桿。

斯金納說，人的行爲也是這樣，設計好激勵和獎勵措施，他就會聽你擺弄。這個洞見很了不起，斯金納等於是開創了心理學的一個新門派！別的心理學家都是被動地觀察人類行爲，而這一派卻是要主動左右人類的行爲！

時至今日，這一門派有了個正式的名字，叫做「行爲設計學」（Behaviour Design）。現在它的掌門人是史丹佛大學的福格（B. J. Fogg）。福格的最大貢獻在於，他把行爲設計學和電腦軟體、網際網路應用聯繫在了一起，這就造就了一個個巨大的商機。

- 教育軟體怎樣才能讓學生願意花更多時間去學習？
- 財務軟體怎樣引導人存更多的錢？
- 發個電子郵件，怎樣能讓人看完後立即購買你的產品？
- 遊戲和手機APP怎樣能最大限度地吸引你的注意力？

福格教過的幾個博士畢業以後創業都成了百萬富翁，所以人們稱福格是「百萬富翁製造者」。如果你對心理學和賺錢都感興趣，趕緊報考他的研究生。不過現年五十三歲的福格老師作爲一代宗師，對賺錢沒什麼興趣，他專注於學術，並不喜歡商業合作。

怎樣的設計才能讓人聽你的去做一件事呢？福格說了三點：

第一，這個人必須自己想做這件事——要有意願。

第二，這個人必須能做到這件事——這件事愈簡單愈好。

第三，你得提醒他做這件事——這就是一般軟體、應用和廣告做的事。

只有滿足了前兩點，你的提醒才有意義。如果他根本沒有意願，你發的廣告就會被視爲騷擾。如果他有意願買你的東西，但是你的購買流程非常複雜，他就會感到困擾，索性也不買了。

現在我們提個問題：作爲一個商家，你應該把主要精力放在提升消費者的意願上呢，還是放在簡化流程讓用戶體驗變得容易呢？我覺得這個問題的答案很值錢，作爲一位老司機，福格告訴我們：簡化流程才是你應該做的。

一般商家的直覺反應都是設法提升消費者的購買意願，鼓吹自己的東西有多好。可是改變別人的意願非常困難，如果他本來不感興趣，你花費很多口舌也難以讓他感興趣，最可能的結果是他根本不理你；而如果這個東西有很多潛在的用戶，他們本來就是感興趣的，但懶得動手，你如果能想個什麼辦法讓他們很容易就能購買，將會事半功倍。

美國總統選舉的投票率其實很低，很多人有政治立場，但是懶得花時間去投票。那麼，一個政客為了競選到各地演講，花很多錢做電視廣告，就不如在選舉日這天直接派公車把選民接出來投票！銀行與其花很多錢做廣告，說在這裡開戶有多大好處，還不如把網站流程好好設計一下，讓用戶點擊幾次就能開個戶。

獎勵隨機化，使用者上癮

如果一個用戶的意願很強，他做的這件事又特別簡單，你的提醒又恰到好處，那麼就會有一個特別好的效果，他會養成做這件事的習慣。所以什麼叫品牌？品牌就是你培養了用戶的使用習慣。

以培養使用者習慣為目標，說白了就是讓使用者上癮為目標，於是福格又給了兩個經驗：

第一是讓用戶第一次接觸你的東西就留下好印象。這就是為什麼你在頭等艙剛坐下，空姐就送上一杯香檳；這也是為什麼蘋果公司特別注重開機甚至開箱體驗。

第二是讓用戶能經常獲得成就感。比如，微博、微信這些社交網路為什麼能讓人上癮，因為你每發一個狀態都可能獲得回覆和點讚，都可能帶來新的粉絲。哪怕只有一個讚，也能給人帶來一次愉悅的情感小波動！

時不時給用戶一點獎勵，讓他獲得成就感，這聽起來很平常，但只要加入一個小訣竅，它就是一件大規模的「殺傷性武器」。

這個訣竅就是把獎勵隨機化。

我們再回到斯金納的老鼠實驗。斯金納發現，如果每次獎勵的食物都是一樣多，老鼠慢慢弄明白後，對遊戲的激情就會褪去，只在餓的時候才會去推控制桿。斯金納改變了設計，把老鼠每次推控制桿得到的獎勵變成隨機，有時候給一份食物，有時候給幾份，有時候什麼都不給。結果老鼠痴迷了，推控制桿到了上癮的程度，根本停不下來！

我在〈反脆弱式學習養生法〉這篇文章中就說過隨機性的好處，它能時刻給大腦新的刺激。我現在說的這個刺激更大。你不知道會出現什麼獎勵，每一次新的獎勵出來時，你的大腦就會分泌一次多巴胺，你就再興奮一次！

心理學家對此有一個專有名詞，叫「變換獎勵原則」（principle of variable rewards）。

在微信發個狀態，有時候有人點讚，有時候沒人點讚。過了十分鐘，有沒有新的點讚？趕緊打開手機看一眼——接收變換獎勵。這就是為什麼平均每人每天要看一百五十次手機。

老虎機已經過時了。拉斯維加斯正在使用一種新的賭博機器，是數學家幫著設計的，專門按照行為設計學給你安排各種結果的機率，重點就是要提供你加強版的變換獎勵。比如，其中一個辦法是，如果這一把你不中獎，你看到的結果很可能是「差一點就中」，其發生的機率遠遠高於正常機器的理論值，這樣你就會以爲你不是輸了，而是差一點就贏了，你會更有動力玩下去。

現在從拉斯維加斯到臉書，從老虎機到手機，都在使用行爲設計學，因爲他們有一個共同的追求：最大化你在這個設備上所花的時間。

讓人上癮，是行爲設計學最核心的目標。手機就是老虎機。

我們不禁要問，這種玩法是不是太狠了？福格出生於一個摩門教家庭，他一直追求把自己的學說用在正途上。他的學生們也在研究如何使用行爲設計學去幫助人，比如用於教育。其中一個學生創業成功賺了錢，把公司賣了，現在專門研究技術的道德問題。

技術可能沒有正邪之分……或者，就算有，至少我們現在已經知道了它是什麼。

第二十章

喜歡＝熟悉＋意外

這個時代的關鍵字之一就是注意力。不管你是媒體人、奢侈品商人還是廣告人，你都希望能吸引消費者的注意力。不管你從事什麼工作，你都希望別人喜歡你的東西。今天我們來說一個微觀的實用技術。

二〇一七年一月的《大西洋月刊》（*The Atlantic*）上有篇文章〈什麼能讓東西顯得酷？〉（What Makes Things Cool），作者是德里克・湯普森（Derek Thompson），這篇文章就回答了這個特別實用的問題。

有人認爲美是客觀的，比如，符合黃金分割比例或對稱的東西就是美的；也有人認爲美其實很主觀，沒有固定標準，正所謂「情人眼裡出西施」。這兩派說法都很有哲學味道……但不用再爭了，心理學家已經有了答案。

這是一個非常堅實的結論，有幾百項研究支持，你之所以覺得這個東西美，是因爲你比較熟悉這個東西。這個效應叫做「多看效應」（Mere Exposure Effect）。

我們這裡說的「美」未必是高大上（高端、大氣、上檔次）的那種美，簡單來說就是你喜歡，就覺得好看。心理學家在無數的實驗中讓受試者選他喜歡的東西，最後選出來的都是他熟悉的東西。所以，多看效應的意思就是：看的次數多了就喜歡了。

但熟悉和重複還不一樣，重複會導致審美疲勞。最理想的情況是，在一個意外的場合，看到自己熟悉的事物，你才會特別喜歡它。用中國話來說就是「他鄉遇故知」。反過來也對，如果你整天面對一個熟悉的事物，哪天它突然給你來點「意外驚喜」，你也會感到它特別美。

舉個例子。有個音樂推薦應用軟體Spotify，它最早的推薦演算法設計思路是只推薦用戶沒聽過的音樂。但是在內部測試的時候，程式有個bug，在新音樂之外還錯誤地推薦了一些用戶已經聽過甚至很熟悉的音樂。這樣測試了一段時間後效果還不錯。後來工程師發現了bug，立即改正，讓程式只推薦新的音樂，結果發現改正後的演算法反而沒有原來的受歡迎！

所以，你要在新奇和熟悉之間尋求一個平衡。我們並不喜歡完全陌生的東西，而是希望能從中發現點熟悉的元素。

善用MAYA，無往不利

這就不得不提到一位高手，他是「工業設計之父」雷蒙・洛伊（Raymond Loewy）。洛伊以一人之力影響了二十世紀美國人的審美，作品包括荷蘭皇家殼牌（Royal Dutch Shell plc）石油標識、灰狗巴士、賓夕法尼亞州鐵路機車、美國總統專機空軍一號的藍色大鼻子塗裝等。洛伊的設計哲學，就是「陌生又熟悉」。

洛伊發現，人確實喜歡新奇的東西，但如果東西過於新奇，又會讓人感覺到害怕。所以他的原則是「盡可能前衛，只要能被人接受」，而且還專門有個英文縮寫來命名這個原則，叫MAYA。最理想的效果就是你的設計特別大膽，而觀眾還能立即理解。

你應該記住這個MAYA原則，它的應用範圍非常之廣。湯普森舉了好幾個例子。

比如，如果你是科學家，要寫一個課題計畫去申請研究經費，你就應該先考慮一下這個MAYA。有人做過一個實驗，找人寫出幾個人們熟悉程度不同的各種課題計畫，隨機交給專家評審。結果發現，被專家打分最低的恰恰是那些想法全新的計畫！不都說要鼓勵大膽創新嗎？眞實情況是「新可以，但是不能太新」。當然，那些毫無新意的計畫得分也很低。實驗證明，最容易獲得經費的課題，是在現有已成熟的概念之上的改良式創新。

這大概就是為什麼革命性創新往往一開始是不受到支持的。人都有點保守的傾向，學術界也是如此。

就連風險投資界都能被MAYA左右。有研究表明，如果一家創業公司的想法過分新穎，投資人根本看不懂，那麼他就一定不會出錢；如果概念太老，也沒法獲得投資。最容易獲得投資的創業思想，是把過去已被市場證明可行的想法用在一個新的領域。

比如，eBay 已經廣為人知了，現在你發明一個商業模式叫 Airbnb，讓人旅行時可以住在當地人的家中，而不必去住旅館。那你怎麼向投資人解釋 Airbnb 呢？你可以說：「Airbnb 就是租房界的 eBay。」

等到 Airbnb 大獲成功了，又有人想出一個商業模式叫 Uber。怎麼向投資人解釋 Uber 呢？「Uber 是計程車界的 Airbnb。」

那麼，下次你想出一個什麼新的商業模式，就可以跟投資人說這是「××界的 Uber」。

而電影界的MAYA則可能有點過分保守了。湯普森說，美國電影在過去十六年間，有十五年的票房冠軍要嘛是老電影的續集，要嘛是暢銷書的改編，幾乎都不是原創劇本。老人物、老故事，都和漫威的漫畫一樣千篇一律，全是俗套的老ＩＰ㉖。這顯然是因爲美國大片的投資金額巨大，投資人不敢輕易冒險。老ＩＰ就算沒有驚喜，至少能保證票房。

湯普森問，電影人爲什麼不向電視劇學習呢？美國電視界近年的套路是「新人物、老故事」，一開始的故事框架讓你很熟悉，但是其中人物性格和行事方式能爲你帶來驚喜，結果劇情就非常不一樣。這就是爲什麼美劇的劇情比美國電影先進。

工業設計大師洛伊曾參加美國太空總署ＮＡＳＡ第一個太空站的設計，他想方設法把太空站內部設計得有點像地球上的房屋，給太空人增加一點熟悉的感覺。最關鍵的一點是，洛伊堅決要求給太空站安裝一個視窗，讓太空人能夠時刻看見地球。

在太空的陌生環境中，能看一眼地球是多麼大的安慰啊。

在「學習區」刻意練習

如果你對「刻意練習」這個概念比較熟悉，你會馬上意識到，所謂的「熟悉和新奇之間的平衡」，不就是我們常說的「學習區」嗎？

心理學家把人對外界的感知分爲三個區域，最裡面一層是「舒適區」，是我們熟悉的事物；最外面一層是「恐慌區」，是我們完全陌生的事物；「學習區」在舒適區和恐慌區之間，

㉖ＩＰ為intellectual property（智慧財產權）的縮寫，可以是故事、一個形象或一種流行文化，可以改編成電影、電視劇本、線上遊戲，都可以稱為ＩＰ。

既有熟悉感，又有新意。刻意練習一定要在學習區進行。

「喜歡＝熟悉＋意外」的理論就相當於把學習區的原理推廣到其他領域。我們不但應該在學習區練習，而且應該在學習區研究、工作和娛樂。

關鍵的一點就是你要敢於從舒適區往外走一步，但還不能走太遠。面對這個世界，你不能一味地迎合，要敢於任性地加入一點新東西，但爲了自己的安全起見，也不要太新！

最容易被人接受的東西，往往能在熟悉和新奇之間找到一個微妙的平衡。

第二十一章

學習不簡單，兩種技能增長曲線

經常有人想把青春獻給物理學或者別的學問，讓我給點建議。我不想說什麼具體的戰術，只想介紹一個戰略性角度的思維。

技能水準的成長類型

我要分享兩篇並不新的文章。

一篇是大衛．布魯克斯（David Brooks）在二〇一四年發表於《紐約時報》的專欄文章，〈增長的結構：學習可不是簡單任務〉（The Structures of Growth: Learning Is No Easy Task）。布魯克斯是我最喜歡的作家之一，也是《紐約時報》上最值得閱讀的專欄作家。

一篇是斯科特．揚（Scott Young）在二〇一三年發表的部落格文章〈兩種增長類型〉（Two Types of Growth）。這位斯科特．揚並非無名之輩，他曾用一年時間完成麻省理工學院電腦系的四年本科課程，還出了一本書，而且這本書還被翻譯成中文，名叫《如何高效學習》（*Learn More, Study Less*）。

事實上，布魯克斯的專欄是受到揚的啓發而寫的，兩篇文章說的是同一件事：技能水準

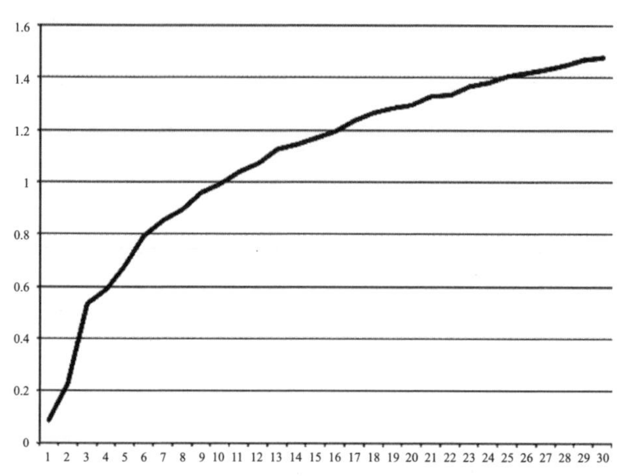

的成長，其實有兩種不同的類型。

對數增長

這個技能初期的進步速度非常快，到後面則愈來愈慢，最後幾乎是一個平台期，哪怕你付出極大的努力，也只能獲得一點兒小小的突破（參上圖）。

體育運動就是這樣的情況。四年前，我有一次心血來潮，決定每天跑樓梯（我的辦公室在物理系九樓）健身，而且每天記錄成績，紀錄現在還儲存在我的 Evernote 裡。最初需要一分二十秒，兩、三天後就達到一分十五秒以內，兩週不到就達到一分鐘之內，後來的最好成績是五十五秒。

所以健身也好、減肥也好，最初一段時間的那種感覺真是特別愉快，進步神速！當然，我比較懶，後來就不跑了。過了半年又跑了一次，成績是一分十二秒。也就是說，人的身體似乎能迅速適應一個新項目，但如果不堅持就會退步。

而對頂級運動員來說，進步將會愈來愈難，到了職業水準，明星和普通隊員的差異就只有一點點。

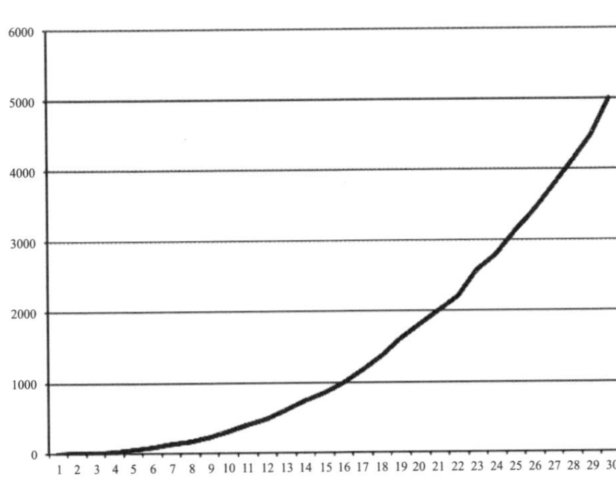

學習外語也是類似的情況。初期花不了多少時間，掌握幾百個最基本的單字就能獲得一定的交流能力，但要想達到在各種場合下運用自如的本地人水準，卻是難上加難。

指數增長

從你開始做這件事情之後的很長一段時間內，幾乎沒有任何能讓外人看出來的進步。一直到某個時候，你就好像突破了一個障礙，水準一下子就顯現出來了，然後還愈增長愈快（參上圖）。

很多技術進步就是這樣。在研發的最初階段有很多困難要克服，要嘛性能不佳，要嘛成本太高，要嘛市場不認可，甚至根本看不到什麼希望。慢慢摸索反覆運算，性能愈來愈好，成本愈來愈低，直到有一天被市場廣泛接受，然後就是爆發式的增長。摩爾定律（Moore's law）就是典型的指數增長。

企業的成長、個人財富的增加，乃至你的部落格點擊率的增加，大體也都符合指數增長。這背後的原理當然是正回饋：你的錢愈多、聲望愈高，進一步增長的機會也愈大。

布魯克斯在文章中還補充了幾種其他的增長模式，比如階梯式的增長，有增長期、平台期、突破平台期、在一個更高的水準上繼續增長……但是，對數增長和指數增長這兩種最基本的模式，已經能幫助我們理解很多事情了。

學術研究，比如做物理學研究的技能是指數增長的。你需要經過很多年艱苦的訓練，在這期間內你也許學會一大堆數學和物理知識，但距離從事科研仍然很遙遠。我還記得上大三的時候，面對一篇物理論文根本看不懂的那種心情。你學了很多年物理，但是沒有任何可見的痕跡。

一直到了研究生階段，不知道怎麼回事，突然間發現自己幾乎什麼論文都能看懂了。然後就是突然自由了，可以自己做研究寫論文，而且覺得這些也不是什麼難事。這時，江湖上就多了這麼一個人。而沒有經過前面那麼多年不可見的努力的人，永遠也到不了這個水準。

脫離舒適區，持之以恆

爲什麼有些人小時候走到哪兒都被誇聰明，長大後就不行了呢？因爲他引以爲傲的經歷其實是對數增長。一個兩歲小孩會背誦唐詩，一個三歲小孩能把圓周率背到一百位，這種技能在家庭聚會上絕對是亮點節目，但這些是沒有什麼上升空間的技能。各種棋類、武術這些經常被人當做業餘愛好的項目也都是對數增長——打敗身邊朋友、贏得稱讚很容易，成爲職業選手卻非常難。這種項目的回報太容易，所以有些人一輩子都在回憶中學時代的成就。**想要從對數增長的詛咒裡突破出來，你必須學會主動脫離自己的舒適區。**

指數增長最大的風險則是中途退出。有個笑話說，有一個人現在有一個雞蛋，可以等它孵出小雞，然後雞生蛋蛋生雞，最後他就有了一個養雞場，打開通往財富之路，結果話還沒說完雞蛋就打碎了。當然，這只是一個笑話，在現實中，絕大多數人都退出了，而且在絕大多數情況下，退出是正確的選擇。如果你非要選擇這個指數增長的項目不可，一定要有耐心和恆心，做好面對困難的準備。

所以**在選擇任何技能之前，應該先考慮好它的增長模式，以及你能否承受這個模式**。

這個增長曲線的規律未必精確，但是非常有科學精神。最重要的一點，曲線是客觀的！當你進展慢或者進展快的時候，你應該知道這與你個人其實沒有太大關係，和外部環境也沒有太大關係，純粹是由這個事業的自身規律所決定！

持之以恆，成功運跟著來

我們先講個故事。從前有個數學家，我們姑且叫他老王。老王年輕的時候發表過許多重要的論文，在中國數學界算是一號人物，很早就獲得教授職位，事業可謂是一帆風順。

如今的老王年近六十，兼任學校和社會上幾個領導者職務，做科研已經不用自己動手，平時指導一下研究生和博士後們就行了。學校方面正在多方公關，想把老王運作成中科院院士，作爲大學的門面。

可是外人不知道，老王近年來一直有個心病，他四十歲以後就再也沒做出過重要的數學發現。他的工作非常忙碌，可他知道自己忙的並不是一線的數學研究。他感覺似乎正在遠離數學的前沿，有時候課題組裡討論個什麼問題，他甚至有點跟不上思路。老王經常想起年輕時的幹勁和激情、解決一個問題的那種快樂，他感到悵然若失。

「不服老不行啊，」這天晚上，老王又在家裡暗自嘆氣，「科研畢竟是年輕人的天下，就像足球運動員一樣，該退役就得退役。而我現在的工作，就相當於球隊的教練和經理。」老王拿起手機，想看看群組裡的年輕人又發了什麼朋友圈。

老王目瞪口呆。

朋友圈和同學群都被他的大學同學老張洗版了。老張剛剛做出一項重大的數學發現，一夜之間成了全球新聞人物！

老張當年在大學表現優異，與老王可謂是一時瑜亮。可惜後來在國外留學，與導師相處不融洽，拿到博士學位後並沒有找到合適的學術職位，幾經輾轉，甚至擔任過餐廳的會計。老王和老張已經幾十年沒聯繫了，他只是從朋友口中得知老張混得不好。

可現在老張居然解決了這麼重大的問題！老王百感交集。

老王的夫人回到臥室，看到老王拿著手機的手居然在發抖。「你怎麼了？」夫人問。「將來的數學史上肯定有老張的位置……可是又有誰會記得我老王呢？」

你可能已經猜到，故事裡說的老張就是張益唐，他五十八歲這年在「孿生質數猜想」上做出了重大突破。當然，老王這個人物是我虛構的。

創造力與年齡無關

我講這個故事並不是爲了讚美老張，更不是要諷刺老王，其實我認爲老王對數學也做出了重要貢獻，而且培育出許多學生。我講這個故事是爲了討論一個純技術問題：年齡對科學家來說，到底有多大意義？

《華盛頓郵報》（*The Washington Post*）在二〇一六年十二月十日發表了一篇文章，標題名爲〈不要放棄：老人也能取得創造性突破〉（Don't give up: Older people can have creative breakthroughs），作者阿爾伯特—拉斯洛．巴拉巴西（Albert-László Barabás）是美國東北大學（Northeastern University）的網路科學教授。這篇文章並不是什麼心靈雞湯，講的是巴拉巴西本人嚴肅的學術研究。中國讀者對巴拉巴西這個人可能有所耳聞，他的兩本書《鏈結》（*Linked: How Everything Is Connected to Everything Else and What It Means for Business, Science, and Everyday Life*）和《爆發》（*Bursts: The Hidden Patterns Behind Everything We Do, from Your E-mail to Bloody Crusades*）都有中文版，而且都是值得一看的好書。

巴拉巴西先介紹了兩位前人的研究。

二十世紀八〇年代，有人考察了從古代到現代兩千零二十六位不同領域的著名科學家，研究他們是在什麼年齡做出突破性的貢獻。結果發現，大部分人取得突破的年齡都在三十九歲左右。

後來，又有人專門考察了一九〇〇至二〇〇八年間五百二十五位諾貝爾獎得主，統計他們做出獲獎發現的年齡。結果發現，大部分人是在四十多歲做出關鍵發現，這個年齡比前面那個研究的結果要大一點，顯然是因爲近代的人受教育的時間延長了。

那麼，我們是否就應該說一個學者學術生涯的巔峰年齡是四十歲呢？從事科研眞的和踢足球一樣嗎？那老張爲什麼能在五、六十歲的時候打進世界盃的關鍵進球呢？

難道老王年輕時候厲害是正常的，因爲他那時體能充沛；老張六十來歲了還能進球是不正常的，他只不過是偶然激發了靈感？

巴拉巴西的研究與前人不同。他覺得只看最頂尖科學家的話，樣本太少，他乾脆考察了幾萬個科研工作者，分析大數據。

他發現，科研工作者生產力最強的時候是他們職業生涯的前二十年，也就是從研究生到四十多歲這段時間。這是學者們論文產量最高的「黃金二十年」；而在職業生涯的三十年以後，也就是等到了五十多歲，產量就會急劇下降，每年能發表的論文數量降到了年輕時代的六分之一。

所以，科研似乎的確是年輕人的項目。

但巴拉巴西這個研究的特別之處還在於他不僅考察了總產量，還考察了品質。他問了一個非常簡單的問題：你是在什麼時候發表了整個學術生涯中最有影響力的那篇論文？

結果非常意外。一個學者取得他最重大的成就既不一定是在年輕的時候，也不一定是在年老的時候，而是完全隨機！

如果你說這個重大成就靠的是靈感，那巴拉巴西的結果就是：靈感與年齡無關。

不堅持則退

比如說，二〇〇四年諾貝爾物理學獎的一位得主就是憑藉研究生時期的一篇論文獲獎，那是他平生發表的第一篇論文，而另一位諾貝爾化學獎得主則在七十多歲做出獲獎的研究。他本是耶魯大學教授，當時耶魯大學規定七十歲強制退休並且關閉實驗室，他在退休之後堅持做實驗，竟因此得了諾貝爾獎。所以那些五十多歲就沒有重大發現的人並不是他們太老、腦子不夠用、沒有靈感了，而是因爲他們不做了。

做科研不是踢足球。巴拉巴西說，人的靈感和創造力並不會隨著時間的流逝而下降。**你無法取得成就的眞正原因並不是失去了創造力，而是沒有堅持下去**。如果持之以恆，你的創造力不會辜負你。

老王未必沒有體能，但真正表現了體能的是老張。

「平均人」這個概念沒什麼意義，你不應該用整體的平均表現來代替個人。按照科學家整體的平均表現，五十歲以後的確就不行了，那你就解釋不了張益唐。巴拉巴西把統計方法做了改進，才得出不同的結論。統計不是不行，但是非常容易誤導。

不過我更想說的一點是，所謂科研靈感，到底是什麼東西？

巴拉巴西只是強調了隨著年齡的增長，一個人的創造力並沒有減退。我想強調的一點則是隨著年齡的增長，一個人的創造力似乎也沒有增加！這個研究說的是做出最大貢獻的年齡完全是隨機的。

這說明，靈感其實有很大的運氣成分。

我們可以把科研工作比做挖金礦。你到處挖礦，運氣好的時候，一下子就發現一個大金礦，運氣不好的時候，在很長一段時間內你都沒有什麼收穫。當然，你可以慢慢對金礦的走勢有個感覺，就如同高手的確善於科研選題，可是你永遠也否定不了運氣。

而對科研這個項目來說，運氣怕勤奮。只要你挖的地方比別人多出許多，你挖出金礦的可能性也會比別人高很多。老張年輕時運氣不好，可是他一直都在挖，最後終有收穫。老王五十歲以後不挖了，大概不是因爲他體能下降，而是因爲他的行政工作太多了吧？

你認爲你是老王，你就是老王；你認爲你是老張，你就是老張。

第二十三章

活用資訊管理，事半功倍

只要你從事腦力工作，不管具體做的是什麼，你做的其實都是同一件事：吸收大量外界資訊，讓這些資訊在你頭腦中發生化學反應，然後創造新資訊。以前我做物理研究，現在我是科學作家，都是在和資訊打交道。我想分享一點資訊管理的經驗。

資訊管理在於儲存記憶

有關資訊管理，大概有兩種錯誤的思想。

一種是想要用大腦記住資訊、強調記憶力。現在有各種記憶術、記憶力培訓班之類的就是由此而來。在網路時代，這個依靠蠻力的思想實在太落後了，**人腦應該用來想事情，不是用來記事情的**。我寫過一篇文章叫〈超強記憶力是一個邪道功夫〉，這裡就不細說了。

另一種是強調搜尋，指望什麼資訊都臨時去網上找，這就太業餘了。比如你看到一篇有價值的文章，只要你覺得將來可能還需要再看這篇文章，就應該把它保存下來，而不能指望日後再去搜索。你可能會忘記關鍵字，甚至把整件事都忘記。

正確的做法是使用一個外部系統，專門儲存個人化的資訊。

所有學者都是這麼做的。過去人們使用筆記本和檔案櫃，現在我們有更方便的工具。

我用的工具是Evernote，已經用了七年。Evernote在中國的版本叫「印象筆記」，我用的是國際版，但功能應該都是一樣的。

下面我就以Evernote爲例，講三個資訊管理經驗。

搜集

人腦很不擅長提取記憶裡的東西，但是很擅長識別東西。如果讓你列舉你所知道的所有美女，你大概一時之間說不上來多少個，但是當你看到一位美女的時候，你馬上就知道這是美女。所以我們要專注於識別，而讓電腦幫著提取。

看到任何可能有價值的資訊，我的第一反應都是保存在Evernote裡。Evernote有自己的伺服器，所有內容都同時保存在本地和雲端，可以跨平台保存和提取。它有自己的瀏覽器外掛可以抓取網頁內容，它在手機裡和每一個涉及閱讀資訊的APP幾乎都能對話，你還可以用發郵件、拍照片和錄音的方法搜集資訊。

提取資訊最好的辦法是搜尋。IBM做過一個研究，讓人去找一封電子郵件，有的人喜歡搜尋，有的人喜歡平時就把郵件分類。結果搜尋的人平均只需要十七秒可以找到想要的郵件，而分類的人則需要五十八秒。

不過，一定程度的分類也是必需的。生活用檔案應該單獨放在一個目錄（Evernote中叫「notebook」）下，報稅資料也應該單獨放一起。凡是你需要回頭批量瀏覽的內容，都應該有自己的目錄。以寫作爲例，我的Evernote中有如左圖幾個目錄。

∨ 寫作
111Iidea 項目建議
Idea 片段
寫書規畫
寫作心得
已發表
草稿

任何時候產生一個有可能變成一篇文章的想法，我就在「Idea 項目建議」這個目錄下新建一條筆記；如果這個想法只適合在某篇文章裡做素材，那就進入「Idea 片段」。

搜尋的精神在於有了高級管理工具，你就應該把任何可能有價值的東西都記錄下來。Mathematics[27]的發明人史蒂芬・沃爾夫勒姆（Stephen Wolfram）甚至具體到把自己在鍵盤上每一次的按鍵動作都記錄下來。我覺得這有點誇張，但他這個精神是對的。記下來了，你就不用惦記它。這其實也是解放大腦！

合作

Evernote 還是個很好的圖文編輯器。我有個朋友以前做編輯，後來辭職自己寫作，很成

---

[27] Mathematics 是由史蒂芬・沃爾夫勒姆旗下公司 Wolfram Research 所開發的一款數學軟體，具有強大的符號運算和數值運算能力。同時，Mathematica 也是一種獨特的程式語言。

功。他說我交給他的稿子都是清爽漂亮容易編輯的文字檔，問我是怎麼用 Word 做的呢？

我說，專業作家不應該用 Word 寫作。Word 也許是個排版工具，但肯定不是寫作工具。我寫書用 Scrivener，寫短文都直接用 Evernote。Evernote 能直接把文章處理成 html 文字檔，發給任何一個人，對方根本不需要安裝什麼軟體，在任何平台用瀏覽器直接就可以打開，而且所有文本格式都保留了。

Evernote 還允許你公開分享任何一項筆記。只要發個連結，所有人都能訪問這項筆記。更重要的是，Evernote 允許幾個人共用一個目錄。左圖這幾個目錄是我寫《精英日課》專欄用的。

v 得到專欄
B 素材——得到專欄
Draft——得到專欄
交稿——得到專欄
已發布——得到專欄

我和專欄主編及《羅輯思維》的幾個同事共用了其中「交稿」和「已發布」兩個目錄。寫好一篇文章我就放在「交稿」目錄中，主編隨時能看到、隨時能修改。哪些文章已經發布、還剩下哪些文章可以發，所有相關人員都一目瞭然。我簡直無法想像如果都用電子郵件交流，得多費多少力氣！

接著，左圖這些目錄是我的讀書筆記。

v 讀書筆記
- 000 錄音筆記
- Merged 錄音筆記
- 書名摘錄
- 已整理錄音筆記
- 已整理讀書筆記
- 錄音整裡
- 新讀書筆記

我現在讀書量太大，只能用錄音方法記筆記，然後請助手把錄音整理成書面文檔。我讀一段書，有什麼心得感想就直接用 Evernote 錄音，把錄音保存在「錄音筆記」目錄下。我的助手隨時能看到，有時間就幫我整理。我不用特意告訴她新錄了哪些筆記，她也不用告訴我整理到哪裡，所有工作進度一看便知。

主編、助手和我在不同的地方、甚至不同時區工作，但我們一交流都是在說大事，幾乎不用花時間做什麼技術性的協調同步。

創造

最後說兩個 Evernote 的高級功能，是用來思考創造的功能。我們還是以寫作爲例。

唯一的希望，是新技术，新机会带来的新势力崛起。比如飞机取代火车，，美洲新大陆等 - 但就是这样，精英一旦确认了这个机会，仍然可以在很早期就能跟进投入。

Your Ancestors, Your Fate

Social Animal 一书，说贫困其实是一个 emergence system。不能单一解决。这就是为什么要建KIPP这种全包的学校来彻底改变一个人。可是 The Why Axis: Hidden Motives and the Undiscovered Economics of Everyday Life by Uri Gneezy and John List **ch 5 的实验似乎说穷人学校还是有希望的？不过实验中特别强调了对家长的培训。**

甚至有本书专门说这个： How much does social mobility ever change?

Solidot | 报告称2010年中国基尼系数0.61

The Great Gatsby Curve - NYTimes.com

Are food stamps the best macro stabilizer?

本文似乎应该重点谈穷人的思维模式，或者就这个问题另起一篇文章，一个切入点是为什么穷人更胖？参考以下几篇文章：
How Poverty Taxes the Brain - Emily Badger - The Atlantic Cities
Why Do Poor People Tend To Be Fatter?Controversial News, Controversial Current Events | Intentious
Rich And Poor Kids Eat Same Diet, Poor Get Fatter
The Economics of Obesity: Why Are Poor People Fat?
Childhood obesity is falling
肥胖者教育程度低是因为肥胖者不上学

参考Scarcity: Why Having Too Little Means So Much by Sendhil Mullainathan and Eldar Shafir **一书。**
The human side of poverty: Why poor people make bad decisions - latimes.com
Your Brain on Poverty: Why Poor People Seem to Make Bad Decisions - Derek Thompson - The Atlantic

另外The Social Animal: The Hidden Sources of Love, Character, and Achievement **书中则提到，贫困是一个 emergence problem，所谓涌现现象，不是单一因素所决定的，必须从文化上脱贫。**

第一個功能是，你可以在一項筆記中插入另一項筆記的連結。這個功能很簡單，但是意義重大。

從二〇一二年開始，我對貧富差距增大這個話題非常感興趣，一直想寫篇文章來解釋爲什麼現代社會的貧富差距會愈來愈大。我的做法是先在「Idea 項目建議」目錄中建立一項筆記占位置，然後一遇到相關素材，比如新的研究結果，就把保留那個素材的筆記連結到這裡。

上方截圖是這項筆記的一部分，其中每一條連結都指向一個相關素材。就這樣幾年時間內，我搜集了好幾十條素材，想的愈來愈多，雖然文章到現在也還沒動筆，但這個思路是清楚的，不成熟的想法就先放著，慢慢積累，什麼時候素材夠了、自己想明白了，就什麼時候動手。而 Evernote 的關鍵作用在於平時不用惦記這個想法，它老老實實地待在那裡，你隨時有新東西都可以去補充它。這不僅僅是寫作的技巧，還是借助一個外部工具把想法壯大起來的方法。

其實我還需要一個功能：自動告訴我一項筆記都被哪些筆記引用過。這能引發更多聯想，希望將來 Evernote 能有這個功能。

第二個功能是，Evernote 能透過可能是辭彙匹配之類的演算法，自動發現一項筆記的「相關內容」。

《大西洋月刊》上有篇文章介紹了心理學家保羅．布倫（Paul Bloom）的新書《失控的同理心》（*Against Empathy*），這本書說的是同情心氾濫對現代社會的害處。我把文章保存在 Evernote。然後 Evernote 就根據筆記的內容，自動發現了六項「相關內容」（Context），其中三項來自我以前的筆記，三項來自最近的媒體文章。

這至少告訴了我三件事：

一、這位布倫早在二〇一三年就在《紐約客》（*The New Yorker*）雜誌發表過一篇類似的文章。我看過那篇文章還保留了，但是現在全忘了。

二、文章中提到精神病人的決策能力可能更強，而我之前讀過的一篇書評也講過類似的觀點。

三、布倫最近還在《華爾街日報》上發表文章，介紹他這本書。

我沒有做任何搜尋，這些都是 Evernote 主動告訴我的。更重要的是，Evernote 已經是在模擬人腦的思維！人腦發揮創造力最重要的一個手段，就是把兩個不同的想法連接起來。這個連接愈是意想不到，創造出來的東西就可能愈有意思。想要讓想法連接，你得先擁有很多很多想法才行，而現在你可以把想法寄存在一個外部工具裡，讓電腦幫你建立連接！

但是 Evernote 做得還不夠好。另一個工具 DEVONthink，能用更複雜的演算法提供更多的相關內容，而且還有量化的相關度評估。可是 DEVONthink 的其他功能實在遠遠不如 Evernote……所以我特別希望 Evernote 收購 DEVONthink。

無論如何，有這樣的工具等於是用「電腦輔助寫作」。這就是爲什麼《精英日課》專欄能做到每日更新，我永遠不缺資料，煩惱是資料太多怎麼取捨。我完全不擔心有什麼人工智慧寫作軟體，我希望這些軟體愈強愈好，爲我所用。

希望讀者能把 Evernote 用在平時的學習、工作和研究中。但我更希望看到更多人使用這些方法，寫出有內容、有嚴肅研究結果支持的好文章。那些無病呻吟的雞湯文字根本配不上這個時代。

而現在如果有哪個作家還在用複印和剪報搜集資料、用 Word 寫文章，他面臨的是我這樣的作家的不公平競爭。

PART 4
高手如何做決策？

決策，是在面對不容易判斷優劣的幾個選項時做出正確的選擇。
到底該怎麼決策呢？希思兄弟提出四步驟：
第一步是看看自己有哪些選項，
第二步是評估每個選項的優劣，
第三步是從選項中選擇一個，
第四步是對未來的不確定性要有一定的準備。
而增加選項的最簡單方法，就是看看別人怎麼做。

第二十四章　優質決斷力四部曲

科學決策是一門學問。有很多很多關於決策的相關研究，但是有關決策的知識還遠遠沒到普及的程度。我們借助一本書來講講有關決策的研究和知識——奇普．希思（Chip Heath）和丹．希思（Dan Heath）的《零偏見決斷法》（*Decisive: How to Make Better Choices in Life and Work*）。這本書的作者是兄弟倆，奇普．希思是史丹佛大學商學院教授，丹．希思是杜克大學社會企業成就中心（Center for the Advancement of Social Entrepreneurship, CASE）中心的研究員，兩人都是研究企業管理的。

我特別喜歡希思兄弟的書，他們的風格比較學院派，邏輯嚴密，隨時列舉大量的研究結果和真實案例，技術含量和思維密集度非常高。如果他們兩個就某個課題寫本書，那你基本上可以放心，關於這個課題，目前學術界所知道的、你能知道的，都在書裡了。

我們先說說什麼叫「決策」。

你會「拿主意」嗎？

有一個事實說出來可能有點無奈，絕大多數人一輩子也沒做過多少決策。老闆給你一個任務，你把任務完成了，你沒有決策；兩個東西價格差不多，一個品質好一個品質差，你選擇了品質好的這個，這不叫決策。

決策，是在面對不容易判斷優劣的幾個選項時做出正確的選擇。說白了，決策就是拿個主意。但我們的日常生活都是隨波逐流、按部就班，要求做什麼就做什麼，或者該做什麼就做什麼，根本談不上決策。決策是一個非常糾結的心理過程，你上一次非常糾結地拿主意是什麼時候？

我們知道丹尼爾・康納曼的《快思慢想》這本書裡講了很多有關決策的知識。最近出了本新書，叫《橡皮擦計畫：兩位天才心理學家，一段改變世界的情誼》（*The Undoing Project: A Friendship That Changed Our Minds*），是康納曼和他一生的研究合作夥伴阿莫斯・特沃斯基（Amos Tversky）的傳記，如果你讀了這本傳記，你就會有一個疑問，康納曼和特沃斯基整天研究決策，可是他們一生之中並沒有做過多少次決策。

有權力或者能掌控自己事業的人，才整天做決策。一般人決策的機會很少，無非就是選擇什麼專業、和誰結婚、加入哪個公司。也正因爲決策的機會少，人們就不太重視，也不太擅長決策。

有的人爲了幾十塊錢的東西貨比三家，面對人生重大選擇卻異常草率。這大概就是隨波逐流慣了，不講究決策科學，而且缺乏決策意識。

那有了決策意識、知道該拿個好主意的時候，到底要怎麼決策呢？我們先說一個比較常見的做法。

這個方法大概還是美國國父班傑明・富蘭克林首創的。富蘭克林把這個辦法叫做「道德算數」（moral algebra）。比如你面臨一件事情不知道該做還是不該做，這時你可以找一張紙，中間畫一條豎線，在左邊寫下做這件事的理由，在右邊寫下不做的理由。寫好之後，你再權衡兩邊的理由。如果有兩個對立的理由重要性對等，你就把它們都劃掉，最後剩下的理由哪邊多，你就選擇哪邊。

我有一篇文章叫〈數學家告訴你爲什麼難得糊塗〉，其中提到達爾文在考慮要不要結婚的時候，也使用了這個辦法。雖然連大人物都這麼做，但我們今天要說的是，這個「道德算數」法並不是最好的決策方法，它甚至談不上是個科學決策法。我們看看好的決策是什麼樣的。

英國化學家的工作選擇

英國化學家約瑟夫．普里斯特利（Joseph Priestley）以對氧氣的早期研究聞名於世，希思兄弟在《零偏見決斷法》一書裡講了他當初的一個人生決策。

普里斯特利本來是個牧師，這個工作很穩定，社會地位也高，年薪是一百英鎊。普里斯特利是個很有意思的人，他的興趣非常廣泛。在化學方面，他至少發現了十種氣體，包括氧氣、氨氣和一氧化碳等。他還對政治運動和神學感興趣，寫過很多著作，而且是個很好的教育家。個人生活方面也很成功，他有八個孩子。

但是這就有個問題：錢不夠花。一七七二年，有一位大亨，謝爾本伯爵（2nd Earl of Shelburne），給了普里斯特利一個工作offer：你能不能全家都搬到我家，當我孩子的家庭教師，同時也當我的顧問，年薪兩百五十英鎊。

這位謝爾本伯爵可不是一般的富豪，他有權有勢非常高調，後來還當過英國首相。打個非常不恰當的比方，這就相當於你是今天的大學教授，年薪二十萬元，有一天，有個富豪邀請你去當他兒子的家庭老師，同時也算是他的顧問，年薪五十萬元。那你去不去呢？

這個 offer 有利有弊，普里斯特利沒有貿然決定，他找了幾個人幫自己拿主意，其中就包括班傑明．富蘭克林。富蘭克林給普里斯特利的建議就是「道德算數」法：找張紙做做利弊分析。

好處非常明顯：工資高，對家庭很有幫助。但是壞處也很多：首先，普里斯特利在里茲過得很舒服，接受這份工作就得搬到倫敦；更重要的是，他不知道這份工作會占用他多少時間，他還能不能有時間做自己的研究。還有，這位謝爾本伯爵是什麼脾氣？普里斯特利去了會不會被當成家臣和僕人？如果將來兩人關係不好，普里斯特利又當如何？

所以如果按照富蘭克林的辦法做利弊分析的話，普里斯特利應該拒絕這份工作。

這個辦法其實是個被動決策法。假設所有的條件、資訊都擺在桌面上了，僅根據這些條件和資訊做決策，那剩下的當然就只是一個算數問題。

但是，普里斯特利使用了更積極的決策辦法。首先，他積極尋求更多的資訊。他向自己的朋友尋求建議，朋友說你千萬別去，你去了就成了貴族的附屬，就沒有學者的獨立性了。普里斯特利接著又詢問了自己不太熟悉、但更了解謝爾本伯爵的人。他發現，愈是了解謝爾本伯爵的人，就愈是勸他接受這份工作，他們都說謝爾本伯爵的人品很好。

再者，普里斯特利沒有被動地二選一，他積極改變選項。他向謝爾本伯爵提出兩項要求：第一，我能不能指定一位教師在你家教書，我自己仍然住在里茲，遠端操控這個教師，只在你眞正需要我的時候，我才臨時去倫敦；第二，如果將來我們兩人的關係鬧僵，我這個工作不能做了，你也要保證每年給我一百五十英鎊，終生不變。

我不知道今天的大學教授們有多少人能對權貴提出這樣的要求，但是普里斯特利提了，而且謝爾本伯爵同意了。這件事的結局是普里斯特利接受了offer，給謝爾本伯爵當了七年家庭教師和顧問，這七年時間他過得自由自在，取得了很多學術成果。七年後，不知道什麼原因，兩人分手了，而謝爾本伯爵果然繼續每年給普里斯特利一百五十英鎊。

這件事最値得我們學習的，是普里斯特利的決策過程。

科學決策四步驟

希思兄弟總結，科學的決策一共分成四步，其中的每一步我們都有可能犯錯，克服這些錯誤就是成功決策的關鍵。

第一步是看看自己有哪些選項。一般人的做法是從現有選項裡選擇，而正確的做法是想想你能不能給自己增加幾個選項。就像普里斯特利一樣，想要高收入，還想繼續住在自己家保持獨立性，原來的條款不允許他這麼做，但是他透過談判替自己增加了遠端工作這個選項。

第二步是評估每個選項的優劣。人們在這一步常犯的錯誤是「確認偏誤」，即如果你先入爲主已經有了看法，如你已經「喜歡」某個選項，你就可能會不顧事實地堅持這個選項。而普里斯特利的做法是，向很多人尋求意見，對自己的工作前景獲得一個客觀的評估。

第三步是從這些選項中選擇一個。在這一步人們常犯的錯誤是被自己的短期情感左右。

比如一份新工作，許諾了你一筆很高的工資，這個高工資就有一個特別大的吸引力，你從情感上會特別想拿這筆錢。這時候你一定要從長遠考慮。

第四步是對未來的不確定性要有一定的準備。首先做人要信守承諾，答應了就要履行；但任何決策都不可能百分之百正確，如果將來出現變故，你得有所準備。我們在做決策時常犯過度自信的錯誤。而普里斯特利事先就想好了，如果將來這份工作做不下去了，全家人的生活怎麼辦？然後他要求一份一百五十英鎊的固定收入，等於是要了一份保險。

你可能會說，普里斯特利談下來的條件也太好了，自己根本做不到；我們這裡的重點不在於具體的條件，而是決策方法。這是一套積極主動的決策法！像普里斯特利這樣的人，永遠積極主動，絕不循規蹈矩，富蘭克林給的建議也沒當回事，和未來的英國首相都能討價還價，做什麼事情都肯定能超出你的預期，兩百五十英鎊一年還眞不算貴。

希思兄弟把這四步決策過程的指導思想總結成四句話：

一、擴充你的選項。

二、用現實檢驗你的觀點。

三、從長遠考慮。

四、爲決策錯誤做好準備。

簡單來說，這四步就是：第一奇計百出，第二實事求是，第三從長計議，第四未料勝先料敗。古代最厲害的謀士，也不過如此吧？

我有一段時間對股票很感興趣，讀過一些關於炒股的書，也曾經實際操作。我看很多炒股的人說炒股要有一個「操作紀律」，就是要和自己的本能與直覺鬥爭。炒股的操作紀律和希思兄弟的這四步決策法有些共同之處。

一、**擴充你的選項**：這就是說選股的時候眼界要寬，不要只盯著那幾支熱門股。

二、**用現實檢驗你的觀點**：新手常犯的錯誤是自己手裡持有什麼股票，就只愛看這些股票的好消息，聽不得壞消息。有研究發現，炒股論壇上人們爭論之激烈、感情之強烈，比政治論壇都厲害。能客觀看待自己持有的股票，是需要修練的。

三、**從長遠考慮**：一定要克服自己的短期情感衝動。剛剛賠了錢就想快速撈回來，這就是非常不好的短期情感。

四、**為決策錯誤做好準備**：有的人會在決定買一支股票之前先設定一個「停損點」，如果事實證明自己判斷失誤，那麼一旦損失到達這個點就接受失敗，立即賣出。

我的炒股事業非常失敗，虧了不少錢之後洗手不幹了。其實我至今也沒想明白，炒股到底有沒有「技術」可言，股票市場是不是基本隨機的？也許你用了科學決策法也不能從股市中賺到錢。

我舉這個例子不是爲了說炒股，而是因爲炒股是個經常性的決策實踐。如果你炒過股或者經常做別的決策，就知道這四條規則看似簡單、一聽就明白，但當你眞正面臨決策時，想要做到這些是非常非常困難的。

決策是個不常用到的技能，**生活中大多數情況下我們都是自動駕駛狀態，根據直覺就把事情做了；可是有的時候應該停下來想一想、仔細評估，才能做好決定。**今天說的決策方法，就是專門爲了應對這些艱難決定的。

決策就是多選一

前文介紹了做決策的四個步驟。你可能已經注意到了，希思兄弟說的決策其實就是從若干選項中選擇一個：決策就是選擇。

這和我們平常說的「決策」似乎不太一樣。我們平時聽說某某公司有某某「戰略決策」，好像說的都是決定去做「一件事」，似乎不是什麼二選一或者多選一。我們自己平時說「我決定如何如何」，也都是決定做一件事。那爲什麼希思兄弟非得強調從幾個選項中做選擇呢？

因爲**眞正的決策必須有多個選項，才談得上科學**。我們聽說的「戰略決策」只有一件事，那是因爲在公布結果時，背後的權衡比較都被隱藏了。我們平時說「我決定如何如何」，那是因爲——你那根本就不是科學決策。

盡量多點選擇

卡內基梅隆大學的幾個研究者曾經訪問了匹茲堡市的一百零五名女中學生，問她們過去一段時間都做過什麼決定。這些女中學生說了很多，結果研究者發現，女中學生的大多數決定都是沒有什麼選項的。

這些決定可以分爲兩類。第一類就是決定去做一件事：「我決定從此之後再也不指責別人了。」第二類是對一件事做一個 yes 或 no 的選擇：「我要不要和男朋友分手？」「朋友請我抽菸，我抽還是不抽？」「晚上有個聚會，我去還是不去？」

如果你是一個「老江湖」的話，你不妨欣賞一下年輕人的這些「決策」；如果你是個年輕人，不妨自省一下，自己平時做決定是不是就是這樣？這些決策充滿了青春的味道，因爲實在太直來直去了。

她們沒有給自己任何選項。別人說件事，她們要不就連想都不想直接就決定去做了，要不就稍微好一點地想一想做還是不做。她們就是沒想到自己還有沒有別的選擇？能不能把這件事改一改？

那「老江湖」會怎麼做呢？我們就說晚上聚會這件事。「老江湖」收到聚會邀請，他在去和不去之外還有別的辦法，晚上先去做點別的事，然後去聚會地點露個面就走。你邀請他去，他給你面子的確去了，但實際上他大部分時間做了自己的事。

聲明一點，我也不是「老江湖」，我喜歡直來直去。但是多年以來，我的確觀察到一些有意思的現象。比如有的人請你幫個忙，你必定是能幫就幫，幫不了就算了，但是當你請他幫忙時，他能幫，但是他總能發現一個機會，在幫你做這件事的同時，順便幫自己也做個什麼事。從交朋友的角度來說，我覺得這個習慣似乎不太好，但另一方面我們也看到，有的人的確特別善於給自己增加選項。

增加選項的好處非常明顯。同樣是這個研究發現，如果只能選擇 yes 或 no，從長期來看，你有五二%的決定都是錯的；如果你能增加一、兩個選項，那麼選錯的機率就下降到三二%。選項增加了，選對的可能性反而也增加了，這是因爲**當你沒考慮到別的選項時，你實際上是鑽了牛角尖**。

還有人做過一個實驗。實驗假設有一部電影的ＤＶＤ，這部電影是你喜歡的明星主演的，ＤＶＤ要價十五美元。研究者先問一組受試者，在這個情況下，你願不願意花十五美元買ＤＶＤ？結果八○%的受試者選擇會買。

然後研究者又找了一組受試者，這一次增加了一個選項：你是願意花十五美元買這個ＤＶＤ，還是願意把這十五美元省下來，花到任何你想花的地方去？

我們仔細想想，這所謂增加的一個選項等於是廢話——我不買ＤＶＤ當然就省了十五美元，這十五美元本來就是我的錢，我當然想怎麼花就怎麼花！

可就是這麼一個多餘的選項，讓願意買ＤＶＤ的人從八○%下降到五五%。

所以說，哪怕你僅僅「意識到」自己還有別的選項，你的決策水準都能大大改善，你現在不是「鑽牛角尖」的思維了。

這個道理說出來非常簡單，可是很難做到。事實上，就連大公司的ＣＥＯ都會犯了女中學生的錯誤。有人調研發現，ＣＥＯ決定是否收購一個公司的時候，很多情況下就是一個yes或no的決定，什麼改變條款、什麼多幾個選擇，都不考慮。當然，ＣＥＯ鑽這個牛角尖也是有原因的，我在別處看過研究，說一個ＣＥＯ的媒體曝光率愈高，他收購別人公司時願意支付的溢價也愈高；換句話說，收購公司常常是ＣＥＯ們過度自信、彰顯個人魅力的行爲。

總之，這個道理就是一定要給自己增加幾個選項再做決定。那麼上哪兒去找好的選項？

尋找亮點

增加選項的最簡單方法，就是看看別人是怎麼做的。希思兄弟講到，沃爾瑪商場是怎麼一步一步做到這麼成功的？沃爾瑪老闆有句話，說他在沃爾瑪採取的每一個動作，幾乎都是從別的商店抄來的。

這句話很有意思。我們今天看沃爾瑪商場和別的超市不太一樣，它是一個主打廉價商品的巨無霸，但沃爾瑪老闆居然說他的好東西都是跟人學來的。所以**借鑑好想法並不可恥，借鑑多了就自成一家**。

關鍵在於，如果面對一個困難不知道該怎麼辦時，可以看看別人是怎麼辦的。這個道理似乎也太簡單了，但是我講個故事你就會明白這其實並不簡單。

這個故事是在提姆．哈福特（Tim Harford）的《適應性創新：偉大企業持續創新的競爭法則》（*Adapt: Why Success Always Starts With Failure*）一書中看到的。幾十年前，越南剛剛結束戰爭，老百姓生活條件非常差，很多兒童營養不良。一個國際組織就派兩個美國科學家前往越南，看能不能想辦法解決兒童營養不良的問題。

我們的解題思路是借鑑，但這兩個美國人沒有前人的成功經驗可以借鑑——兒童營養不良，正確的解決方案是提供糧食援助啊！可是現在根本沒有援助就派兩個營養學家去，營養學家難道能變出營養來嗎？

美國人還眞做到了。他們借鑑的是越南人自己。他們深入到越南農村調研，發現並不是所有的兒童都營養不良。有些兒童家裡同樣很窮，可是營養狀況還不錯。美國人就問這些兒童的家長都給孩子吃什麼，原來這些家長平時愛弄一些小魚小蝦給孩子吃。

我們知道越南靠海，小魚小蝦在普通越南人看來是非常低級的食物，他們根本不屑於吃，但營養學家馬上意識到解決方案就在這裡。他們在各個村子裡召集村民開會，邀請給孩子吃小魚小蝦的家長傳授經驗，他們向村民保證，用這個方法就能讓孩子避免營養不良。

結果，兩個營養學家一分錢也沒花，就把營養不良的問題解決了。

這個借鑑的思路叫做「尋找亮點」。哪怕多數人都失敗的局面下，也總會有幾個人是成功的，就看看那幾個成功者是怎麼做的。這個思路其實有點進化論的意思，事先不預設立場，讓各路人馬自由發揮、自然選擇，找到成功的嘗試。

希思兄弟說的增加選項的辦法，也包括尋找亮點。比如說你是中學校長，學校一到中午吃飯時，學生要花很長的時間排隊領餐，那你怎麼解決這個問題呢？希思兄弟說，你應該先從內部找經驗，再向外面尋求借鑑。

先看內部有沒有「亮點」：有沒有哪個領餐隊伍總是前進得特別快？

再看同行：其他學校的食堂是怎麼做的？

同行不行的話，再找不同領域的經驗：其他需要排隊的地方，如銀行、商店，它們都是怎麼做的？

如此說來，要想給自己增加選項也不容易。**好想法不是憑空冒出來，得學習很多別人的經驗。掌握的套路愈多，辦事的選項就愈多**。有了各種選項後，你還需要一個小技巧。

並列選擇

我們說的道理都是聽起來感覺特別簡單，實際應用卻不簡單。第三個道理也是這樣，你要把多個選項都擺在桌子上，要選就一起參選。

這不是廢話。比如說，你要設計一個東西，找了兩個設計小組。第一組每想出一個方案就給你看，然後你提出各種意見，他們拿回去再修改，再提出不同的方案。第二組則一次性地提供你好幾個方案，同時擺在你的面前讓你選，你選定一個，他們回去再略做修改。

結果實驗表明，第二組的做法效果要好得多。都擺出來，哪個好、哪個不好一目瞭然。一個一個比較，費時費力，而且到後面你會忘了前面的。

我們看選秀節目選歌手，特別喜歡玩兩兩PK，這樣做節目特別熱鬧，但嚴格來說並不科學；同樣地，體操比賽一個比完給一個打分，其實也不科學，最好的辦法是所有運動員都比完後統一打分，而且允許裁判回看每個人的錄影。體育比賽本質上是娛樂節目，對打分形式有戲劇性的追求。

我們平時買東西、決定科研課題、選擇做哪個專案時，最好的辦法是把所有方案都擺出來，統一選擇……當然，如果找對象也能這麼選就更好了。

所以，我們聽評書裡那些古代謀士給主公出主意，比較講究的做法是一次性給三個主意讓主公選擇，有上策、中策和下策。一方面，放在一起說容易比較，另一方面，也給主公一種控制感。

所以現在大人物做決策，往往要求幕僚多給幾個方案。不過這樣的老闆也容易糊弄，亨利·季辛吉（Henry Kissinger）給尼克森當過國務卿，他後來寫回憶錄，說尼克森總是要求至少給三個選項，而他的幕僚有時候其實只想給一個選項，然後故意找兩個實際上根本不可行的選項做陪襯！季辛吉開玩笑說，這幫人給總統的三個選項其實是：第一，發動核戰爭；第二，直接投降；第三，要不我們就這麼辦……

當然，這個精神是總統面前必須永遠有多個選項。

老江湖和女中學生做決策的最大區別在於老江湖總是考慮多個選項。如果你沒有選項，那不叫決策，只能叫決心。獲得選項最好的辦法是借鑑，有了選項後最好同時都擺出來。

那都擺出來以後怎麼挑選呢？

10／10／10法則，解糾結

先說一個我兒子常用的、可能在小學生中很流行的辦法。之前我幫他買了三本書，題材一樣，都是解謎遊戲類，那他先看哪一本呢？他把三本書都擺在地上，一邊唸一首像咒語一樣的兒歌，一邊用手指輪流指向三本書，咒語唸完，手指停在哪本書上，他就選哪本書。

這當然不是科學決策法。但是這個辦法也有個好處，就是他一點都不糾結，選中哪個就是哪個，然後堅決執行。

眞實的決策，往往都是充滿糾結的。如果一眼就能看出某個方案比別的方案好，那你直接選這個方案就是，根本用不著決策。**決策，就是要在看起來各有優點和缺點、卻沒有明顯好壞差異的幾個選項中做出選擇**。

《羅輯思維》出過一本書叫《成大事者不糾結》，那面對重大選擇該怎樣才能不糾結呢？希思兄弟給了三個辦法。

設立反對派

不知道你有沒有過這樣的經歷，就是你特別特別想去做一件事，別人說什麼你都聽不進去。我有位讀者叫李振鵬，本來有個體制內的穩定工作，但是特別想去深圳發展，他使用富蘭克林「道德算數」的方法，自己列舉了各種不去的理由，但是感到「一萬個壞處都敵不過一個『想』字！」

我很欽佩和贊成這種冒險精神，但這是一個不科學的決策方法，有點感情用事。當我們特別想做一件事的時候會產生「確認偏誤」，也就是只能聽進去正面的意見，乾脆就聽不進去反面的意見了。這往往是過度自信的結果。

前面我們講過，大公司的CEO特別喜歡收購別人的公司，而且經常給一個明顯高於市場價的收購價。事實上，你看歷史上那些收購案例的最後結果很多都不好，比如說著名的惠普收購康柏，還有這幾年Yahoo收購的一系列大大小小公司的案例。

那CEO們為什麼這麼熱中於收購公司呢？《獨裁者手冊》（*The Dictator's Handbook*）這本書說，這是因為收購公司可以擴大CEO的個人權勢，對公司並無好處；而希思兄弟說，這在很大程度上也是因為CEO的傲慢。

你想想，假設你有個做得很好的公司，近年來在市場上很有名氣——我財大氣粗，根本不和你競爭，我直接收購你的公司！我給你一個你不可能拒絕的offer！這簡直就是攻城掠地！這種心理上的滿足感實在太吸引人了，更何況花的還是公司的錢。

有研究者做過一個統計，說主流媒體上每多一篇吹捧這個CEO的報導，這個CEO收購下一個公司的時候，就願意多付四．八%的溢價。比如，你的公司值一億美元，現在有個大公司可能要收購你的公司，那你趕緊找記者，發表一篇吹捧這個大公司CEO的文章，然後他願意出的收購價就能增加四百八十萬美元！

同樣的道理，當你特別想做一件事時，尤其是如果這件事能爲你帶來感情上的回報，你就可能一意孤行。那麼如何才能阻止這些被榮譽沖昏頭的CEO呢？這就必須建立反對派。

《巨人的工具》這本書中有個風險投資公司提供了一個經驗，這個經驗就是每個決定都要特別設立反對派。作爲反對派，哪怕你心裡支持這筆投資，開會時也要想方設法列舉反對的理由。如果聽過所有反對理由之後還是決定要投資，那這個投資決定就可能比較合乎常理。

希思兄弟說，現在絕大多數公司的戰略決策過程中是沒有正式的反對派。這就好比法庭審判只有檢察官沒有辯護律師。一個好辦法是每次討論決策之前，專門設定一支「藍軍」部隊唱反調。這樣做的好處是既然他是奉命反對，討論起來大家就會明白他是對事不對人。

我們做一般的個人決策是不是也需要「藍軍」呢？找幾個朋友提提反對意見，幫你用理智戰勝情感，用現在流行的說法叫「求罵醒」！

找朋友提意見，還有「旁觀者清」的效果。

從遠處旁觀

做選擇時候的很多糾結，其實是各種複雜情緒在影響你的判斷。這些情緒往往是短期的，在別人看來，或者你自己過段時間再看，根本不重要。「旁觀者清」，其實就是因爲旁觀者沒有你那麼多的複雜情緒，往往能做出更理性的判斷。

可是我們也不能什麼事情都聽從「旁觀者」的意見，畢竟最了解情況的人還是自己，那麼最好的辦法就是把自己想像成一個旁觀者。我們以前說過，高手要善於跳出來，以旁觀者的視角去觀察自己。

希思兄弟介紹了一個特別好的旁觀技術，叫「10／10／10法則」。這個方法要求你從三個時間尺度去考慮一個問題：

一、十分鐘之後，你會對這個決定做何感想？
二、十個月之後，你會做何感想？
三、十年之後，你又會做何感想？

舉個例子。有個青年女性叫安妮，她的男朋友叫卡爾。安妮三十六歲，卡爾四十五歲，安妮沒結過婚，卡爾離過婚並帶著一個女兒。兩人正式交往已經九個月了，安妮對卡爾非常滿意，想要趕緊結婚生孩子，但是卡爾的態度不明朗；事實上，卡爾就沒讓安妮見過他的女兒，這可能是因為他經歷了離婚，感情受到創傷，不想讓自己的女朋友干擾孩子。兩人相處以來，還沒有誰說過「我愛你」這句決定性的話。

這個週末，安妮和卡爾要一起出去度假，安妮認為這是一個攤牌的機會。但她有點拿不定主意，就請希思兄弟幫忙。

希思兄弟判斷，安妮現在的糾結完全是短期情緒的作用。她有點緊張、有點害怕，特別是擔心如果卡爾拒絕了，她該怎麼辦？

「10／10／10法則」最適合克服短期情緒。希思兄弟就讓安妮考慮，如果跟卡爾表白，自己十分鐘、十個月和十年之後會怎麼看待這次的決定。

安妮說，十分鐘之後，我會很緊張，但是我也會很自豪自己說了；十個月之後，就算被卡爾拒絕了，我大概也不會後悔；十年之後，這次表白可能根本就不是個事，或者那時候我和卡爾生活在一起，或者我和別人生活在一起。

這麼一分析，結論當然是向卡爾攤牌。這其實就是一種旁觀者思維，站在一個遠距離考慮問題，所有短期的情緒，什麼害怕、緊張，可能都不重要了。

另一個使用旁觀者思維的辦法是，當你面臨困難選擇時，你可以問自己：如果是你最好的朋友面臨這個選擇，你會給出什麼建議？

我前段時間還看過一個研究，提到如果用第二語言、也就是一門外語思考，更有利於做出正確決策。這大概是因為我們使用外語時畢竟隔著一層，不善於表達短期情緒。這也是一種旁觀者思維。

如果這樣還不能做出最終決定，那我們還有第三個辦法。

考慮價值觀

前面兩個辦法都是用理智戰勝情感，讓自己盡可能客觀地分析利弊；但任何分析都是有限的，到最後可能還是面臨一個利益計算已經無法判斷優劣的局面。比如我們開頭說的那個當公務員還是去一線城市闖蕩的問題，最後有可能是一個兩難選擇，事實上，有的人當公務員當得很好，有的人出去闖蕩也闖蕩得很好。

這個時候，就得看個人的「價值觀」是什麼了。

這裡所謂的價值觀，就是你設定的「優先順序」（priority）是什麼樣的，說白了就是你認爲什麼重要、什麼不重要。

如果不能兩全，那麼你認爲事業的成功對你最重要，還是家庭幸福對你最重要？這個問題沒有正確答案，完全是個人的選擇。

我有一篇文章叫做〈道德和道德〉，就是說你可以像在《龍與地下城》（*Dungeons & Dragons*，簡稱 D&D 或 DnD）遊戲裡選擇陣營一樣，給自己選擇一個道德定位。這就是一種價值觀。你想當一個目無法紀的英雄，還是想當一個遵紀守法的自私自利者，都可以。有了定位，再做事就容易選擇了。

作爲一個企業家，你認爲讓消費者滿意最重要、讓股東滿意最重要，還是讓員工滿意最重要？這三個滿意很多情況下是一致的，但有時候也會產生矛盾。如果你認爲讓消費者滿意最重要，那就少賺點錢、多服務一些人；如果你認爲讓股東滿意最重要，那就盡可能增加利潤；如果你認爲讓員工滿意最重要，那就乾脆像某航空公司一樣，爲了給自己員工讓座可以把乘客直接拉下飛機。企業家事先把這個價值觀跟員工說好，員工在遇到兩難選擇時就知道該怎麼決策了。

從根本上來說，價值觀是每個人自己選擇的。沒有人強迫你接受，你也不一定一旦選了就必須堅持。價值觀只是一個指引。

但價值觀不是空話，它可以指導我們的決策。不過希思兄弟說，一般人做事往往做著做著就忘了自己的優先順序，有時候會隨波逐流，最好時不時地反省一下自己的核心價值觀。所謂「不忘初衷」，也是很難啊！

那麼，據此我們得到了以下結論：

一、把兼聽則明程式化，並且要求給出具體的反對理由。

二、克服短期情緒，盡量從遠距離考慮問題。

三、如果利益計算已經無法讓你判斷優劣，那就想想自己的核心價值觀是什麼。

最後再說說安妮和卡爾故事的結局。截至《零偏見決斷法》那本書出版爲止，兩人還沒有結婚。安妮表白了，卡爾並沒有正式表態，但是正在往有利的方向進展，安妮說成功的可能性大概是八〇%。這裡的問題是，卡爾是個非常優柔寡斷的人，他想買個智慧手機叨唸了三年卻都沒買，顯然卡爾應該學點決策科學。

避開鐵齒，借鑑他山之石

四、五年前，美國股市是一波牛市，我也跟風加入炒股隊伍。當然我投入的錢不多，總共投了大概四萬美元。

一開始只是買股票，後來覺得股票沒意思。你花時間研究股票，但即使股票上漲十至二〇%，四萬美元的本金也只有幾千美元，這個時間花得根本不值。於是我開始買期權。

對手裡持有大量股票的機構來說，期權是一種對沖風險的工具，相當於幫股票買了個保險，而對手裡沒有股票的我來說，期權是個高風險的槓桿。一開始我運氣很好，賺了點錢，帳戶金額最高的時候達到十三萬美元。

這時候有個朋友就勸我不要再玩期權，因爲他認識的幾個人做期權都賠得血本無歸，風險實在太大。

這個勸告我根本聽不進去。你認識的那些人是那些人，我和他們一樣嗎？

故事的結局你肯定猜到了，後來我連續判斷錯誤，幾個月的時間帳戶就歸零了。有人問我是怎麼做出不再炒股的決策，那根本不是「決策」，是我的子彈已經打光了。

一身傷痕換一分體會。這個教訓就是**在我們判斷未來進行決策的時候，想要知道自己會怎樣，應該先聽聽那些做過這件事的人都怎樣了**。這個思路的有用程度，你可能想不到。

你不比別人特殊

說了我的故事，我們再說一個康納曼在《快思慢想》這本書裡說他自己的故事。我現在講決策科學，大家聽起來還比較陌生，很少有人有系統地學過決策科學，而康納曼早在多年前就與人合著一本關於判斷與決策的高中教材，幫助以色列在高中就普及這種決策科學。這個想法非常棒。

當時康納曼召集了一批人，組成一個教材編寫小組，每週碰一次面，平時分頭寫作。

在編寫過程中，有一天，康納曼突發奇想，他說這本教材中有個內容是關於群體判斷，我們教材組這幫人能不能也來個群體判斷？我們預測一下這本教材用多長時間能完成。結果，有人說一年半能完成，有人認爲需要兩年半，大多數人給的數值都在這個範圍內。

這時康納曼想到，決策科學中有一個很重要的概念叫做「基礎率」（base rate）。所謂基礎率，就是以前的人做同樣的事所做到的平均水準。康納曼知道，預測未來最好的參考指標就是基礎率。

於是康納曼問，別人編寫類似的教材用了多久？小組中正好有個人之前有過類似教材編寫的經驗，他說據他所知，四○%的編寫組最後的結局是乾脆放棄，剩下的六○%則用了七至十年的時間才完成編寫。

這個數字一出來，小組中所有人都不屑一顧，認為根本不需要那麼長的時間！結果，康納曼的這個教材編寫小組用了八年時間才完成教材的編寫。

所以，基礎率是一個非常強大的預測工具，說白了，就是你並不比別人強多少。如果別人做這件事需要那麼長時間，基本上你也需要那麼長時間。如果別人做這件事失敗了，那麼你做這件事最有可能出現的結局也是失敗。

你認為你了不起，其實別人在做這件事之前也認為自己了不起。你並不特殊。

可是話又說回來，有一本書叫《終結平庸》，那本書所說的恰恰是人與人之間是不同的。如果你非覺得自己就是和前面那些人不一樣，那有什麼科學的判斷方法嗎？

你比別人特殊在哪裡？

我想再強調一遍，用基礎率預測，用過去的經驗判斷未來，是一個特別合乎情理的決策方法。那麼就算你認為自己很特殊，也要先了解基礎率，再從這個基礎上做修正。

希思兄弟在《零偏見決斷法》中講了一個真實的案例，特別能說明問題。

一九九八年，美國有個年輕人叫布萊恩（Brian），他得了一種罕見的血液病叫「骨質增生異常綜合症」。他的骨髓造血功能出了嚴重的問題，血液中血小板的數量非常少。如果布萊恩不採取治療措施，他大概還有五、六年的存活時間，並且能在這段時間內正常生活，但是五、六年時間一到，病情會迅速惡化，導致不治身亡。

布萊恩還有另外一個選項，就是做骨髓移植。如果手術成功，可以讓身體建立起一套全新的免疫系統。但骨髓移植是一項非常危險的手術。首先，你需要找到匹配的骨髓捐獻者，但即便如此也不能保證骨髓移植之後身體不會出現排斥反應；再者，手術前後需歷時一年，在這一年裡，身體等於沒有免疫系統，也就是說，如果出現感染，哪怕是普通的感冒，都會帶來生命危險。

所以，擺在布萊恩面前的選項有兩個。要嘛是過五、六年平靜的生活，然後死亡；要嘛是進行一場風險極高的手術，成功了，從此是個健康的人，失敗了，一年內就會死亡。

這是一個非常艱難的決定，而且當時布萊恩的妻子懷孕六個月。如果布萊恩選擇不做手術，他還可以和自己的孩子相處五年；如果做手術，很可能孩子剛出生他就死了。

布萊恩首先考慮的就是手術的成功率一般骨髓移植手術的成功率（也就是我們剛才說的「基礎率」）並不高，但布萊恩並沒有簡單接受基礎率。他反覆追問醫生，手術到底會出現什麼樣的併發症？每種併發症的危險到底有多大，是五％還是五〇％？他發現，醫生其實也不是很清楚，他自己不得不深入研究。

這一深入研究，他就獲得了一個洞見。手術成功率的基礎率，是所有醫院對所有患者做手術的總統計結果。那麼相對於基礎率，布萊恩可以有兩個優勢：第一，大多數做骨髓移植手術的病人都是六十歲以上的老人，而布萊恩只有二十八歲。第二，骨髓移植手術在世界各地的醫院都可以進行，有些醫院每年做三百例，而且很擅長這個手術；有些醫院每年做三十例，而且不擅長做這個手術。如果布萊恩去全美國最擅長骨髓移植手術的醫院做手術，顯然能提高成功率。

最後，布萊恩判斷應該做手術。在好不容易找到匹配的骨髓後，他進行了手術，並且非常成功。布萊恩一直到今天還活著，還成了大學教授。這就是一次非常成功的決策。

基礎率與特殊性

我們把康納曼的故事和布萊恩的故事放在一起看，這其中就有一個關於怎樣使用統計資料的智慧。

首先我們必須承認，基礎率是個非常關鍵的指標。大多數情況下你不比別人特殊多少，哪怕你覺得自己很特殊，你也不一定特殊；但是另一方面，特殊情況的確存在，布萊恩的年齡和他找到一家經驗豐富的醫院，就是實實在在的特殊因素。

那麼關鍵就在於，你找到的這個「特殊因素」一定得是眞的特殊。

許多事情光看統計數字是看不出來的。希思兄弟提到，富蘭克林．羅斯福（小羅斯福）當總統期間，就不完全相信統計數字，一個政策的效果究竟如何，他總要親自去訪問當事人，了解一線的情況。

我們平時做決策，就得有這樣的精神：第一，看基礎率；第二，看我到底特殊不特殊。比如，你打算去一家以前沒去過的餐廳吃飯，你想知道這家餐廳好不好，最好的辦法是先去看看網路評價。你打開手機ＡＰＰ一看，這家餐廳的評分是三星半。

如果只看評分的話，你就不應該去了。不過你也可以仔細研究一下這個「三星半」是怎麼來的。你一看具體評論，有很多人給它打了五星，也有很多人只打了一星；而打一星的這些人之所以不喜歡這家餐廳，並不是因爲飯菜不好吃，而是認爲價位太高，是對價格不滿意。

那如果你能接受這個價位，這家餐廳對你來說豈不是很理想？

這就叫既尊重一般知識，又能做到具體問題具體分析。

最後我們再回到我當年炒股的例子。別人業餘買期權的都失敗了，那麼和別人相比，我有什麼特殊之處呢？可以說沒有。我並沒有深入研究過期權，沒有多少操作經驗，更沒有獨創一套成熟的買賣期權方法。不但如此，和別人相比，我還有很多劣勢：我的科研工作繁重，平時還愛看書，不會花太多時間在股市上；我炒股的態度不夠嚴肅認眞，經常不顧交易紀律去尋求刺激。那麼綜合考慮，我並沒有比基礎率強——我當時科學的決策就應該是接受基礎率，放棄買賣期權。

當我們在預測未來時候，首先要想到自己並不比別人特殊，基礎率是最好的參考資料。如果你不想聽從基礎率，就得拿出非常特殊的理由，而且這些理由必須是確實存在與別人的不同之處。

高效CEO邊做邊調整

有一篇關於優秀CEO特質的文章，其中關鍵的一點就是快速決斷。即使是錯誤的決策，也比沒有決策好。這個說法聽起來讓人不太容易接受，我們就來說說決策和行動的原理。

也許科學決策的一個高級用法，就是「不科學」決策。

對實做家來說，並沒有什麼「謀定而後動」的決策。實做家的決策都是一個動態過程，你先動起來，看情況再調整。

我想先講一個悲劇故事。這個故事是我在哈福特的《適應性創新》這本書裡看到的。

工程師和政治家

蘇聯有個工程師叫彼得·保金斯基（Peter Palchinsky），他在蘇聯建國之前就已經是一名很著名的工程師，非常注重實地調研，有豐富的第一手工作經驗。蘇聯建國之後，保金斯基擔任中央政府顧問。

史達林制定的蘇聯第一個五年計畫中，有兩個大項目讓保金斯基參與了。一個是在烏克蘭修建一個超大的水電站，命名爲「列寧壩」，一旦建成就是世界上最大的水電站；另一個是在磁山城建立一個鋼鐵廠，這個鋼鐵廠的產量將會超過整個英國的鋼鐵總產量。專案開始之前，保金斯基就到這兩地去調研。

保金斯基發現列寧壩所在那條河的水流速度太慢，必須建立一個非常大的水庫蓄水，才能帶動這麼大的發電站。這樣的代價太大了，不但涉及大規模的移民，而且這條河每年還有三個月的枯水期！保金斯基就建議，還不如沿著河岸弄幾個小型的水電站。

至於磁山城的鋼鐵廠，保金斯基發現它建蓋在荒郊野外，當地缺乏必要的生活資源，工人的基本生活條件沒法保障。再者，雖然當地有豐富的鐵礦資源，但是缺乏煤炭。鋼鐵廠需要大量的煤炭，而煤炭只能從很遠的地方運來，如此一來也是得不償失。

保金斯基對這兩個專案都提出了反對意見，但「一五」計畫勢在必行，政府對他的意見置之不理，史達林一定要有世界最大的水電站和比英國全國產量都高的鋼鐵廠。

事實證明，保金斯基的看法是正確的。列寧壩建成之後，水庫占地面積之大，以至於有人說哪怕用這麼大塊地種上乾草、直接燒草發電，都比水電站的發電量大。

到了二十世紀七〇年代，磁山城的鐵礦石全部用盡，爲了維持鋼鐵廠的運轉，礦石和煤炭都得從遠處運來，成本非常高。更重要的是，在修建鋼鐵廠的第一年，光是把工人送到磁山城的路上就死了很多人，第一個冬天又凍死不少人，上萬名工人及其家屬就這麼犧牲了。

兩項計畫都以悲劇告終；而保金斯基自己也是個悲劇，後來他因爲「政治錯誤」，被蘇聯政府處決了。

保金斯基的故事講完了，我們再回頭看看蘇聯的「一五」計畫。「一五」計畫是蘇聯歷史上非常成功的一項計畫，可說是經濟奇蹟，爲後來的發展奠定了基礎。時至今日，歷史學家對「一五」計畫的評價都是非常正面。

那史達林這種拍腦袋就做的決策方式，到底是對還是不對呢？

調研和政治

希思兄弟在《零偏見決斷法》這本書裡提到一項研究。有人調查了《財富》五百大的CEO，觀察他們的決策模式，發現其中六〇%的CEO在做一件重大的商業決定時，是連計畫書都沒有的，想做就做。這些企業家對預測未來的資料和報告根本沒興趣。

有一項研究邀請了四十五位創業者，他們創立的企業規模當時最低爲兩億美元，最高達到六十五億美元，可以說都非常成功。研究者就訪問這些創業者，邀請他們做個假想實驗，想像如果要開一家全新的公司，他們會怎麼進行市場調研？

其中一個創業者一開始為了迎合研究者，還說了些關於如何開展市場調研的事，但是說著說著就坦言：「算了，我跟你說實話吧，我做決定時，從來不做什麼市場調研。我根本就不相信市場調研。」

這就是企業家精神，拍腦袋決定，想做就做。

二〇一一年，直覺軟體公司（Intuit Inc.）的CEO曾公開說：「企業家做決策的過程就是三個P，即政治（Politics）、勸導（Persuation）和PPT（PowerPoint）。」從政治上考慮做好決定，然後勸說其他人支持這個決定，最後用PPT講一遍這個決定，根本不存在什麼調研。

那麼問題來了，如果CEO做決策根本不調研，那麼科學決策從何體現呢？其實，關鍵在於他們做決策的時候並不是一錘子買賣，而是更類似於試水的方式。

比如，某企業要向市場推出一個全新產品，企業家不會一上來就大批量產，也不會等產品研發到完全定型再上市，而會先做出一個比較基礎的原型，進行小規模生產，然後再小規模地測試市場的反應。如果市場回饋好，就加大研發力度、擴大產量；如果市場對這個產品不感興趣，那就乾脆放棄它。

《巨人的工具》這本書中提到一個風險投資人的忠告。克里斯．薩卡說風險投資人做決策，其實並不是依靠理性分析你的數字和圖表，而是在聽你的故事。如果他能被你的故事打動，他就會投資你的項目。

正所謂：「坑灰未冷山東亂，劉項原來不讀書！」實做家做事根本不是謀定而後動，而是「有棗沒棗先打一竿子」再說，上來就直接試水。

實做家所謂的「科學」，不是要不要做這件事，而是把握好一開始的力度。拿不準的可以先小規模試探。說白了，就是沒必要做那麼多理論分析，先來個小小的身體接觸，如果對方反應激烈，那就打住；如果對方不反抗，甚至半推半就，那就加大騷擾力度。

這種實做精神，這種先小規模測試的實驗精神，也可以用來指導我們的日常生活。

專業和強迫症

希思兄弟講了一個年輕人史蒂夫決定是否成爲藥劑師的決策過程。史蒂夫本來就喜歡化學，而且藥劑師的收入很高，工作時間又不像醫生那麼長。但這些理由還不足以讓他下決心，畢竟爲了成爲藥劑師，他要投入幾年的時間學習，這段期間不但沒有收入，還要付出高昂的學費。

像這樣的重大人生決策，史蒂夫選擇先試一下水。他找到一間藥局，要求免費打雜一個月，先體驗一下藥劑師的生活。

這個做法特別值得讚賞。我們想想，大多數人在做出大學選專業這樣重要的決定時，沒有經過任何試水。很多人在決定學醫之前，從來沒有在醫院裡工作過一天，根本不知道當醫生是一種什麼樣的體驗。如果你投入大量時間和金錢，結果畢業後發現自己根本不喜歡這份工作，難道不是個悲劇嗎？

另一個例子就比較喜劇了。一間大的律師事務所裡，有位女祕書叫佩吉。我們知道律師事務所對於公文檔案的要求非常高，不能出現任何錯誤，而佩吉的任務就是整理這些文檔。

佩吉是個完美主義者，甚至可以說她有強迫症，她非常擔心檔案上出現錯誤，給公司造成不良影響，導致自己被解雇。她每天的工作時間非常長，下了班還要把檔案拿回家檢查、修改。修改完了，又擔心自己的修改出了問題，翻來覆去檢查好幾遍。這種強迫症的狀態讓她非常難受，最後她去找了心理治療師。

心理治療師給佩吉想了辦法，有點類似前面說的先小規模試探。治療過程分為若干步：

一、把檔案帶回家檢查三遍就定稿。

二、把檔案帶回家只檢查兩遍。

三、把檔案帶回家只檢查一遍。

四、不把檔案帶回家，下班後在公司多待一個小時，能檢查多少算多少，一個小時一到馬上回家。

五、下班就回家。

治療師告訴佩吉，每做一步就確認這麼做的確沒有為公司帶來任何損失，老闆沒有責備你，再進行下一步。這個做法讓佩吉非常放心，她小心翼翼地一步一步放鬆對自己的要求，果然沒出什麼毛病。佩吉的膽子有點變大了。然後治療師說，那我們繼續試探：

六、故意在檔案中犯一個標點符號的錯誤。

七、犯一個語法錯誤。
八、犯一個拼寫錯誤。

結果一直到第八步，佩吉給了一個明顯的拼寫錯誤，公司也沒有因為這個錯誤輸掉官司，佩吉沒有被解雇，事實上，公司上下根本沒有人注意到那個錯誤！佩吉的強迫症治好了。

最後，我們回到保金斯基的故事。保金斯基不是歷史名人，維基百科中甚至沒有他的中文頁面，我上網反覆查詢也沒找到他的中文名應該怎麼翻譯，「保金斯基」這個譯名還是我創造的。二十世紀九〇年代，麻省理工學院一個教授研究蘇聯工程師的歷史，才發掘到他的事蹟和思想。

本篇我們講的是實做，開頭說保金斯基在做調研，他並非不是實做家，事實上，他特別主張試水。哈福特在《適應性創新》這本書裡也講到試水，說的就是保金斯基的理論。保金斯基提出，用試水的方法創新，有三個原則：

一、盡可能嘗試新事物。
二、嘗試要可控制，要確保試驗不給我們帶來災難性的後果。
三、獲得回饋，從結果中學習，隨時調整做法。

想想這三項不就是中國人愛說的「摸著石頭過河」嗎？保金斯基是實做者的先驅！

第二十五章

數學家幫你算人生

自從我家有了第二個孩子，明顯覺得原來的房子太小，想換個大點的。當時正好有朋友告訴我，他家附近有些新房。我和老婆去看了一下，當場就決定買下，第二天找了個房產經紀人就簽了合約。

房產經紀人對我們的快速決定表示了讚賞。我問他，跟你買房子的人之中，最長的用了多長時間？他說有個人在兩年裡看了一百多間房子，愈往後看，房價愈高，他愈不想買，整個過程非常難受。

這就引出了一個問題。看見好的就買似乎有點草率，但是總下不了決心出手肯定也不對，那麼一個科學理性的人應該怎麼辦呢？

數學家告訴你什麼時候結束單身

二〇一六年四月出版了一本英文新書《決斷的演算：預測、分析與好決定的11堂邏輯課》（*Algorithms to Live By: The Computer Science of Human Decisions*），作者是布萊恩．克里斯汀（Brian Christian）和湯姆．葛瑞菲思（Tom Griffiths）。這本書說生活中的很多事情，其實是可以用演算法來解決的。比如買房子的問題，與其渾渾噩噩地接受命運的安排，不如有點理性決策的精神，把它變成一個數學問題。我們假設這個問題的條件是這樣的：

一、你隨機遇到各種房子，但是只打算買一間。

二、遇到一間房子，如果你選擇買下，這間房子就是你的。

三、如果你選擇不買，很快別人就會把它買走，你沒有第二次機會。

四、你應該給自己設定一個看房總數的限度，或者一個時間期限，比如一個月之內一定要買到房子。

這些條件可能和生活中的人實際買房的情況略有不同，但必須這樣簡化問題，數學家才能計算。

應該選擇怎樣的購買策略？數學家給出一個重要的數字：三七％。

三七％法則

數學家的策略是，你要把這一個月的時間分成兩階段。第一階段只看不買，根據自己的購買能力了解一下市場上哪些房子你喜歡、哪些你不喜歡。記住在這個階段內看過的最滿意房子。

等過了某個時間點，具體來說，就是過了設定期限的三七％以後，你就進入第二階段。如果預先設定的期限是一個月，那麼第二階段就從第十一天開始。

從這天開始，你一旦遇到一個比第一階段那個最好的房子還要好，或者與它類似的房子，就要毫不猶豫地買下來。

分兩階段的策略和三七%這個數字，都是數學家們好不容易計算出來的。實際上，這是一個隨機選擇優化問題，一九五八年才被解決。現在人們把這個辦法叫做「三七%規則」。

三七%規則並不能保證你一定能買到最好的房子，但是在假定市場上的房子隨機出現的情況下，它是能讓你買到足夠好的房子的好辦法。從機率的角度來說，如果你看了不到三七%的房子就開始買，將來很可能後悔買早了；如果你看了超過三七%的房子開始買，將來很可能後悔買晚了。

我們生活中有很多情況和買房很類似，好東西過了這個村就沒有這個店，那你要還是不要？如果使用三七%規則是你作爲一個理性的人在這不確定世界中所能做的最佳策略，那麼你就可以無怨無悔，沒有那麼多糾結和痛苦了。

再舉個例子，找結婚對象也可以用三七%規則。比如，一個女孩從十八歲開始找對象，設定目標是四十歲之前結婚。那麼根據三七%規則，她的兩個階段分割點是二十六．一歲。

在數學家看來，這個女青年的最佳擇偶策略是這樣的：二十六．一歲之前是觀察期，她應該只交往不結婚，但是必須要記住在交往的男生中間，自己最喜歡哪一個；二十六．一歲之後是決策期，再結交新的對象，一旦遇到比那個人還好或者和那個人差不多一樣好的男人，就應該馬上把他和他結婚。

當然具體到擇偶的話，這個數學模型還可以更複雜一點。三七%規則是假設你向誰求婚，那個人馬上就會答應，主動權在你手裡；但如果主動權不在你手裡，你向別人求婚，有被拒絕的可能性，那麼分割點就不是三七%了。

數學家計算，假設你每次被拒絕的可能性是五〇%，就要把三七%變成二五%。也就是說，條件不好的人應該縮短觀察期，仍然從十八歲開始算的話，過了二十三．五歲之後你就要開始抓緊。看誰好就向誰求婚，他要是同意，你就達成目標了；他要是拒絕，你就再看下一個。

還有一點，三七%規則是在假設無法回頭的條件下成立的；也就是說，如果你在第一階段錯過了一個人，那他可能和別人結婚了。可是如果你的條件非常好，就算一開始錯過一個人，過了一段時間回去找他，他還有可能答應你的話，你的觀察期就應該延長。

具體來說，數學家計算，假如在觀察期內已經被你拒絕了的人，當你回去找他時，他還有五〇%的可能性會同意，那麼在這種情況下，你可以把觀察期從三七%延長到六一%。

條件好的就多等等，不要急於決定；條件差的就趕緊行動。數學家的計算結果，和我們的常識還是相符合的。

當然，這些計算都是數學家把人們找對象的過程給理性化、模型化了。這個模型裡沒有「命中注定的真愛」這個概念似乎缺少了一點浪漫元素。你可能會說，我一定要找到真愛才結婚，可什麼是真愛？在數學家看來，你看到A覺得不錯，但是錯過了，那麼再找到一個和A差不多的人就可以了。如果你非得說只有A才是真愛，那就不對了。

在這個問題上，我覺得你不服不行。如果你說找對象和買房子不一樣，一定要尋找命中注定的真愛，那麼數學家告訴你，你大概會有兩種可能的結局：要嘛後悔自己沒有早早結婚被剩下了，要嘛後悔自己結婚太早。

理性的人，應該知道什麼時候停止。

成功與失敗的機率

說到停止，這本書還提到一個問題。假設有個搶劫犯透過一次次搶劫獲得財富。搶劫，總是有危險的，哪一次失手被抓住了，前面的錢就都白搶了，可是不搶就不能得到更多的錢。問題是，他應該什麼時候收手呢？

這個問題在（某些人的）生活中也很常見。我們看某類電影，經常有人感慨該收手的時候沒有收手，正所謂「身後有餘忘縮手，眼前無路想回頭」。我寫此文的時候上網搜尋，發現某地的廉政網站居然用這句話教育貪官，也不知道作者的意思是讓貪官根本別貪呢，還是貪幾次攢夠了錢就及時收手？

無論如何，數學家把這個隨機優化的問題解決了。演算法是這樣的，你先估計自己搶劫一次的成功機率有多大，然後用成功機率除以失敗機率，就是你搶劫的最優次數。比如，如果你水準高，得手的可能性是九〇％，失手的可能性是一〇％，那麼你就應該在搶劫九次後收手；如果你成功和失敗的可能性都是五〇％，那麼這件事你就應該只做一次。

總而言之，如果我們能有點數學精神，就不用長吁短嘆地感慨人生無常了。

我想再次強調，演算法不是算命。也許女孩到頭來發現她的高中同學才是最佳結婚對象，也許十拿九穩的搶劫犯第一次作案時就失手了，這並不等於演算法不對。

這些演算法說的是面對一個不確定的世界、在你根本不知道命運會怎樣的情況下，所能採取的最佳策略。如果找足夠多的人試驗足夠多次，你就會發現這些策略比別的策略好，起碼比沒有策略好。

我們成年以後在生活中運用到複雜數學的機會太少了？如果你不用點技術，可能連在工作中用到數學的機會都不多。我們生活中用到的數學大都停留在小學生水準，如購物時算帳。我們所說的這些問題，可以說已經是極其少見的高水準數學了。

而事實上，**現代人如果能習慣性地用數學模型去思考問題，可能會發現運用複雜數學的機會還是很多。數學模型和電腦演算法可以幫助你決策！**

我們經常使用成語典故來幫助自己思考，其實成語典故就是濃縮了的處世哲學，就是套路。之前我們說過，應該盡量多掌握一些心理學的套路，說不定什麼時候就能用上。如今看來，數學也是如此！掌握幾個演算法，說不定什麼時候就能用上。

那麼，據此我們得到：

一、一個數字：三七%。

二、一個教訓：把思路理性化，浪漫問題也需要解決方案。

三、一個思想：我們要盡可能地想想什麼時候可以運用到數學思想。

數學家告訴你怎樣慢慢變老

我們在講道理時經常會引用一些諺語和雞湯，可是這些東西如果放在一起看，常有互相矛盾的地方。比如，邏輯學家金嶽霖很早就注意到，「金錢如糞土」和「朋友值千金」這兩句話不可能都是對的，否則等於說「朋友如糞土」。

想要避免價值觀紊亂，我們需要一點數學意識。

看似互相矛盾的兩個人生指南，其實可能都有道理，你要做的是在其中進行取捨。你不能光講理念，你得講「度」，這個「度」得用數學方法量化計算。

雞湯與數學

我再列舉幾個雞湯和諺語的例子，我們看看怎麼取捨。

一、有人採訪臨終的老人，問他們這一輩子最後悔的事情是什麼。結果，他們後悔的大多是「沒做的事」，如有個好教授的課沒選、有個好姑娘沒向她表白、有個好機會沒下決心辭職，而很少對「做過的事」後悔。

二、一個女孩突然辭掉穩定的工作，她的辭職信上就寫了一句話：「世界那麼大，我想去看看。」

三、西方人說「鄰居家的草坪更綠」，中國人說「老婆都是別人的好」。

四、一隻小猴子下山，看到玉米地裡的玉米好，就掰了一根玉米；又看到一棵桃樹，就扔了玉米摘桃子；又看到西瓜，就扔了桃子拿西瓜；又看到一隻兔子，就扔了西瓜追兔子，結果沒有追到，最後兩手空空。

前兩點說的是人生在世應該積極探索新事物，後兩點則諷刺了這種行爲，認爲還是要珍惜已有的東西。那麼，哪一點說得對呢？我們到底應該在什麼情況下探索新事物、什麼情況下專注於已有的東西呢？

這其實是一個數學問題，而且是一個非常難、困擾了數學家很長時間的問題。

這個問題在數學中就叫做「探索與收穫的取捨問題」（Explore/Exploit Tradeoff）。從本質上來講，這個問題是說，你到底應該花費精力去探索新的資訊，還是專注於從已有的資訊中得到收穫？

比如，你家附近有家餐廳，你已經去過十五次，其中九次的體驗非常好，六次的體驗不怎麼好。你打算明天晚上出去吃飯，那麼你是否應該嘗試一家新的餐廳呢？

這個問題的應用非常廣。在這個單位已經工作了好幾年，有時候感覺很好，有時候感覺很差，應該跳槽去一家新單位嗎？有個老作者的書，我讀過五本了，三本寫得很好，兩本比較差；另一個新作者，我讀過他兩本書，一本比較好，一本比較差。那麼，下一本書我該買誰的呢？

手裡的這個，我們已經知根知底；新的那個，充滿未知的風險和誘惑。什麼情況下應該換，什麼情況下不應該換，這個問題一直到二十世紀七〇年代才被眞正解決。

基廷斯指數

數學家的第一個洞見是你必須考慮時間因素。

假設我們前面說的是北京的一家餐廳。數學家要問的是，你還打算在北京住多久？如果還要住很久，那麼你應該積極去探索新事物，冒點險是值得的，一旦發現一家好餐廳，將來可以繼續去。可是如果你後天就要離開北京，那麼離開北京前的這個晚上，你需要的是最穩妥的體驗，所以應該去你常去的那家餐廳。

如果你還很年輕，你就應該積極尋找最適合自己的工作；如果你再過兩個月就退休了，你還跳什麼槽？

有些雞湯說，我們要把每天都當做生命的最後一天來過，我認爲這純屬胡扯。如果今天是我生命的最後一天，我還上什麼班？時間是一個非常重要的因素。

解決問題的數學家叫約翰·查爾斯·基廷斯（John Charles Gittins）。他說，當你計畫出去吃一頓飯時，明天那頓應該比今天這頓要貶值一點，因爲你明天可能會離開這裡，吃不上那頓飯。具體貶值多少，取決於你預期還能停留多長時間。基於這一點，他提出一個非常複雜的解決方案，最後結果是給每個選項計算了一個指數，現在被稱爲「基廷斯指數」（Gittins Index）。

下頁表格就是在假設第二頓飯比第一頓飯貶值一%的情況下，各種局面的基廷斯指數。

比如，你正在和女朋友討論晚上去哪裡吃飯。你說還是去那家常去的餐廳吧，女朋友說不行，要去新餐廳。這時候你該怎麼辦呢？你就應該當場掏出這張表來，查閱兩家餐廳的基廷斯指數。

常去的那家餐廳，你們去過十五次，其中九次感覺很好，六次感覺不好，那麼就是九次成功、六次失敗，根據表格的基廷斯指數是〇·六九九七；而新餐廳你們並沒有去過，所以成功和失敗都爲零，基廷斯指數是〇·八六九九。新餐廳的基廷斯指數更高，所以女朋友是

成功

失敗	0	1	2	3	4	5	6	7	8	9
0	.8699	.9102	.9285	.9395	.9470	.9525	.9568	.9603	.9631	.9655
1	.7005	.7844	.8268	.8533	.8719	.8857	.8964	.9051	.9122	.9183
2	.5671	.6726	.7308	.7696	.7973	.8184	.8350	.8485	.8598	.8693
3	.4701	.5806	.6491	.6952	.7295	.7561	.7773	.7949	.8097	.8222
4	.3969	.5093	.5798	.6311	.6697	.6998	.7249	.7456	.7631	.7781
5	.3415	.4509	.5225	.5756	.6172	.6504	.6776	.7004	.7203	.7373
6	.2979	.4029	.4747	.5277	.5710	.6061	.6352	.6599	.6811	.6997
7	.2632	.3633	.4337	.4876	.5300	.5665	.5970	.6230	.6456	.6653
8	.2350	.3303	.3986	.4520	.4952	.5308	.5625	.5895	.6130	.6337
9	.2117	.3020	.3679	.4208	.4640	.5002	.5310	.5589	.5831	.6045

對的，你們應該去新餐廳。

基廷斯指數給一次都沒去過的新餐廳一個非常高的估值，這就是因爲它可能給你帶來驚喜，要積極探索；但這個探索不是無條件的——根據表格，如果你們去過常去的那個餐廳九次，每次都很好，那麼它的基廷斯指數就是○．九六五五，那就沒必要去這個新餐廳。

事實上，哪怕你們已經去過女朋友說的這個新餐廳兩次，一次體驗好、一次不好，那麼新餐廳的基廷斯指數仍然高達○．七八四四，你們還是應該去。這是因爲小樣本的統計很可能不準，也許一次不好只是偶然，你應該給它更多機會；而對比之下，常去的那個餐廳已經去過多次，測量結果已經穩定在一個一般水準了。

可是，如果你們即將離開這個城市，那麼時間貶值率就要調高，下頁表格是假定每一次都比前一次貶值一○%的計算結果。

這時，全新探索的基廷斯指數已經降低到○．七○二九。

成功

失敗	0	1	2	3	4	5	6	7	8	9
0	.7029	.8001	.8452	.8723	.8905	.9039	.9141	.9221	.9287	.9342
1	.5001	.6346	.7072	.7539	.7869	.8115	.8307	.8461	.8588	.8695
2	.3796	.5163	.6010	.6579	.6996	.7318	.7573	.7782	.7956	.8103
3	3021	.4342	.5184	.5809	.6276	.6642	.6940	.7187	.7396	.7573
4	.2488	.3720	.4561	.5179	.5676	.6071	.6395	.6666	.6899	.7101
5	.2103	.3245	.4058	.4677	.5168	.5581	.5923	.6212	.6461	.6677
6	.1815	.2871	.3647	.4257	.4748	.5156	.5510	.5811	.6071	.6300
7	.1591	.2569	.3308	.3900	.4387	.4795	.5144	.5454	.5723	.5960
8	.1413	.2323	.3025	.3595	.4073	.4479	.4828	.5134	.5409	.5652
9	.1269	.2116	.2784	.3332	.3799	.4200	.4548	.4853	.5125	.5373

用基廷斯指數解決探索和收穫問題其實有一個隱含的假設，那就是你的轉換是沒有成本的。今天在這家餐廳吃飯，明天去新餐廳，可以隨便去。可是對於換工作之類的問題，其實存在一個適應新單位的轉換成本，那就要考慮得更複雜一點了。

但無論如何，這個根據停留時間長短來決定探索和收穫的取捨思路是非常清楚的。這本書提出，哪怕不計算、不查表，我們也能從中獲得三個重要的人生智慧。

三個智慧

我們希望每一天都活在當下，可是從數學角度來說，你預期停留的時間愈長，探索新事物的價值就愈高，基廷斯指數也就愈高。

如果我們把期限設定爲人的一生，這就意謂著年輕人應該多探索，到了後期就要專注於收穫。因此對理性的人來說，要想過好這一生，意謂著三件事：

第一，年輕時代要大膽探索。絕大多數小孩不知道什麼是基廷斯指數，但是他們非常明白探索的重要性。他們會把家裡所有電器的所有按鈕都按一遍，特別喜歡新玩具，走到哪兒都在關注新東西。

問題是，強調探索意謂著沒有那麼多收穫，就像那隻掰玉米的小猴子。所以家庭因素就非常重要了。一個年輕人要想不斷試錯，他需要父母提供強有力的支持。不用你賺錢養家，上大學去！選個自己喜歡的專業，不用考慮就業市場！這個工作不喜歡，換！就算出了錯，父母也能包容。

這樣的人在年輕時代可以不斷地探索未知，積累各種經驗教訓，他才能迅速理解這個世界，後期才能做出更好的選擇。

第二，隨著年齡增長，要慢慢學會利用已有的資訊，專注於收穫。

一般的規律是人的年齡愈大，社交的圈子愈窄。老了以後，經常交往的也就寥寥幾人，經常做的事情也就那麼幾件，去的地方也非常有限，吃飯只去一家餐廳，就好像已經失去探索的動力。之前，人們都認爲這是老年人的悲哀。

但史丹佛大學有個心理學家認爲，這其實是老年人的理性選擇。他們已經完成了探索！他們知道自己最適合做的事情是什麼、和哪些人在一起最舒服、哪家餐廳最符合自己的口味，他們已經沒有冒險探索的必要，只要享受人生就行了。

這就引出了一個非常讓人感慨的實驗。實驗者問受試者，如果接下來你可以和一個人深入交流三十分鐘，那麼在以下這三個人中，你會選哪一個？

一是直系的家庭成員。

二是剛剛讀完那本書的作者。

三是在某一方面和你有共同興趣的一個陌生人。

結果，老年人選第一個，而年輕人選後兩個。如此說來，老年人念舊啊。可是接下來，實驗者把問題變了一下。他們問年輕人，如果明天就要出遠門，很長時間都不會回來，你會選擇誰呢？結果，年輕人選了直系家庭成員。他們問老年人，如果現在有個新技術突破，你的壽命可以立即延長二十年，你會選擇誰呢？結果，老人們選了後面兩個選項。

老年人不是念舊，他們只是在合理地規畫人生。

人老了以後，就更希望能夠專注於自己先前已經建立的關係。這也是爲什麼當年輕人到一個完全陌生的城市上大學，周圍都是陌生人，依然能夠興高采烈，但如果你讓老人住進養老院，身邊同樣都是陌生人，他們就不（一定）會開心。

悲哀嗎？一點都不悲哀。

第三，在慢慢變老的過程中，我們的生活其實是愈來愈好。

實際上，探索新事物的好處並沒有我們想像的那麼巨大，你會不斷地遭受失敗，哪有那麼多的浪漫和驚喜？老年人不探索，並不是因爲他們不敢探索，而是因爲他們不用探索了；他們已經完成探索了。

研究顯示，隨著年齡的增長，人的精神狀態和生活狀態都會愈來愈好。如果你已經知道自己喜歡什麼，就會很樂意被自己喜歡的事物所包圍。

當你看到一位老人每天見同一個人、去同一家餐廳，坐在同一個座位、點同樣的飯菜，你可能會以爲他的生活很無聊，殊不知這才是最浪漫的事，他是在享受自己用一輩子所探索出來的成果！

數學家告訴你爲什麼難得糊塗

我們先來設想一個場景。一個會議室裡坐滿了人，正在做報告的年輕人西裝筆挺，頭髮梳得一絲不苟，PPT上列滿了資料和圖表，他正在論證一個東西。

年輕人講了很多，可是在台下聽報告的一個穿著隨意的大老有點不耐煩了：「你不用說那麼多，我就問你幾個問題。」

大老問了幾個問題，年輕人馬上被難住，於是大老否決了年輕人的整個提案。

我們對這個場景並不陌生。這可能是一次公司例會，也可能是一次論文答辯。在一線做事的人用了很多精力專注於各種細節，大老們想問題卻往往是寫意的，他們三言兩語就能發現問題的關鍵，並以此做出決策；然後事實證明大老們說得對。

這就引出一個問題。有些人做過大量功課，掌握了豐富的數據和資料，爲什麼他們的決策水準，反而不如大老們短短時間內的快速判斷呢？難道說，對一個問題思考得多，反而沒好處嗎？

這個問題，數學家也早就想明白了。如果你的模型涉及決策判斷和預測未來，那麼精確寫實往往不如粗略寫意。事實上，你的模型愈寫實，你的最終效果可能反而愈差！數學家把

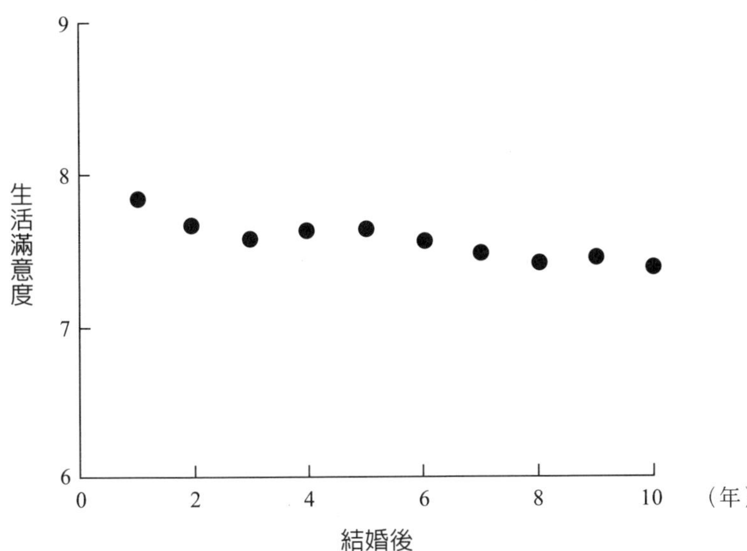

這個叫做「過度擬合」。

「過度擬合」一詞聽起來可能讓人有點陌生、非常技術化，但我覺得這個概念實在太重要了，每個決策者和思考者都該了解。

什麼叫過度擬合呢？

過度擬合

我們先來看一下面這組數據。上圖是針對已婚德國人調查統計的結果，說的是人們在結婚後的生活滿意度隨著時間推移發生的變化。曲線上有十個點，對應結婚第一年到第十年的資料。

我們看到，結婚第一年的人們生活滿意度很高，而第二、第三年持續下降，到第四年又回升……後面是一個波動的局面。好，如果我們想要根據這十個點來預測人們結婚十五年甚至二十年後的生活滿意度，應該怎麼辦呢？你應該根據現有的十個點畫出一條曲線，然後把這條曲線按照原來的趨勢延伸

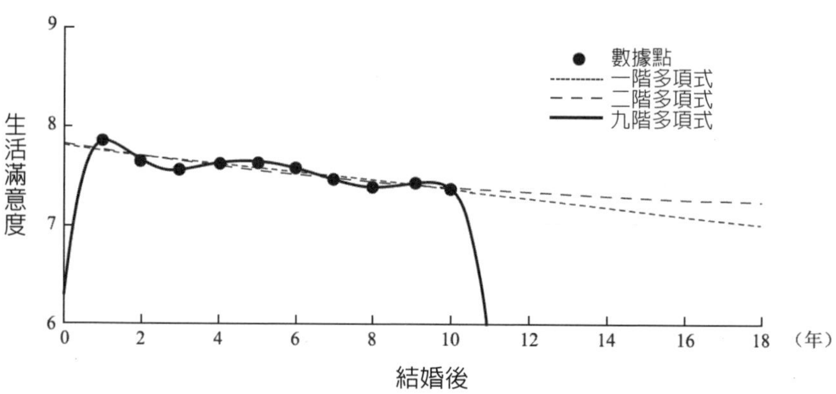

出去。畫曲線發現趨勢的這個動作，就叫做「擬合」。

在數學上，最簡單的擬合就是多項式擬合。如果曲線只是時間的函數，那麼一階多項式 $f(t)=a+bt$ 就是假設生活滿意度只和時間的一次方有關；你也可以進行二階多項式擬合 $f(t)=a+bt+ct^2$ 也就是生活滿意度不僅與時間有關，還與時間的平方有關；以此類推，你還可以考慮更高階的多項式擬合。

擬合出來的結果，就是上面這張圖。

圖中的點狀線代表的就是一階多項式的擬合結果，還有一條虛線表現的是二階多項式的擬合結果。

如果按照一階多項式的擬合結果往下推算，人們的生活滿意度就是按照相同速度逐年下降，看起來似乎不太符合事實。二階擬合的結果就好多了，下降一段時間，到了後期就比較平穩。但不管是一階還是二階，擬合出來的曲線和原始數據都存在偏差，原始數據的點並沒有落在擬合曲線上，這兩個模型只能大致說明一個趨勢，並不精確。

想要精確的結果，我們得用到九階多項式擬合，也就是圖中的實線部分。這條擬合曲線經過了原始數據上的每一個點！可是，九階多項式的預測結果非常糟糕，它說明結婚十年之後，滿意度會突然下降！這幾乎是不可能發生的現象。

這就是過度擬合。你的模型想要一絲不苟地反映已知的所有數據，它對未知數據的預測能力就會非常差，這是因爲所謂的「已知」數據都是有誤差的！精準的擬合會放大數據的誤差，擬合得愈精確，並不代表預測結果就愈準確，擬合得過度精確，結果反而更糟糕。

所有做數據分析的人都明白這個道理。在大數據和人工智慧領域，過度擬合是個非常讓人頭疼的問題。數學家想了各種辦法去判斷何時候出現過度擬合，以及怎麼避免過度擬合。

不要想太多

如果把原始數據隨便改動一點點，而你這個模型的預測結果就會有很大的變化，那麼你基本上就是過度擬合了。一個好的模型不應該對數據如此敏感！

比如，某公司選取一套數據作爲考核指標，來評估公司營運情況和激勵員工。如果有人認爲完成這些指標非常重要，以至於稍有不足就萬分焦慮，那麼我們可以說這個人已經是過度擬合了。一個大公司怎麼可能因爲一件小事而改變整個未來的走向呢？

數據很重要，但今天的人似乎有點「數據崇拜」。過分重視各種考核指標，**爲了數據和指標而工作，糾結於各種細節，就可能顧不上眞正重要的事情了。**

《決斷的演算：預測、分析與好決定的11堂邏輯課》這本書中舉了一個例子。有位大學老師在從事教學工作的第一年，備課非常細心，一個小時的課程會用十個小時準備，教案和PPT無比詳盡。到了第二年，他新開了一門課，因爲工作太忙了，他並沒有那麼多時間備課，不得不簡化並倉促應對。他自己很焦慮，結果學生反而更喜歡新開的這門課。

他準備的時間短，效果反而更好。這是爲什麼呢？其實，第一年的課程看似準備得非常完美，但這只是老師自己眼中的完美，他有充分的考慮時間，就拚命往教案中加入各種細節，從學生的角度來看卻根本不得要領；第二年，他沒有那麼多時間準備，就只能確保放進最重點的內容，結果學生一看反而簡單明瞭。

其實，每個人都可能會有類似的經歷。一篇文章讓你幾個小時寫完，內容已經很不錯，非得讓一個寫作班用上好幾週的時間寫，這篇文章裡面必然會被加入各種不該有的細節。一個決策能抓住重點就很好了，非得考慮各種不重要的因素，最後往往做出錯誤的選擇……這就是「長考出臭棋」。

數學家爲了避免過度擬合，經常要人爲地減少模型的複雜度。其實，我們在生活中也有這樣的機制！人腦看似不大，但其能源消耗卻占了整個身體的二〇％，這就是爲什麼我們想問題時間太長會感到很累，這其實是好事，因爲想多了反而不好。

我們在生活中思考問題，並不會隨時參考大量數據和圖表，頭腦中有很多的快捷方式！比如，利用類比、成語典故和諺語，其實都是好辦法。面臨重大決策，有時候沒必要考慮太多細節，還不如當場唸兩句詩。

一九九〇年諾貝爾經濟學獎得主哈利．馬可維茲（Harry Markowitz）的主要貢獻是提出了現代投資組合理論，給定了每種金融產品的預期回報和風險，你應該怎麼把它們組合在一起，讓自己的投資利益最大化。這顯然是一個特別有用的理論。

有人就問馬可維茲，你把自己的退休金做了什麼樣的投資組合呢？馬可維茲說：「非常簡單，一半買股票，一半買債券。」

這就是簡單的力量。

三個建議

我們小時候做數學應用題，通常都是題目給多少個數據，解題的時候就能用到多少個數據；而真實生活並不是這樣的。我們在真實生活中往往會遇到很多訊息，而且還是有誤差的訊息，你不可能像小學生做應用題那樣把這些訊息都用上。

諸葛一生唯謹慎，呂端大事不糊塗。想要避免過度擬合，你必須學會抓住重點，學會忽略掉一部分訊息。

書中給了三個建議。

第一，限定思考時間。比如，一小時內必須完成報告，或者一小時內必須結束會議。其實開會也好、寫報告也罷，考慮的時間愈長愈無法保證效果反而是在有時間限制的情況下，才會逼著自己去考慮最重要的因素。

第二，限定內容長度。比如，你可以要求屬下寫報告不能超過一頁紙。如果一個方案無法用一頁紙闡釋清楚，就應該放棄這個方案。另一個辦法是所謂的「電梯談話」，你想和我談一個商業計畫，最好能在乘電梯的這點時間說清楚你的方案。

第三，在白板上討論商業計畫，要使用粗的馬克筆。最初的計畫必須抓住重點！筆畫愈粗，對你的思維愈有利，愈能逼著你去考慮大局。如果你用原子筆，無形中就會陷入關注細節的思維模式。

每當預測未來和做計畫的時候，我們都應該意識到，最好的預測就是在上面隨手畫一條很粗很粗的線。

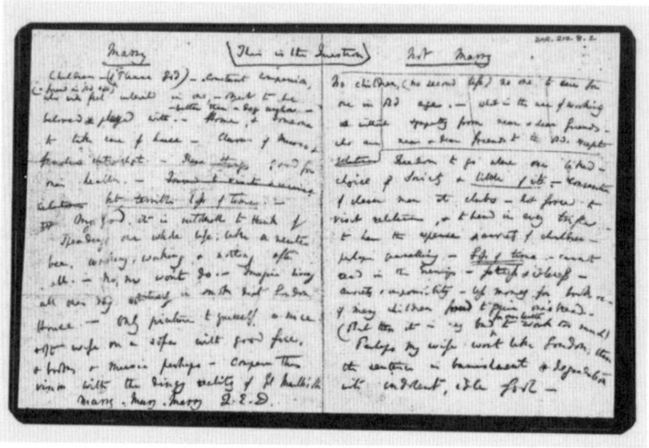

達爾文日記中做出結婚決策的一頁。

最後，來講一個達爾文的眞實故事。達爾文曾經無法決定到底是不是應該結婚。他使用了當時流行的一個決策辦法，就是把日記本上的一面分成兩半，左邊列舉結婚的理由，右邊列舉不結婚的理由，看看哪邊的理由充分（參上圖）。

達爾文列舉得非常詳細，其中一個不結婚的理由是結婚之後開銷變大，可能就沒錢買書了。

可是反覆思量之後，最終還是一個理由促使達爾文決定結婚。這個理由是，人不能光顧著工作，有了妻子、孩子才能享受到家庭生活的樂趣，哪怕爲此做出一定的犧牲也值得。就爲了這個理由（而不是所有理由加在一起權衡的結果），達爾文決定向表姊求婚。至於買書什麼的，都是不重要的細節問題。

他求婚成功了，而且收穫了幸福的婚姻。

如果一件事情眞的值得去做，哪有那麼多理由？

下次再有人不顧重點，在細節問題上糾纏不清，請你告訴他：「你過度擬合了。」

數學家告訴你最好的時間管理

時間管理的話題大家早就熟悉了，但這裡我想說一個關於時間管理的「大統一理論」。時間就是這麼點時間，事情就是這麼多事情，人就是你這麼一人，無非是花時間做事，那我們爲什麼還要說時間管理呢？這大概不是物理學問題，而是心理學問題。有任務壓著就會產生焦慮感，完成任務就能獲得成就感，也許我們是爲了管理心理才需要管理時間。

所以，有人說應該小事優先，根據ＧＴＤ（Getting Things Done）理論（繁體版書名爲《搞定！：工作效率大師教你：事情再多照樣做好的搞定5步驟》〔*Getting Things Done: The Art of Stress-Free Productivity*〕），你要追求的是一個心如止水的境界：準備幾份任務清單，只要時間、地點合適，凡是能做的事就馬上做，完成任務打了勾就可以把這件事給忘了。特別是凡是能在兩分鐘之內完成的任務，你就不應該再把它列入任務清單中，直接「搞定」，它就不會再「壓」你了。

可是也有人說，應該以要事優先。每天一到辦公室，就先做完今天「最重要」的三個任務，完成了重要任務，才能眞正省心。

還有人說，應該急事優先。很多工作是有期限的，應該將事情分爲四類：重要而緊急、重要而不緊急、不重要但緊急、不重要也不緊急。我們應該優先完成重要而緊急的事情。

可是也有人說，重要而不緊急的事才是能左右你成長的大事。

所有這些說法其實都是心法，而不是演算法；是藝術，而不是技術。那麼從數學家的角度來看，有沒有一套演算法來給時間管理找個最優解呢？

數學家問的第一個問題是你到底想要什麼？

緊急

如果你的任務都是有截止日期的，數學家的建議非常簡單，那就是按照截止日期的先後安排任務，先做最早截止的任務。比如，我寫專欄文章，就應該按照設定的發表順序寫。我們就把這個演算法稱爲「最近截止日期」演算法。

而不簡單的問題是，如果有任務不能按時完成，應該怎麼辦？從數學上來說，按照截止日期順序這麼一個一個完成的演算法，可以確保讓我「拖延最久的那個任務」的「拖延時間」最小化。這句話說得有點拗口，實際意思就是說，可能每個任務都會拖延一點，但所有任務都不會拖得太久。

但這在很多情況下都不是我們想要的。也許我們想要的是能按時完成的任務愈多愈好，不能按時完成的任務愈少愈好，那麼就要換一個辦法。

比如，你的冰箱裡有很多水果，它們都有自己的過期時間，所以你的目標是盡可能在過期之前把它們都「消滅」；但如果你眞的「消滅」不了，你的目標就應該調整爲盡可能減少扔掉水果的個數。

數學家對此的建議是，首先你還是用最近截止日期演算法，也就是按照過期時間吃，哪個最先過期就先吃哪個。吃了幾天後，一旦你發現這麼吃下去絕對吃不完，就應該扔掉剩下的水果中最大的那個，也就是吃它需要花費時間最長的那個水果。

也就是說，不管西瓜還有幾天過期，你都應該先把西瓜扔了，然後繼續按照最近截止日期吃。一旦發現又快吃不完了，再扔掉剩下的水果裡最大的那個。

對應到完成任務，這就意謂著**如果你想要的是盡可能按時完成更多任務，就應該先放棄那個占用時間最長的任務**。這個演算法叫做「摩爾演算法」（Moore's algorithm）。

小事和要事

一般任務的截止日期都是比較寬裕的，我們可以從容安排，那麼就要有別的考慮。

首先，如果這個任務牽涉到別人的等待時間，我們應該用「小事優先」（完成時間短的任務優先）的原則。

假設有兩個人在你辦公室門口等著和你談話，一個人想要談三分鐘，另一個人要談十分鐘。如果你先和三分鐘的這個人談，這兩個人在你這兒的總停留時間是十六分鐘（3＋3＋10）；但如果你先和十分鐘的人談，兩人的總停留時間就變成了二十三分鐘（10＋10＋3），這就浪費了。**小事優先，可以確保讓等待的時間之和最小化**。

但是就算沒有別人在等，我們也應小事優先，因爲你在等！你的心裡一直被任務壓著，你在等著任務完成。每完成一個小任務都能減輕你的心理負擔。

打過《魔獸世界》遊戲的人都有同感。比如你路過一段敵占區，突然衝來一堆小怪打你。就算你不馬上殺它們，它們短時間內也不能把你怎麼樣，但它們在你身邊打轉會讓你覺得難受。既然早晚都得殺它們，還不如早殺。小事優先，就是追求這麼一個「done」的感覺。

可是如果不同任務的重要程度不一樣，那就不能簡單地以小事優先爲原則。重要任務給你的心理負擔也更大！在小事和要事之間，怎麼權衡呢？數學家的答案非常簡單。你先估算一下每個任務的「重要程度」，然後算一算每個任務的「密度」。

一個任務的密度＝重要程度／完成時間

然後，你就按照任務的密度從高到低的順序去做事，這就能讓你總的心理負擔最小化。

一個衡量任務重要程度的簡單辦法，就是看這個任務能給你帶來多少收入。比如，你有兩個任務：第一個任務需要用一小時完成，它能給你帶來兩百元的收入；第二個任務需要用三小時完成，它能給你帶來三百元的收入。那麼數學家說，你應該先做第一個任務，因爲它的密度是兩百，而第二個任務的密度只有一百。

方法非常簡單，但是這個思想很重要，關鍵在於「量化」。你不能光說「要事優先」，到底多重要的事才算「要事」？現在有了這個量化的方法，我們就知道如果任務A的完成時間比任務B高一倍，那麼A的重要程度必須也比B高一倍，我們才可能優先考慮做A。

我們把這個演算法叫做「加權最短處理時間」演算法。這種計量方法非常符合我們的直覺。用錢來打比方，其實就是說，肯定要優先考慮單位時間內收入最高的工作。

從「最近截止日期」演算法到「摩爾演算法」，從「小事優先」到「加權最短處理時間」演算法，我們看數學家的思路都是先從一個簡單的情況出發，再針對複雜的情況改進。

那麼如果情況更複雜一點，怎麼辦呢？答案就非常出乎意料了。

萬全之策

如果你的任務列表中既有輕重又有緩急的區別，也就是既要考慮不同任務的截止日期，又要考慮它們的重要程度，你應該怎麼辦呢？

答案是沒辦法。也許你對遇到的每一個具體的任務列表都能想出一個最好的排序方法，但數學家們沒有一個通用的演算法能對每一種情況給出最優解。這還不算。如果列表中有些任務和任務之間存在先後順序的關聯，如你必須完成A任務才能去做B任務，這種情況也沒有固定的演算法可以解決。還有，如果有的任務必須等到一個特定時間才能開始做，如你必須等別人做出明確決定後再執行的任務，這種情況也無解。

時間管理，其實是一個非常困難的數學問題，比我們想像的困難得多。

如此說來，市場上有那麼多不同派別的時間管理書籍還眞是合理，因爲的確沒有一個放諸四海而皆準的好辦法。到底應該先做重要而緊急的事，還是先做重要而不緊急的事？數學家沒有找到固定的套路。你非要說你的原則好，數學家也沒意見。

那今天我們還能得到什麼呢？別急，只要給一個特殊的條件，數學家就能送你一個特別簡單、也特別有用的生活建議。

這個建議就是允許臨時中斷一個任務，去做新的任務。

比如，你正在做一件事，做到某一時間會來另一件新的事情要求你做，那麼你應該繼續完成手頭的工作，還是立即轉向去做這個新工作呢？這個問題是有解的。

數學家說，你只要按照同樣的標準去比較這個新任務和手頭的任務就行了。

如果你使用的是「最近截止日期」演算法，就比較一下新任務和手頭任務的截止日期；

如果使用的是「加權最短處理時間」演算法，就比較一下新任務和手頭任務的密度。手頭任務的優先順序高，你就繼續做手頭的任務；新任務的優先順序高，你就轉頭去做新任務。

可是如果不允許中斷任務，這個問題就是無解的——現在八點半，你手頭有幾個任務，而你知道九點鐘會來一個新任務。那你是先挑一個手裡的任務開始做，還是等著新任務？數學家對此沒有固定的演算法。

「加權最短處理時間」演算法並不完美。它假設任務轉換是沒有成本的，可是眾所周知，在不同任務之間來回切換要花掉很多時間。如果你對自己的工作比較有掌控力，不會隨時被人打擾，那麼「加權最短處理時間」演算法還是非常有用。

至此，《決斷的演算：預測、分析與好決定的11堂邏輯課》中最有意思的幾個演算法我們都講完了。前面講的都是數學家非常漂亮地、乾淨俐落地把生活問題解決了，最後這部分的結果有點無奈。

不過這也可以說是一個好消息，這說明（已知的）演算法不能指導全部的生活！你有時候沒有萬全之策，只能去嘗試和冒險，以我之見，這樣的生活更有意思。

總的來說，數學家在時間管理上到目前爲止最大的一個成果，就是可以打斷任務的「加權最短處理時間」演算法。這個演算法已經可以幫我們應對許許多多的局面了。

第二十六章

從決策優劣看智慧高低

我要說一個我們非常熟悉但實際上又特別陌生的概念：智慧。

「智慧」這個詞我們經常用，一般認爲這是一個比「智商」和「知識」都高級的詞。比如，有人說《論語》、《道德經》以及佛經這些古代經典裡面有智慧；有人說多讀書能夠獲得智慧。二〇一六年，我看了一齣電視劇《馬向陽下鄉記》，其中有個村幹部非常有意思，有時候領導說一句話，他就說：「哎呀！這句話大智慧啊。」有時候他老婆說一句話，他就說「你這話說得就不智慧。」

如果「智慧」只是一個籠統的讚美詞，那麼它就不具備可操作性，也談不上怎麼想辦法刻意增長智慧，那麼這個概念就沒什麼意思。

想要獲得「智慧」，我們首先得替它找一個可操作的涵義。

「智慧」的意義

「知識」，我們都知道是什麼意思，不用解釋。

「智商」，很多人都知道，它的意思是一個人的認知能力。比如，邏輯推理、模式識別、短期記憶力這些與積累了多少知識關係不大，但是能反映大腦運算水準的能力。

「情商」這個詞經常被濫用，但心理學家有比較明確的定義，是指一個人控制自己情緒的能力，比如意志力，遇到挫折不崩潰而保持樂觀。

那麼「智慧」是什麼呢？我最近看到一篇論文才知道，現在心理學家對這個詞也有比較明確的定義了。

這篇論文的題目是〈面對日常挑戰的明智推理〉（Wise Reasoning in the Face of Everyday Life Challenges），作者是來自加拿大、德國和荷蘭的四位研究者。這篇論文在引言部分介紹，目前心理學家們的確開始關注「智慧」，而且對老百姓說的「智慧」一詞在心理學中應該代表什麼意思有了共識：所謂「智慧」（wisdom），就是「明智的推理」（wise reasoning）。

這裡我把「reasoning」翻譯成「推理」實屬無奈，我找不到一個更好的中文來對應。這裡說的推理和「邏輯推理」還不太一樣，不是指做數學題或福爾摩斯分析案情，它的意思更廣泛一些，是指透過你的理性，對生活中遇到的挑戰做出正確的選擇和判斷。

比如說，現在有一個品質很好、可以用很長時間的名牌包，價格很貴，還有一個品質一般、但價格便宜的普通包，你買哪個？教師節，你兒子同學的家長給班主任送了厚禮，你送不送？

能不能做好選擇，和你的數學成績關係不算太大（當然也有相關性），這既不是邏輯推理，也不是腦筋急轉彎問題。掌握的知識多，未必對解決這些問題有「直接的」幫助。科普知識可以明確告訴你不要花冤枉錢買高價保健品，但是名牌包的確有更多效用，這些問題沒有標準答案。**你必須考慮到自身的情況，還要考慮當時所處環境的情況，綜合判斷，才能做**

出明智的選擇。

這種選擇能力不是知識、不是智商，也不是情商。心理學家乾脆叫這種能力爲「智慧」。

你是個有智慧的人嗎？

智慧需要什麼能力呢？你得對周圍環境非常敏感，能從一個更大的視野中看待這個問題；你得有靈活度，能同時考慮不同的觀點；你得善於自我反省，承認自己的認識是有限的。此前就有研究顯示，這種能夠具體問題具體分析的能力，對提高個人的生活水準來說，比智商更有用。

在這篇論文中，研究者特別從三方面評量一個人的智慧水準：

一、**智識上的謙遜**。我知道我需要更多資訊才能合理評估這件事，我知道未來可能還有不確定性。

二、**超越自我**。我知道我身在這個事件之中可能會當局者迷，如果能從旁觀者的視角看問題，也許更好。

三、**考慮他人的觀點，達成妥協**。我知道不同觀點的利弊，能理解這個事件參與各方的想法和立場。我不僅僅考慮自己的利益，也考慮和別人的關係。

研究者想知道智慧是怎麼在人群中分布的。是一些人確實比另一些人更有智慧，還是每個人面對不同局面會表現出不同水準的智慧呢？於是研究者找來一百七十六名受試者，這些人當中男女各占一半，年齡和受教育程度都不一樣，而且特意選的是一些沒有什麼心理學知識的受試者。

好了，先讓這些人做一個問卷調查，然後每人發五十歐元作爲酬謝。之後，研究者要求他們在未來九天裡，每天記錄一個詳細的日誌。記錄自己在遇到生活中各種情況的時候，是否使用了上面所說的三種智慧能力。研究者每天早上會給他們發電子郵件提醒，而且一旦完成日誌就再給二十五歐元。

結果，論文的主要結論是，智慧在不同人中的差異，比平均每個人在不同場合之間的差異要小。

這個結論非常有學術味道，就是說智慧可能不是個人的特點。也就是說，大概不是這個人比那個人有智慧，而是每個人有時面對這種情況很有智慧，而面對別的情況就沒有智慧。

這其實是個好消息，說明智慧和智商不一樣。智商主要是人與人的差異。一個智商高的人不但考試成績好，其他方面也好，智商很難透過訓練提高。那麼，現在既然個人面對不同的情況，智慧有差異，智慧也許就是可以學的！如果我們多熟悉一些不同的局面，也許就能學會更多地使用智慧！

這個研究還發現兩個小結論也很有意思。一個是當你和別人在一起時，你就更有可能使用智慧。這個可以理解，有別人在場，我們就更容易從其他視角去考慮問題。

另一個結論是，智慧和這些受試者的性別及受教育程度關係不大，唯一有關係的是年齡，年齡愈大的愈有智慧。所以智慧和智齒差不多，到了一定年齡就長出來。

提升自己就有更高智慧

我看這篇論文最大的收穫是，在智商、情商、性格等維度之外，心理學家研究人，還有這麼一個叫做「智慧」的維度。這個「智慧」的定義未必和我們心目中的「智慧」一致，比如你可能說「進化是大自然的智慧」。在這裡，心理學家把「智慧」的定義縮小了，但是也給了它可操作性。

如果你不喜歡縮小智慧的定義，我們也可以把今天說的這個概念按論文標題的說法，稱爲「明智推理」。

論文裡說的這三項明智推理能力，值得好好體會！我以前聽說一個理論，說有什麼好東西，你得先幫它起個名字，等將來遇到了你才能想起來、才能使用它。這三項能力我們現在一說，都知道是好東西，但如果沒聽說過，遇事未必會往這方面想。

現在我們知道了，這叫「明智推理」。那麼以後再遇到什麼事情，就能多個心眼兒，想想我能不能先別衝動地做決定、能不能用點兒智慧。

不過，我不太相信「人與人的智慧差別不大」這個結論。統計實驗研究的都是「普通人」，若眞有高人在裡面的話，他的數據恐怕會被研究者視爲「異類」，他就是葛拉威爾說的「outlier」。我相信，如果一個人好好提高自己，他就有可能獲得比一般人高得多的智慧。

「謙遜謹愼，旁觀者清，達成妥協」，這些都是能讓我們生活得更好的品質。能在日常生活中經常做到這三點，就是有智慧的人。

第二十七章

當紅還是過氣？

一個東西流行的速度是快點好，還是慢點好？很多人的看法包括我在內都是覺得慢一點好。很多東西流行得快，消亡得也快，根本經不起時間的考驗。

在很短的時間內成爲關注熱點的東西，英文裡有個專門的詞叫「hype」。Hype 對應的中文差不多是「炒作」，但「炒作」主要當動詞，就算當名詞用，也是指這個東西是「被炒作」才出名的。而 hype 對應的意思更廣泛一點，不一定要有人故意炒作，也可能是自發的，突然就成了熱點。

路遙知馬力

一個明星、一個節目、一項新技術、一個商業模式、一個文化概念，甚至是一個學術思想，都有可能是 hype。Hype 的標準就是「過度了」的「可見度」。

可是什麼叫「過度」？這其實只能事後才能確定。二〇一六年，川普折騰了大半年獲得了極高的關注度，如果最後沒有當選美國總統，我們現在絕對會說他是個 hype，可是人家當選了，那就不能叫 hype 了。反過來說，「3D 列印」這個概念在前幾年非常熱門，現在幾乎沒人談論了，看來的確是個 hype。

當一個東西的聲望如日中天時，你怎麼知道它到底是不是 hype 呢？

有一個辦法可以判斷，就像一開始說的，看它成名的時間長短。納西姆．尼可拉斯．塔雷伯（Nassim Nicholas Taleb），我們完全可以想像，作為一個哲學家，他肯定是看不起任何新流行的事物。事實上，在《反脆弱》（*Antifragile: Things That Gain from Disorder*）一書裡，塔雷伯就說，要想預測一個想法或訊息還會存在多久，就應該看它已經存在了多久。

比如，「椅子」作為人類的一項發明，它本質上是一個可複製的資訊。而鑑於椅子已經存在了上千年的時間，我們可以預期它至少還會存在上千年的時間。一千年以後，電腦鍵盤、手機這些東西未必存在，但是椅子一定還存在。

塔雷伯甚至說，訊息或想法的預期壽命與它的現有壽命成正比。

當然，他說得有點誇張了。汽車的壽命才一百多年，我就不信再過一、兩百年就沒有汽車？但塔雷伯的想法是對的，新技術是引人注目，但愈新的技術就愈容易被取代，升級換代就愈快。

我看塔雷伯這個定律的問題是時間尺度有點大。愈是短期的事，他說得就愈不準。比如塔雷伯說，如果哪個高科技公司登上《時代》雜誌的封面，那麼很可能它這個技術的 hype 已經到了頂峰，你現在可以做空它家的股票了。

是真的嗎？祖克伯上了二〇一〇年的《時代》雜誌封面，而且還是年度人物。那時候的臉書還沒有上市，規模和盈利都遠遠不如今天，可以說，《時代》雜誌是冒了一點風險。如果那時候你手裡有臉書的股票，一看這期雜誌封面，就應該斷定臉書的 hype 已經到頂，就應該趕緊把股票賣掉嗎？

那你可能會非常後悔。一年多以後，臉書正式上市，此後股價有過波動，但總體來說是一路上漲的。也許塔雷伯會說「從長期來看」，臉書還是一個 hype，必將消亡；從長期來看，塔雷伯也必將消亡。

所以「長期」沒意思，約翰·梅納德·凱恩斯（John Maynard Keynes）說，從長期來說我們都死了。可能**一切流行的東西在一定的時間尺度上都是 hype，但我們關心的是在十來年的這個時間尺度上，哪些東西會很快消亡，哪些東西能夠持續存在甚至做大。**

高德納技術成熟度曲線

對於這個問題，至少在技術界已經有一個取得了很高認同度的理論，中文叫做「高德納技術成熟度曲線」，英文是「Gartner Hype Cycle」，我們這裡就叫它 hype 曲線吧。它表現的是一項新技術從出生到變成 hype、到低谷、再到真正實用化的過程（參下頁圖）。

橫坐標是時間，縱坐標是人們對這項技術的期望值，也可以說是這項技術在媒體上的曝光度。一開始無人問津，有了一些苗頭之後，媒體興奮地大肆宣傳，很快聲望達到頂點，關注者極多，然後很多人失望而去，再到達谷底，可是這個技術仍在不斷迭代，後來終於實用化，穩步攀升。

這個曲線的前半部分和「時尚動力學」的趨勢是一樣的。跟風者太多，導致它的流行度增長過快，緊接著，反流行的趨勢就成爲主流，然後跌落下來。

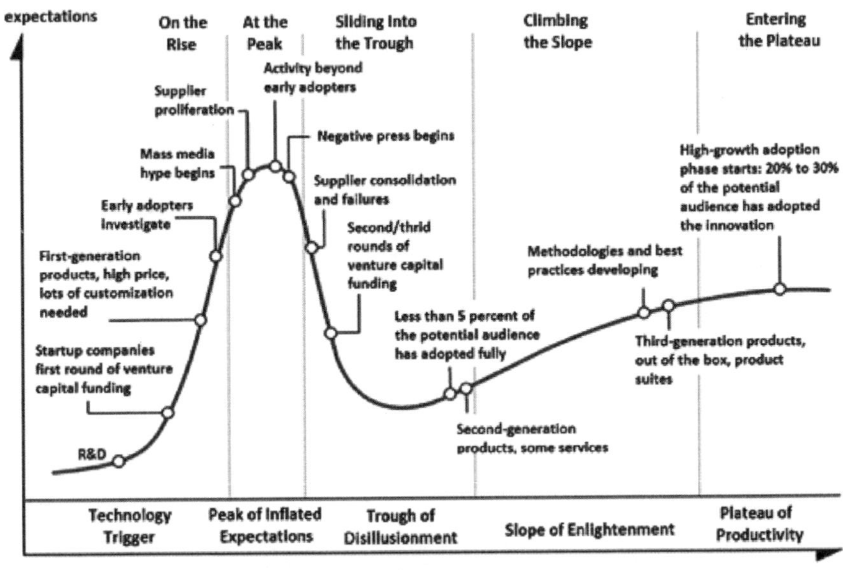

技術與名氣和時尚服飾的區別在於，技術裡可能有眞東西。如果這個眞東西足夠厲害，就算後來不關注了，你也不能不用它。比如，有人說抽水馬桶是人類最偉大的發明，當然現在沒有人讚美抽水馬桶技術，那早就不是時尚，可是你不能不用它。這大概就是新技術的最好歸宿。

並不是所有新技術都能走完這條曲線。「高德納」是一家商業諮詢公司，每年都會發布一版新的 hype 曲線圖。曲線的形狀不變，看點是曲線上標記的各項新技術所在的位置。下頁上圖是二〇一四年的 hype 曲線圖。

我們熟悉的「家用3D列印」和「大數據」都在列，但是已經到了 hype 峰的下行一側，有點過氣的意思。而到了二〇一六年這一版（參下頁下圖），這兩個概念都從圖上消失了。

我不確定爲什麼二〇一六年的圖上沒

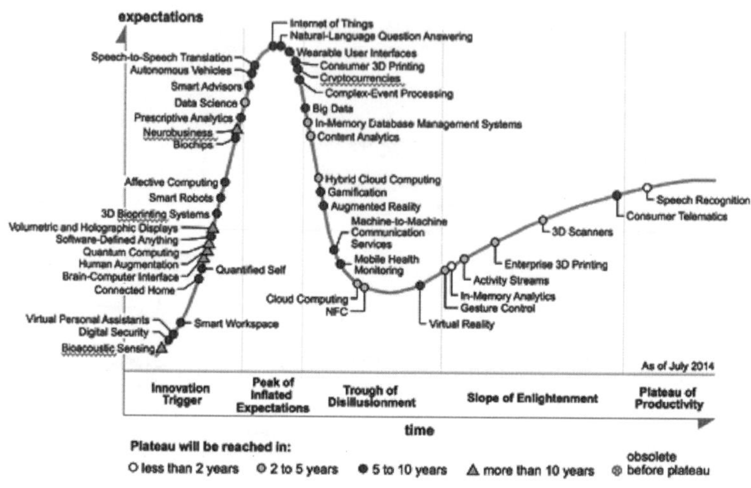
expectations
Internet of Things
Natural-Language Question Answering
Wearable User Interfaces
Consumer 3D Printing
Cryptocurrencies
Complex-Event Processing
Big Data
In-Memory Database Management Systems
Content Analytics
Hybrid Cloud Computing
Gamification
Augmented Reality
Machine-to-Machine Communication Services
Mobile Health Monitoring
Cloud Computing
NFC
Virtual Reality
Gesture Control
In-Memory Analytics
Activity Streams
Enterprise 3D Printing
3D Scanners
Consumer Telematics
Speech Recognition
Speech-to-Speech Translation
Autonomous Vehicles
Smart Advisors
Data Science
Prescriptive Analytics
Neurobusiness
Biochips
Affective Computing
Smart Robots
3D Bioprinting Systems
Volumetric and Holographic Displays
Software-Defined Anything
Quantum Computing
Human Augmentation
Brain-Computer Interface
Quantified Self
Connected Home
Virtual Personal Assistants
Digital Security
Smart Workspace
Bioacoustic Sensing
As of July 2014
Innovation Trigger
Peak of Inflated Expectations
Trough of Disillusionment
Slope of Enlightenment
Plateau of Productivity
time
Plateau will be reached in:
less than 2 years
2 to 5 years
5 to 10 years
more than 10 years
obsolete before plateau

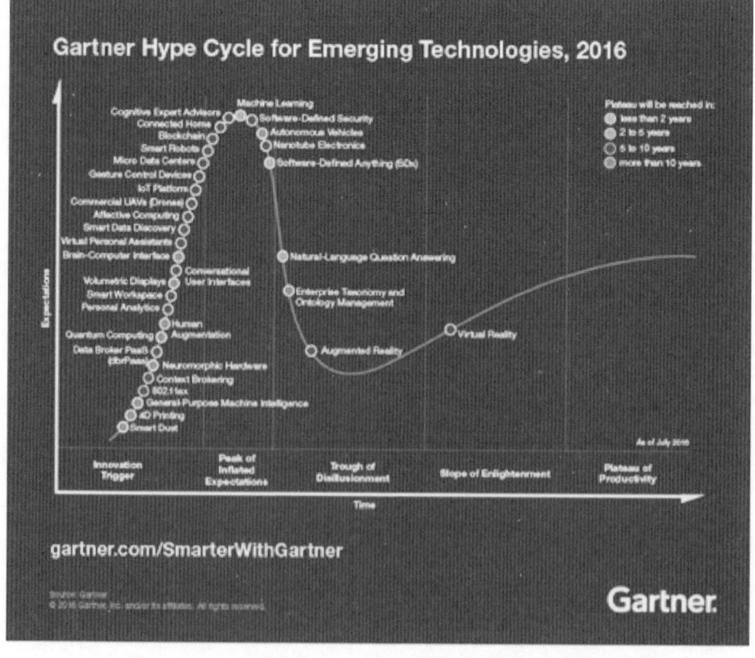
Gartner Hype Cycle for Emerging Technologies, 2016
Machine Learning
Cognitive Expert Advisors
Connected Home
Blockchain
Smart Robots
Micro Data Centers
Gesture Control Devices
IoT Platform
Commercial UAVs (Drones)
Affective Computing
Smart Data Discovery
Virtual Personal Assistants
Brain-Computer Interface
Conversational User Interfaces
Volumetric Displays
Smart Workspace
Personal Analytics
Human Augmentation
Quantum Computing
Data Broker PaaS (dbrPaaS)
Neuromorphic Hardware
Context Brokering
802.11ax
General-Purpose Machine Intelligence
4D Printing
Smart Dust
Software-Defined Security
Autonomous Vehicles
Nanotube Electronics
Software-Defined Anything (SDx)
Natural-Language Question Answering
Enterprise Taxonomy and Ontology Management
Augmented Reality
Virtual Reality
Plateau will be reached in:
less than 2 years
2 to 5 years
5 to 10 years
more than 10 years
Expectations
Innovation Trigger
Peak of Inflated Expectations
Trough of Disillusionment
Slope of Enlightenment
Plateau of Productivity
Time
gartner.com/SmarterWithGartner
Gartner.

有「家用3D列印」和「大數據」，可能是高德納公司沒有標記，也可能是他們認為這兩個概念已經沒有意義。「機器學習」是現在的風頭浪尖，而「虛擬現實」（亦稱虛擬實境，VR）則正走向成熟的路上。

我們大概可以說，位於曲線左側、風頭正勁的這些新概念，將來都有從曲線上消失的可能，即使從短期來看，它們也是hype。

如果你要投資，投資曲線左側技術的風險，肯定比右面谷底往後已經成熟技術的風險大，但是賭對的話，短期內的收益也更高。

也許hype曲線還可以告訴我們一些別的東西。比如，我們熟知的那些明星都在這條曲線的什麼位置？大多數選秀歌手參加選秀節目的那一刻，就是他們關注度的頂點，此後很快下滑，沒有再次攀升的機會。

但也有些明星過了谷底還能再次崛起，雖然這一次崛起的速度慢了很多，但是很穩定。這樣的明星就能成為觀眾的老朋友，也許在塔雷伯的有生之年都能長盛不衰。

那麼我們這些普通人有沒有hype曲線？可能也有。學習好的人的巔峰時刻就是大學入學考試那一刻，親朋好友眾人關注。等到了大學一看高手眾多，心態就比較低調，畢業以後如果做得好，才是實實在在的上升。

我覺得最關鍵的教訓是，人的認知總是偏愛新東西，我們總是給新概念和年輕人更多關注，所以hype曲線的左側一定是非常陡峭的急劇上升，而這個上升速度和高度其實都是偏見導致的假象！你一定會很快就失去這麼高的關注度，忍受一段谷底的考驗。如果你能挺過去，後面才是真功夫。

PART 5

高手洞見的未來

天體物理學給了我們一個「宇宙學視角」，
意謂著這個世界不是因你而存在，我們要謙卑一點，
因爲宇宙非常大，哪怕再遙遠，我們每個人和每個人都有關係。
天體物理學家泰森說，探索宇宙讓我們保持把眼光放遠的態度；
願意向外探索，實在是事關謙卑的美德。

第二十八章

給忙碌者的天體物理學

英文版的《宇宙必修課：給大忙人的天文物理學入門攻略》（*Astrophysics for People in a Hurry*）二〇一七年五月剛剛出版，作者是天體物理學家，但他更著名的身分則是科普達人，有個拍得特別漂亮的系列紀錄片叫《宇宙大探索》（*Cosmos: A Spacetime Odyssey*）就是他主持的，他就是尼爾・德格拉斯・泰森（Neil deGrasse Tyson）。

「天體物理學」似乎是一個有點不明白在說什麼、但感覺很厲害的題目，可是這本書在《紐約時報》暢銷書排行榜排名第二！它是一本寫給一般讀者看的天體物理學書籍。你整天忙著要成功，還要平衡工作和家庭！但是忙歸忙，每個人內心深處都想知道我們生活的這個宇宙到底是怎麼回事。

幸運是這個宇宙的通行證

宇宙是完全不可知的嗎？我們可能是生活在一個電子遊戲中嗎？物理學家對這個宇宙到底知道多少呢？

答案是很多很多。我們今天對宇宙的了解，和一百年前、甚至幾十年前都非常不一樣。

我們已經有很大的把握知道這個宇宙是怎麼回事，而你也有權知道。

偶爾仰望天空時，你會想到什麼呢？你可能覺得理科生沒有什麼情趣，看見天空無非就是想想「光譜」之類的物理學知識。文藝青年卻可能想到宇宙之博大和個人之渺小，想到眞理，想到公平和正義……

但事實上，現代天體物理學比文藝青年想像的東西要豐富很多倍，也精彩很多倍。讀了這本書，下次仰望天空時，你會是個更有內涵的人。

比如說，當你看太陽的時候，應該想什麼呢？

你首先應該想——光譜。

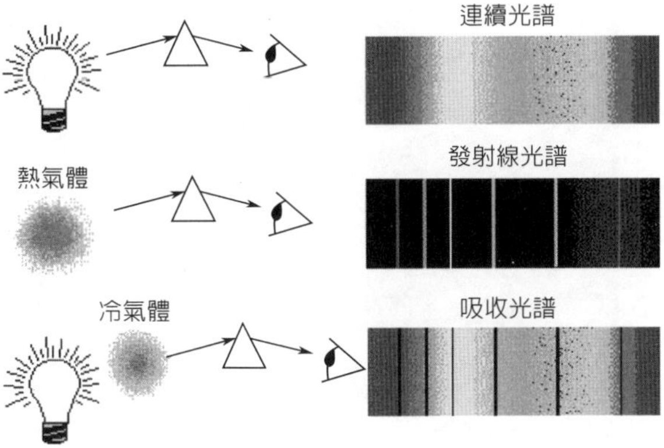

物理定律到處都管用

牛頓之前的人大多認爲天上有天上的法則，和地球上是完全不同。牛頓的萬有引力定律是歷史上第一個宣稱不僅適用於地球，而且適用於整個宇宙的理論。他的理論還眞的解釋了天體運行！天和地在這個定律眼中是平等的！你可以想像，對當時的人來說，這是多麼震撼的知識。

這個震撼一直持續到十九世紀。那時候物理學家發現，每個化學元素的光譜都有自己唯一的特徵。隨便給一堆氣體，物理學家拿光一照，看看吸收光譜，就能準確判斷這裡面都有些什麼元素。（參上圖）

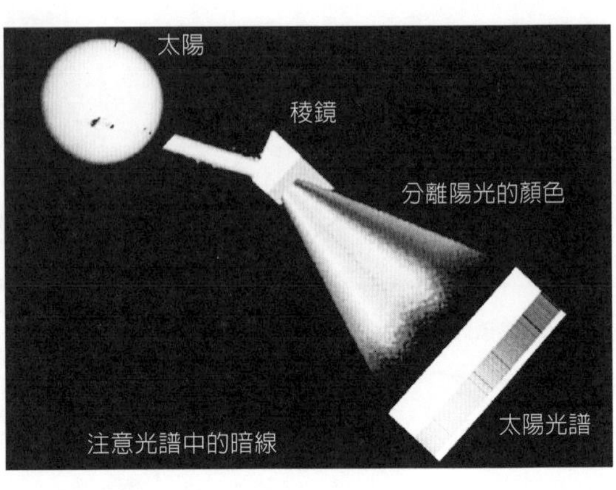

這個工具太厲害了，物理學家馬上就分析出了太陽的光譜（參上圖）。

到這時候物理學家才知道，原來太陽裡的各種元素基本都是地球上也有的，無非是氫、碳、氧、氮、鈣等等。只有一個元素地球上沒有，那就是「氦」，不過元素週期表裡已經給它留了位置，而且現在我們可以在地球上製造氦。

這是人類第一次得知，原來構成太陽的物質不是神祕的東西，就是地球上也能找到的普通元素！你再分析遠處那些星星發光的光譜，結果也都是平常的元素。

這是一個非常了不起的發現。我們並未離開地球，但我們知道別處的物質和我們這兒並沒有什麼不同。那麼如果真有外星人造訪地球，他們乘坐的飛碟應該也是用「普通」元素建造的。

而且，別處的物理定律也和我們這裡是一樣的。你考察太空深處的一個雙星系統，它們的軌道在引力作用下互相影響，你一算，軌道正好能用牛頓力學解釋。而且過去的物理定律也和我們現在的一樣。我們知道光是有速度的，我們看幾十億光年以外地方的星體，看到的其實是那些星體幾十億年以前的樣子。這就能讓物理學家觀察到早期的宇宙。物理學家測量很遠很遠地方發來的星光光譜，發現它們和地球上元素的譜線完全一樣，絲毫不差。這意謂著早期宇宙的原子物理學和我們現在的完全一樣！更進一步考察太陽發光的情況，物理學家知道引力常數（G）也從來沒有變過。

昨天、今天和明天，東方、南方和北方，這裡、那裡和所有地方，構成這個宇宙的物質和物理定律都是一樣的！

對想要移民太空的人來說，這可能不是個好消息，這意謂著你走到哪兒也開採不到我們認知範圍以外的元素。對物理學家來說卻這是個好消息，物理定律到處都管用。

既然如此，我們就可以用同樣的物理定律計算宇宙的起源。

宇宙的起源

物理學家的觀測和計算結果是這個宇宙起源於一百三十七億年以前一次「大爆炸」。我們已知的物理定律只能從宇宙起源10^{-43}秒之後開始起作用，這就是「普朗克時間」。物理學一共有四種基本相互作用：引力、強相互作用、弱相互作用、電磁相互作用。在普朗克時間之前，四種相互作用是統一在一起的，描述那樣的狀態需要把廣義相對論和量子力學統一在一起，而這個工作現在還沒做好。

10^{-43}秒開始，引力就脫離出來單獨起作用。那時候宇宙還是個直徑爲10^{-35}公尺的一個小點，但溫度無比的高。

到10^{-35}秒的時候，強相互作用和「弱電相互作用」分開了。到稍微更晚的時候，弱相互作用和電磁相互作用分開了。

到兆分之一秒的時候，宇宙裡有了粒子，夸克和輕子已經出現。電子就是我們最熟悉的

「輕子」。這時宇宙裡不僅有夸克和電子，還有反夸克和反電子。到二〇一二年，物理學家知道，在當時那個高溫條件下，夸克和電子都能自由行動，宇宙就像一鍋「夸克輕子粥」。

這鍋粥裡的主要活動是正反物質的產生和湮滅。夸克和反夸克、電子和反電子一旦相遇就會湮滅，並且釋放出兩個極高能量的光子，而在這個時候宇宙的高溫之下，光子又會再產生正反夸克和電子。一個正電子剛剛產生之後，又馬上和另一個電子相遇，然後湮滅成光。

這是一個非常有意思的機制。如果正反物質總是成對產生、成對消失，為什麼我們現在的宇宙裡都是正物質，沒有反物質呢？出於某種還不為物理學家完全理解的原因，每十億對夸克和反夸克湮滅，會留下一個正夸克作為倖存者；我們今天的世界都是由這樣的倖存者組成的。這些倖存者實在太幸運了，如果每個人都是早期宇宙中的一個正夸克，等於今天活著的全體中國人中只有一人能倖存！

到百萬分之一秒的時候，整個宇宙已經膨脹到像太陽系這麼大，溫度進一步下降，夸克們會被三個一組束縛在一起，形成「重子」，也就是質子和中子。

但與此同時，質子和反質子、中子和反中子之間也要不停地發生碰撞湮滅變成光子，光子再生成正和反的質子和中子。正物質的質子和中子的倖存率也是十億分之一。

到一秒的時候，宇宙已經膨脹到幾光年這麼大了。更低的溫度使得質子和中子被結合在一起形成原子核，其中九〇%是氫原子核，剩下的一〇%是氦原子核，其他的元素極少，都可以忽略不計。

這個時候，光子溫度只夠它產生電子和反電子，但電子和反電子之間也在不停地發生湮滅。同樣的道理，因為十億分之一的倖存率，最後剩下的全是電子。

等到宇宙年齡是三十八萬歲的時候，溫度低到讓所有電子都被原子核捕獲，變成氫原子和氦原子。

到十億年的時候，這些原子在引力的作用下結合在一起，就會變成恆星，然後這些恆星又會組成星系。那個時候，我們已經有了一千億個星系，每個星系裡會有幾千億個恆星。其中，有些比太陽大十倍的恆星在高溫、高壓之下，可以生產一些更重的元素，如氧和碳之類。這些恆星最後會爆炸，重元素被傳播出來，散布在整個宇宙之中。正因爲這樣，今天我們才會有這些重元素，否則宇宙中幾乎全是氫和氦了。

又過了九十億年，在宇宙中某個不起眼的地方產生一個不起眼的恆星，這個恆星就是太陽。太陽所處的位置正好有很多重元素構成的氣體，這些氣體在引力作用下慢慢凝聚在一起，形成行星。

其中某一顆行星距離太陽不遠不近，正好允許液態水的存在，這個行星就是地球。此後又經過無數機緣巧合，地球上有了生命，生命演化，最終有了人類。

有個著名的說法是，**我們每一個人都是一億分之一的幸運者**。這是因爲當初精子和卵子結合，一億個精子中只有一個最終能進入卵子形成受精卵，在這場競爭中，我們每個人都打敗了一億個精子。

但是你想想宇宙的起源，我們的幸運度其實比這要高得多；構成你身體的、你周圍環境的每一個原子，都是這麼幸運。每一個原子身上的每一個質子、中子、電子，都是正反物質湮滅中十億分之一的倖存者！

我們能有今天，難道不是奇蹟嗎？

不過，如果你是天體物理學家的話，你會覺得更幸運。

給天體物理學家的禮物

比「存在」更幸運的是，我們不但存在，還可以回過頭去「理解」這個宇宙。大爆炸不但創造了宇宙，還給天體物理學家留下一個禮物。

這個禮物就是「微波背景輻射」。

前面說過，原子是在宇宙年齡三十八萬歲的時候形成。在此之前的宇宙就算去了也看不遠，因爲溫度太高，光子隨時會被電子碰撞，走不遠。

從那個時候開始，光子終於自由了。它們在宇宙中飛翔，一直存在到今天。隨著宇宙膨脹，這些光子的能量變得愈來愈低，到今天它們的能量已經降低了一千倍，變成了微波，遍布於整個宇宙。這就是「宇宙微波背景輻射」。

一九四八年，幾個美國物理學家使用三個理論，預言了微波背景輻射的存在。這三個理論是：

- 一九一六年，愛因斯坦提出的廣義相對論。
- 一九二九年，哈伯（Edwin Powell Hubble）發現宇宙正在膨脹。
- 二戰前後，美國曼哈頓計畫中的一系列原子物理實驗結果。他們僅利用這三個理論就推算出來，「宇宙微波背景輻射」的溫度應該是五K[28]。到了一九六四年，兩個貝爾實驗室的工程師偶然測量到「宇宙微波背景輻射」。現在最精確的結果，這個溫度應該是二．七二K。

這是物理學的偉大勝利！你想想，當初我們用了三個在地球上發現的物理知識，只是用一個模型去推測宇宙應該起源於大爆炸，然後算出這個大爆炸有個溫度是五K的遺跡……居然還找到了這個遺跡，而且數值相差不到兩倍?!

有個天文學家形容，這就好比你坐在房間裡算卦，說某月某日將會有個直徑十五公尺的飛碟降落在白宮草坪。而到了那一天，居然眞有個飛碟降落在了白宮草坪，只不過飛碟的直徑不是十五公尺，而是八公尺。飛碟能來就已經是奇蹟了！

更慶幸的是，宇宙中遍布一種氣體分子，叫做「氰」（符號是CN，cyanogen）這個分子受到微波輻射會被激發。物理學家從它被激發的情況，就可以判斷宇宙微波背景輻射在各處的溫度有什麼細微差異。

現在借助衛星觀測，天文學家可以精確繪製整個宇宙的微波背景輻射地圖（參上圖）。

我們看到，這張圖並不是完全均勻的。「宇宙微波背景輻射」帶來的是，宇宙剛剛三十八萬年時候的訊息。我們可以據此推測當時的物質在宇宙的分布情況。根據這一點，我們便能推測宇宙現在的物質是如何分布，宇宙的未來將會怎麼演變。

泰森說，正因爲有了「宇宙微波背景輻射」這個東西，天文學才

㉘ K為絕對溫度Kelvins的簡寫；絕對零度為攝氏零下二七三．一五度，即分子能量最低時的溫度。

變成了眞正的科學！現在，你有任何理論模型都可以計算一番，去和微波背景輻射訊息做個比對，驗證不了就只能淘汰。宇宙學成了精確科學！

過去這一百多年間，物理學家做了非常了不起的事情。我們透過地球上得到的物理學，居然能精確了解這個宇宙的早期是怎麼回事。以人類的生存偏見眼光去看，這個大歷史的主題應該是幸運，我們經歷的是動不動就十億分之一的中獎機會。

因為慶幸，物理學更厲害

本文我們講了宇宙這麼動人的故事，我想學學和菜頭㉙來個「禪定時刻」。

因爲微波背景輻射的存在，宇宙中哪怕是最空曠的地方，也不是完全冷的絕對零度，至少有二點七二K的溫度。你知道宇宙中最冷的地方在哪兒嗎？就在我家附近。

從我家開車二十五分鐘，就是科羅拉多大學物理系。其中有個實驗爲了研究玻色—愛因斯坦凝聚，物理學家在裡面製造了比宇宙微波背景輻射還低的溫度。

現代物理學就是這麼厲害，但這個厲害的背後是慶幸。

如果正反物質湮滅沒有十億分之一的倖存率，那麼上帝創造宇宙時說完「要有光」……也就只能有光；如果沒有大恆星生產重型元素，那麼宇宙中就只能有氫和氦；如果沒有後來的一系列「如果」，我們就不會站在這裡仰望天空。

如果今天測不到微波背景輻射，如果物理定律和物質在別處和在我們這裡不一樣，如果元素光譜沒有那麼簡潔漂亮的性質，我們就不可能理解這個宇宙。

所以泰森有句名言：「這個宇宙根本沒有義務讓你理解。」

所幸的是，宇宙還是給物理學家提供了「知識服務」。我們今天居然能在這麼大程度上理解這個宇宙，而且還理解得如此精確，你說這生活是多麼美好啊！

當然，物理學家還有很多不知道的事情。

暗物質的陪伴

前面我們講了物理學家知道關於這個宇宙的很多事，接著我要說的是一個物理學家還不完全知道、但是作夢都想知道的事。

我在〈伽利略的反應速度〉一文中講過望遠鏡的起源。在望遠鏡剛出來的時候，它的放大倍數很低，既沒有軍事用途也沒有科學用途。最早的望遠鏡被稱爲「偷窺鏡」，因爲人們買望遠鏡主要是爲了偷窺鄰居。

當然，偷窺這種行爲是很猥瑣的，但這也取決於你觀察鄰居時到底看了什麼、看了多長時間，以及你看的時候有多用心。我就聽說過有人透過偷窺洞察了人性，還出了書，更新了世人的「三觀」。從某種意義上來說，天文學家做的事和偷窺者差不多，他們都是充滿好奇心地觀察一些東西。最大的區別也許是天文學家看的東西更多、看的時間更長，而且看得非常用心。所以天文學家發現的結果，比偷窺鄰居刺激多了。

而接下來的內容就好比是，你發現有些鄰居的行爲實在太怪異了。

㉙ 和菜頭是微信公眾號「槽邊往事」的營運者。

少了很多東西

滿天星斗並非是雜亂無章。古人的思路是把星星劃分成「星座」，而今天的天文學家對星星之間的關係看得更清楚，他們的劃分思路是「星系」和「星系團」。

我們這個太陽就處在「銀河系」這個星系之中。從地球上看，銀河是帶狀的；但是，如果能換個遠方太空中居高臨下的視角，銀河系其實是盤狀的。它有若干條螺旋臂，太陽就位於銀河系某個不起眼的螺旋臂中某個不起眼的位置。

每個星系中可能有千億、甚至萬億顆恆星，就像行星圍繞恆星轉一樣，星系中的恆星也繞著星系的中心轉，這當然是因爲星系內部這一大堆恆星集合在一起，給外面的恆星提供了一個向內的引力。

像銀河系這樣的星系，宇宙中至少有千億個。星系們又組成星系團，然後每個星系都繞著它所在星系團的中心轉。

在星系中間那廣闊的空曠地帶其實也有很多物質，包括矮星系、不屬於任何星系的孤單恆星、星系間的氣體等；但是總體來說，結構就是這樣的。如果你把宇宙想像成一個國家，星系團就好像是城市，這些城市就好像一個個島嶼散布在宇宙之中。

天文學家看著這些星系和星系團，實在著迷。

一九三七年，瑞士天文學家弗里茨．茲威基（Fritz Zwicky）仔細觀察了一個星系團叫「后髮座星系團」（Coma Cluster）。茲威基選擇了后髮座星系團裡的幾個星系，測量這些星系繞著星系團旋轉的移動速度。茲威基發現，這些星系的移動速度都太快了。

我們可以做個實驗體會一下。你拿一條比較長的繩子，如耳機線，抓住一端快速甩動，讓繩子繞著你的手指旋轉。很明顯，轉動速度愈快，你的手指就要愈用力。如果轉動速度特別快，以至於你的手抓不住了，這條繩子就會飛出去。地球繞著太陽轉也是這個道理，中心提供的引力愈大，能支持的旋轉速度就愈大。

星系繞著星系團的中心轉，也是這個道理。茲威基估算了后髮座星系團內部大概有多少星系，這些星系總共有多大的質量，能提供多大的引力。他發現，這個引力根本支撐不了外面星系旋轉的速度！那麼高的速度，那幾個星系都應該被甩出去才對！

茲威基非常相信自己的計算，他據此判斷，星系團內部必定還有一些我們看不到的物質，提供了多餘的引力。

此後，天文學家們陸續考察了其他星系團，結果每個星系團都有這個現象。

到了一九七六年，一個叫薇拉．魯賓（Vera Rubin）的女天文學家又把目光對準了恆星圍繞星系的轉動。首先她注意到，在一個星系的可見部分之中，愈往外的恆星，旋轉速度就愈快。這是可以理解的，愈往外的恆星，它裡面的恆星就愈多，能提供的引力也就愈大。

然後，魯賓在星系的最邊緣找了幾顆恆星，結果發現這幾顆恆星也是愈往外速度愈快。這就不對了，因爲從這裡再往外，就沒有多少恆星給它們提供更多引力了。

無論星系繞著星系團轉，還是恆星繞著星系轉，轉速都比天文學家計算的快得多。

打個比方，這就像你密切觀察你的鄰居，詳細記錄了每一個人的出行情況，發現他們平時都不出門，只在週末出去買點食物回來吃。你仔細測量了他們每個週末買回來的食物都有什麼，總共能提供多少熱量，結果你發現這些買回來的東西根本不夠一家人吃一週。那這一家人是怎麼生存呢？

黑暗的物質

最合理的解釋就是鄰居吃了一些你看不到的東西。物理學家把提供多餘引力的東西稱爲「暗物質」。計算表明，想要維持那麼高的速度，暗物質不但要提供多餘的引力，還必須提供很多多餘的引力才行：暗物質的總質量，必須是已知物質總質量的六倍。

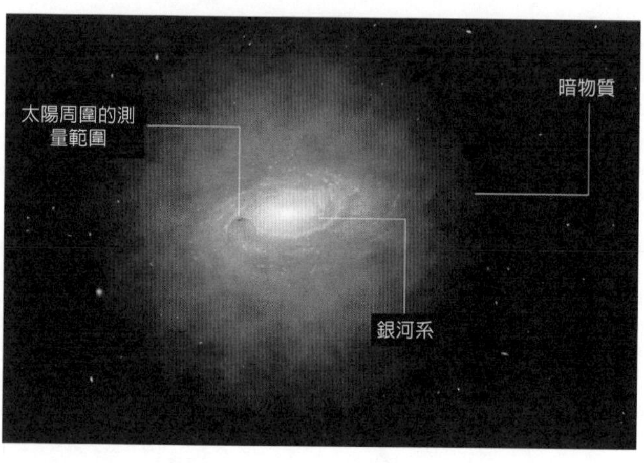

考慮到暗物質，我們銀河系的圖像應該如上圖。

整個星系被一層厚厚的暗物質包圍。暗物質在星系中間比較濃，遠離星系的地方慢慢變淡。因爲我們的太陽系只是整個星系中間的一小塊區域，行星和衛星都太小，運動不會受到暗物質的影響，因此我們感覺不到；但如果考察星系邊緣那些恆星的運動，影響就非常明顯了。

暗物質到底是什麼東西呢？我們的第一反應爲也許暗物質就是一些比較「暗」的正常物質，因爲太暗了，所以我們看不到；而物理學家已經排除了這種可能性。我們先一個一個說。

暗物質是黑洞嗎？黑洞其實是可探測的。黑洞在很小的區域內產生很大的引力，周圍星體會繞著黑洞轉，我們一看那些星體的軌道，就知道中間有黑洞。

暗物質是星際間的氣體雲嗎？也不是。遙遠的星光穿過氣體雲會受到影響，但我們沒有發現這種影響。

暗物質有沒有可能是一些散布在空間沒有恆星「主人」的流浪行星呢？這也不太可能。你要知道，我們太陽系總重量的五分之四都在太陽上，而不是在行星上，宇宙中不太可能是行星集中那麼大比例的質量。

就像中學生解數學題要用兩種不同方法求解一樣，物理學家還可以從另一方面證明暗物質不是尋常物質。物理學家計算表明，大爆炸產生的氫原子和氦原子核的比例是十比一，這個比例還可以與宇宙微波背景輻射的觀測結果對上號——宇宙創生中所有的核反應都在這裡了。也就是說，暗物質根本就沒參與核反應！

目前所有的儀器都測不到暗物質。物理學家知道的四種相互作用，暗物質很可能除引力外，其他都不參與。

我們想想這個東西。除了引力，我們在生活中、在原子核之外所能感受到的所有「力」（我們能看到光、被什麼東西打一下會疼）都是電磁力，可是暗物質不參與電磁力。

這就是說，你的房間裡遍布著一種特殊粒子構成的氣體。這種粒子可能比質子、中子都大很多，也很重。可是你摸不著、看不到它，就算用上各種先進儀器，也完全感受不到它的存在。你任憑它在你的身體中穿過。

各種可能性

物理學告訴我們，所有東西都有引力。但是不是「有引力」就一定「有東西」呢？這個現在很難回答，也許我們需要在牛頓、愛因斯坦之後再出一位神人，給我們新的引力理論。

連民間科學家都可能會想到，是不是愛因斯坦的廣義相對論在星系這麼大的尺度上出錯了？有人在做這個工作，但大多數物理學家對廣義相對論非常有信心。廣義相對論是一個相當精確的理論。

事實上，物理學家把民間科學家想不到的離奇可能性也想到了。比如說，有沒有可能暗物質是我們感受到來自「高維空間」的引力？也許存在多重宇宙，有一個「平行宇宙」和我們的空間重疊在一起，以至於這個平行宇宙中的物質引力穿越時空維度而讓我們感受到了。這些可能性似乎都不大。

如果暗物質根本不參與引力之外的其他相互作用，那麼它到底是怎麼從宇宙大爆炸中產生的？物理學家的一個猜想是，或許暗物質也參與了強相互作用或弱電相互作用，只不過實在太微弱了，不容易測到。

所以，現在物理學家正在上天入地去探測暗物質。他們把專門的衛星送上太空，在地底下挖了很深很深的坑，在實驗室裡用最高能級的粒子加速器進行碰撞，希望能找到一、兩個「暗物質粒子」。

但是從一九三七年茲威基的發現至今，八十年過去了，物理學家對暗物質的了解仍然沒有突破。

但是物理學家回頭又算了一下。我們知道大爆炸以來，宇宙一直在膨脹。在這個過程中有兩種力量在對抗，一種力量是引力，引力是把東西聚集在一起；另一種力量是膨脹，是要把東西分散開。

這兩種力量如果平衡得不好，就不會有今天的日月星辰。引力太強，宇宙中的原子們剛剛出生就會擠在一起；引力太弱，它們就不會有機會凝聚成恆星。

物理學家計算發現，我們已知這些尋常物質的引力，原來根本對抗不了大爆炸的膨脹。原來非得依靠暗物質的陪伴才有我們這個宇宙的今天。那麼到底需要多少暗物質，才能讓宇宙膨脹成今天這個樣子呢？

正好也是已知物質總質量的六倍。

暗物質，完全是物理學家因爲計算結果對不上，而認爲必須存在的一種東西，但我們至今對暗物質還沒有任何直接的觀測。

在物理學史上，這其實是司空見慣的局面。比如在十九世紀時，有人測量太陽光到達地球的能量，就發現太陽每時每刻產生的能量是非常巨大的。那麼太陽的能量來自哪裡呢？太陽上到底要燃燒什麼東西，才能產生這麼大的能量呢？

當時的人還不知道核反應。甚至有人提出非常可笑的猜測，說太陽上燃燒的是煤！

但這個精神是一樣的：我這裡數字對不上，你那裡必定有別的東西。

最後我想請你看上面的照片，解析度不高，但非常厲害。

這是一張在地球的晚上拍攝的太陽照片。注意，晚上，太陽可是在地球的另一面。物理學家把照相機鏡頭向下，透過地球，拍到了太陽！

那是因爲這張照片拍的不是太陽光，而是太陽發射的中微子。中微子是最難和任何儀器發生相互作用的東西，它們橫穿整個地球都暢通無阻……但最終還是被物理學家捕捉到了。

所以我敢說，只要暗物質存在，物理學家就一定有辦法「看到」它。

暗能量的惆悵

前面我們講了暗物質，接著講講天體物理學的另一個謎團：暗能量。

你注意到沒有，即使到了今天，宇宙大爆炸理論早已被物理學家廣泛接受，可是有些民間哲學家一說起宇宙，還是「空間上無邊無際，時間上無始無終」這兩句話。我們想像中的宇宙是無限大，曾經存在無窮長的時間，並且將永久存在下去。

然而現在所有證據都表明，宇宙絕對不是這個永恆不變的樣子。宇宙有個開始，而且還會有個終結。

這有點違反直覺。一個人、一棟房子、一個國家有開始有結束，我們都能理解，但宇宙是一切事物的總和啊！不管人在不在，組成人的原子總是在的；不管國家有沒有，國土總是有的。那麼宇宙的開始和結束又從何說起呢？

如果你覺得這不好接受，你不是一個人。當年，連愛因斯坦都認爲宇宙應該是靜態的。

一生最大的錯誤

牛頓的萬有引力定律是一種相當精確的理論，但是它有一個本質上的缺陷。牛頓引力是一種「超距作用」。這裡有個質量很大的物體，你立即就能感受到它的引力，但這個力是怎麼傳播的呢？連光速都有限，引力信息難道能瞬間到達嗎？牛頓自己也意識到這個問題，但是他沒辦法。

直到一九一六年，愛因斯坦提出廣義相對論。他說，可以把引力當成是空間的彎曲。用一句話概括他的思想，就是「物質告訴空間怎麼彎曲，空間告訴物質怎麼運動」。大質量物體改變它周圍空間的彎曲程度，其他物體根據感受到的彎曲空間運動，引力不再是超距作用，它可以透過空間傳遞。

因爲引力是一個可傳遞的東西，廣義相對論馬上就預言了「引力波」的存在。然後等到二〇一六年，物理學家果然觀測到引力波。

我們想想這件事吧。十三億年前，在距離地球十三億光年遠的地方有兩個黑洞發生碰撞，這次碰撞帶來的引力波向全宇宙傳播。碰撞發生時，地球上只有一些最原始的單細胞生物。引力波慢慢傳遞過來……在此期間，地球上演化出了智人，智人有了文化，愛因斯坦出生，寫下了廣義相對論的引力場方程式。然後一直到二〇一六年，也就是碰撞發生十三億年以後，我們截獲了這個引力波！

廣義相對論就是這麼厲害。所以我冒著嚇跑一半讀者的風險，想讓你看一眼廣義相對論的引力場方程式。你不需要理解它，但可以欣賞這個方程的簡潔優美。

$$\left(R_{\alpha}{}^{\beta}-\frac{1}{2}g_{\alpha}{}^{\beta}R\right)+\Lambda g_{\alpha}{}^{\beta}=\frac{8\pi G}{c^4}T_{\alpha}{}^{\beta}$$

方程式中的希臘字母Λ是一個常數，它所在的那一項本來是沒有的。

最初，愛因斯坦用沒有Λ的場方程式對整個宇宙求解，發現這樣得出的宇宙會膨脹。他覺得這肯定不對，宇宙應該是靜態的，這才加入了Λ這一項。在數學上有沒有這一項，引力的性質都一樣。Λ僅僅是爲了讓宇宙不膨脹而存在，所以被稱爲「宇宙常數」。

但這個人爲的做法有兩個缺陷。

首先，Λ的物理意義是什麼？它代表什麼力量，又是怎麼在宇宙中實現的呢？沒人知道。它僅僅是爲了得到一個靜態的宇宙而存在。

其次，更讓物理學家不舒服的是，後來一位蘇聯數學家做了計算，說加入一個Λ，的確能得到一個靜態宇宙解，但這個靜態宇宙是一個不穩定的平衡。就像把一枝鉛筆用筆尖立在桌上一樣，只要有一點擾動，它馬上就會倒下。那麼這樣的靜態宇宙又有多大意義，宇宙到底應該是什麼樣呢？

哈伯改變了世界觀

到了一九二九年，美國天文學家哈伯迎來一個改變世界觀的時刻。當時哈伯對銀河系以外那些廣闊空間中的星系，做了一個系統性的觀測，他發現星系發出的光的光譜，有一個往紅端移動。

這就是所謂的「紅移」，也就是頻率都變小了一些。這種現象我們在生活中也能遇到。波動都是這樣的，當物體向你跑來時，它的頻率會增加；當物體離你而去時，它的頻率會減少。比如一列火車鳴笛，如果火車面向你開過來，你會覺得鳴笛聲音更尖銳；如果火車離你而去，你會覺得鳴笛聲音更低沉。

星系光譜的紅移只能說明一個問題：所有這些遠方的星系都在離我們而去。透過精確測量各個星系光譜紅移的程度，哈伯還發現，這些星系離我們而去的速度和它們到我們的距離成正比。這就好比說，你站在一個大廣場上，發現周圍所有人都在離你而去，而且距離你愈遠的人，跑得愈快！

哈伯發現的，就是宇宙正在膨脹。

你可能馬上有一個問題：不同方向的星系都離我們而去，那地球豈不是成了宇宙的中心嗎？不是。你可以想像空間是彎曲的。拿二維空間類比，這就像我們都站在一個氣球表面，氣球在不斷膨脹的過程中，對氣球上的任何一點來說，其他的點都在離它而去，而且距離愈遠，跑得愈快。

既然宇宙正在膨脹，那我們馬上就知道，以前的宇宙肯定沒有這麼大。那麼逆推回去，宇宙就一定有一個開始。這就是大爆炸理論的起源。

我們可以想像愛因斯坦得知了哈伯的觀測後會是什麼心情！他本來已算出宇宙應該膨脹了，爲了讓宇宙不膨脹，自作聰明地加了宇宙常數那一項，結果錯過了對宇宙膨脹的理論預測。愛因斯坦告訴朋友們，這是他一生最大的錯誤。

好了，現在既然知道宇宙是膨脹的，愛因斯坦就放心地去掉宇宙常數Λ那一項，引力場方程式變得更簡單了：

$$R_\alpha{}^\beta - \frac{1}{2} g_\alpha{}^\beta R = \frac{8\pi G}{c^4} T_\alpha{}^\beta$$

方程式預言了宇宙膨脹，宇宙也的確在膨脹，一切都和諧了。

誰能想到，愛因斯坦死後四十三年，天文學家的世界觀又改變了一次。

空間的膨脹

我先來解釋一下，「宇宙膨脹」到底是什麼意思?宇宙大爆炸和尋常一顆炸彈的爆炸可不一樣，大爆炸帶來的膨脹是空間本身的膨脹。廣義相對論認爲，「空間」並不是一片虛空，而是一個可以傳播引力、可以變形、可以彎曲的實實在在東西。

在宇宙起源之前，時空根本不存在。大爆炸後空間膨脹了，日月星辰才有了在其中玩耍的場所。我們可以把空間想像成一張實實在在的網，所有東西都是放在這張網上，而網本身可以變大。

我們知道，物理定律要求任何東西的移動速度不能超過光速，但是請注意，這說的是物體在空間中的移動，可不是空間本身的移動。事實上，宇宙膨脹的速度可以超過光速。在大爆炸剛開始的時候，早期宇宙的膨脹速度都超過了光速。而現在，那些距離我們特別遙遠的星系，離我們而去的速度也是超光速。

這意謂著宇宙存在著很多星系，因爲它們距離我們太遠，膨脹的速度超過光速，我們不可能看到它們。它們那裡不管發生什麼，我們都無法知道。女朋友坐飛機走了，飛機上總還能打個衛星電話，可是如果女朋友跑得比光速還快，你就再也沒辦法和她取得聯絡了。

難道說，我們將孤獨地和這些可見的星系生活在這裡?

也不一定。別忘了在引力作用下，星系之間還有個互相吸引的作用，這也是一個把空間往回拉的力量。那麼在引力作用下，我們設想宇宙膨脹的速度應該愈來愈慢，就像你往天上扔一個球，球上升的速度肯定愈來愈慢，而且可能還會回來。對吧？

黑暗的能量

愛因斯坦死後四十三年，也就是一九九八年的時候，有兩組天文學家想測量一下現在宇宙的膨脹速度已經減慢到什麼程度。

他們有一些特別好的觀測目標叫「Ia型超新星」。這種超新星也是宇宙送給天文學家的禮物。最初這是一種雙星系統，其中一顆星是白矮星。白矮星不斷吸收臨近這顆星的質量，等到自己的質量增長到相當於太陽質量的一．四四倍時，它就會突然爆發，變成超新星。

這種超新星的引爆質量永遠一樣，亮度也永遠一樣。這樣天文學家一看Ia型超新星到達地球的亮度，就能精確知道它們距離地球有多遠。

與此同時，根據光譜的分析，看看紅移情況，天文學家還可以用另外一個方法計算超新星的距離，這個計算中就包括了理論模型裡宇宙膨脹的歷史。對比一下兩個距離的差距，就知道現在宇宙的膨脹速度減慢了多少。

結果，天文學家驚掉了下巴。用超新星亮度算出的實際距離，比用宇宙膨脹歷史算出的距離長了一五％，這意謂著宇宙膨脹不但沒有減速，而且還加速了！

這個發現實在毀了三觀，但是經過檢驗確認無疑，最後這三個科學家因此獲得了二〇一一年諾貝爾獎。物理學家只好把宇宙常數放回愛因斯坦場方程式中，只不過這回Λ的數值得修改，變成讓宇宙加速膨脹。

那麼問題就又回來了，Λ到底有什麼物理意義呢？物理學家現在解釋不了，只好沿襲「暗物質」的命名傳統，稱之為「暗能量」。

現在更進一步估算，我們這個宇宙現在的全部能量之中，尋常的物質只占大約四％，暗物質占二六％，暗能量占七〇％。

暗能量提供了一種眞空中的斥力，但我們完全不知道它到底是什麼樣的底層物理機制。有人猜測這是不是量子力學的眞空能？一計算發現，結果差了 10^{120} 倍，太荒誕了。如同尋找暗物質一樣，物理學家正在想方設法地尋找暗能量。

過去三十年中，物理學最驚人的一個發現就是宇宙正在加速膨脹。把宇宙常數放回愛因斯坦場方程式中，可以讓宇宙加速膨脹，但是這個宇宙常數到底有什麼物理意義，物理學家一無所知。暗能量和暗物質到底是什麼，是兩個謎。

暗能量是眞空中的能量。宇宙愈膨脹，眞空愈大，暗能量就愈大。現在物理學家知道，在五十億年前，暗能量的比例達到一定數値，宇宙就已經開始加速膨脹了。

而隨著空間愈來愈大、暗能量愈來愈多，宇宙膨脹的加速度也會愈來愈大。這意謂著遠方的星系是以愈來愈快的速度離我們而去，不可能再回頭。

物理學家計算，再過一兆年，除銀河系外，天空中將再也看不到其他的星星。如果我們這個文明不能把現在關於宇宙的知識流傳到那個時候，如果那時候還有智慧生命的話，那時的天文學家將會認為宇宙裡就只有一個銀河系。他們的宇宙觀會和我們很不一樣，他們將無從知道宇宙裡其實有那麼多星系！

因為缺少關鍵資訊，他們永遠想不到宇宙曾經有過這樣的歷史。

不過還有更可怕的。泰森說他作了一個噩夢。如果一兆年以後的人缺少關鍵訊息，那麼我們這一代的人是不是也缺少某些關鍵訊息，以至於對這個宇宙的有些東西是我們永遠不能理解的？

要知道，這個宇宙根本沒有義務讓你理解。

宇宙的視角

前面講了很多知識，接下來說點「有意義的」：知道一點天體物理學，了解宇宙是怎麼回事，對我們一般人的生活有什麼用處嗎？

泰森說，**天體物理學給我們的是一個「宇宙學視角」**。所謂視角，就是看問題的角度和方法。比如一群人出去旅遊，要研究一下旅遊線路。藝術家視角就是一定要去最美的地方，教育的視角是去哪幾個地方能學到最多東西，工程師的視角則是怎麼合理規畫線路。**我們多一個視角就多一個自由度，就不容易把自己限制在一個情境中。**

那麼宇宙學視角意謂著什麼呢？最根本的一點就是這個世界不是因你而存在的。

類地行星

地球在太陽系中占據了一個絕佳的位置，這讓我們深感慶幸。

一個行星要想適合生命的存在，就必須有液態水。這意謂著它的溫度不能太冷也不能太熱，這就要求它的軌道距離恆星不能太近也不能太遠，而地球正好處在這樣一個軌道上。更幸運的是，地球軌道幾乎是圓形，一年四季的日地距離[30]都是一樣的，溫度變化僅僅因爲陽光的傾角不同，如果軌道是橢圓形，冷熱變化就會大得多。地球的大小和密度也正好合適。如果太大，過大的重力就不允許大型動物出現；如果太小，什麼東西都太輕了也不行。

像這樣難得的行星，天文學家稱爲「類地行星」。宇宙中能有多少類地行星？有很多。

觀測太陽系以外的行星非常困難。你幾乎沒有辦法直接觀測，因爲行星的亮度相對於恆星來說實在是太弱了。如果你站在離太陽系很遠的位置看，地球的亮度只相當於太陽的十億分之一，泰森打了個比方，這就好比在探照燈中找一個螢火蟲一樣困難。

但天文學家還是有辦法的。我們可以想像，當一個行星繞著恆星轉，正好轉到正面的時候，它會把恆星的光遮住一部分。那麼如果你盯住一顆恆星看，就會發現恆星的星光會週期性地發生一點點黯淡。星光有了這一點點黯淡，我們就知道有顆行星轉過來了，等到光亮恢復，我們就知道行星轉到背面去了，對吧？

那麼這一點點黯淡到底是暗了多少呢？如果你站在遠方遙望太陽系，地球轉過來，大概讓太陽的星光黯淡了一萬分之一。

就這麼一點點，天文學家也能捕捉到。NASA在二〇〇九年發射了「克卜勒」太空望遠鏡，它的使命就是尋找太陽系以外的行星。克卜勒望遠鏡能分辨出一顆恆星被幾顆行星遮擋的情況。天文學家甚至還有辦法透過恆星星光穿過行星表面時發生的折射情況，判斷這顆行星大氣的主要化學成分。

克卜勒現在已經找到幾千顆太陽系以外的行星，其中幾顆看起來和地球有點相似。這幾年，我們經常聽說發現類地行星的報導。

我們知道，僅僅一個銀河系裡就有千億顆、甚至可能上兆顆恆星。天文學家估計，僅在銀河系中，類地行星就至少有四百億顆。這等於是給古往今來每個曾經活過的地球人都發一顆類地行星，還綽綽有餘。

當然，生命的產生可能是一系列機緣巧合的結果，這四百億顆類地行星上不可能都有生命。但這個要點是宇宙中應該有很多行星上都有生命，只不過距離我們太遠了，動不動就幾十光年甚至幾十億光年，互相之間沒法交流。

在太陽系裡，地球的確是非常特殊，人類這種高等生物的出現的確難能可貴。可是放眼宇宙，甚至僅僅是放眼銀河系，我們似乎一點都不特殊。這個宇宙不可能是專門爲了我們而存在的。

這種感覺就像你是某個省的大學入學考試狀元。在全省這麼多考生中，你考了第一名，所有大學供你隨便挑選，你肯定會感到自己非常了不起，彷彿整個大學入學考試制度都是爲你而設！可是上了大學之後，發現班上就有好幾個狀元，很多人比你厲害得多，你這才知道什麼叫人外有人，以及（這裡不帶任何誇張比喻）天外有天。

宇宙中的星星比地球上的沙子都多，比地球上有史以來出現過的所有人說過的所有話，其中所有字的所有音節都多。

泰森說，當我思考宇宙膨脹的時候，有時我會忘記地球上還有饑寒交迫的人。

當我分析暗物質和暗能量數據時，有時我會忘記地球上有人正在因宗教信仰和政治理念

㉚日地距離指太陽到地球的直線長度。

的不同而互相殺戮。

當我跟蹤行星和彗星運行軌道時，有時我會忘記地球上有的人不顧對子孫後代的責任，惡意破壞環境。

因爲不管你怎麼想像，宇宙都比你想得更大。

所以我們現在有個矛盾。考慮到生命，甚至組成生命的每個粒子出現的機率之小，我們應該覺得自己特別幸運；可是考慮到宇宙之大，我們又覺得自己特別渺小。那麼宇宙學視角，到底讓人何以自處呢？

和宇宙的連接

紐約市某個博物館曾經放過一部關於宇宙的穹幕電影。觀眾沉浸其中，以一個假想的視角，從地球出發，飛出太陽系，再飛出銀河系，鏡頭愈拉愈遠，能直觀感到宇宙非常非常大、地球非常非常小。

某常春藤大學的一位心理學教授看了這部影片深受震撼，感覺自己實在太渺小了。他就給泰森寫信，說他想用這部影片做個現場觀影調查，研究一下「渺小感」。

可是泰森說，我是專門研究天體物理學的，我整天面對宇宙，但我沒有「渺小感」。我的感受是，我是和宇宙連接在一起的，我感覺我更自由了。

如果你了解生物學，你大概不會認爲人是地球的主宰者，你會認爲人只是地球生物的一個成員。論數量，細菌比人多得多；論智力，人和黑猩猩的基因只差了幾個百分點而已。如果這麼小的基因差異就能導致這麼大的智力差距，那麼如果眞有一種外星人在基因上比我們高級很多，那在他們眼裡，我們人類又算什麼呢？

想想這一點，大學入學考試狀元大概也可以釋然了。事實是，你既不比本省沒考上狀元的人強很多，也不比外省的狀元差很多。在宇宙學視角之下，每個人都是一個成員。

而且每個人都互相有關係。一杯水中包含的水分子個數，比地球上所有水能裝滿的「杯數」還大得多，大約要多一千五百倍。這意謂著你喝的每一杯水裡面，必然有很多分子是地球上其他人喝過的，也許它們曾經在蘇格拉底、聖女貞德和成吉思汗的腎臟裡經過。空氣也是這樣，我們吸入的每一口空氣中分子的個數，比地球上所有空氣的「口數」要大得多，這意謂著你可能剛剛吸入了曾經被拿破崙、貝多芬和林肯呼出的氣體分子。

我們生命最關鍵的四個元素（氫、氧、碳和氮）遍布於整個宇宙。這些元素都不是本地生產，它們來自早期的宇宙，產生於某個大質量的恆星，是恆星爆炸才使它們在宇宙中傳播。

距離我們幾十億光年遠的地方可能有個外星人，你和他永遠不可能見面，但是他身上的某個氧原子和你身上的某個氧原子，是幾十億年前在同一顆恆星上製造出來的。

再進一步，地球上的生命也不見得起源於地球，我們甚至可能都是外星生命的後代，比如火星。現在有一個學說認爲，地球上的生命起源於火星。

在太陽系的早期，火星上很可能是有水的，而那個時候地球上還沒有水，那麼火星就可能先於地球產生生命。

物理學家現在知道，如果有一個巨大的小行星撞擊某個行星，只要撞擊的動能足夠大，行星上的一些物質就會被飛濺到太空中，那麼其中就可能攜帶一些微生物。而有些微生物的生存能力非常強，即使在宇宙空間中也能生存很長時間。

那麼就有一種可能，小行星撞擊火星，把火星上的一些原始微生物潑濺到地球上！那我們就可能都是火星人。

宇宙非常大，哪怕再遙遠，我們每個人和每個人都有關係。

謙卑與探索

我以前一直有個想法，我們這個宇宙不太可能是一場電腦類比遊戲。因爲如果你只是爲了哄地球人玩、模擬這麼一個世界，你完全沒必要把宇宙場景設定得這麼大。如果宇宙的絕大部分是我們永遠不可能訪問的，那麼那些遙遠星系的存在對我們到底有什麼意義呢？

宇宙學視角的一個重要意義，就是讓我們謙卑一點。

泰森說，比如你觀察小孩子。小孩子總是把身邊一點小事當成天大的事。玩具壞了，他就哭鬧；膝蓋擦破一點皮，他就大喊大叫。他們以爲自己是世界的中心，因爲他們經驗太少，不知道世界上有比這些大得多的事。

那我們作爲大人，是不是也有同樣幼稚的想法呢？我們是不是也會不自覺地認爲世界應該圍著自己轉呢？別人和你的信仰不同，你就要打擊；別人和你的政治觀點不一樣，你就想控制。如果你有點宇宙學視角，你可能會覺得人跟人的區別不但不是壞事，反而還值得珍視。

探索宇宙可能會給我們帶來一些實際的物質好處，也可能純粹是因爲有趣；但是泰森說，**探索宇宙還有一個好處，就是讓我們保持把眼光放遠的態度。**

如果你只看自己這一畝三分地，你總會認爲世界就應該繞著你轉，那你一定會變得無知和自大。**願意向外探索，實在是事關謙卑的美德。**

好在我們這個宇宙沒有義務讓我們理解。它現在還充滿未知！

最後我們再看一下上面這張圖。

這是一張著名的照片。一九九〇年，旅行者一號探測器即將飛出太陽系的時候，在距離地球六十億公里的地方，美國航太總署命令它回頭再看一眼，拍攝了六十張照片。照片上的光帶是相機鏡頭反射的太陽光，這一張正好包括了地球，就是圖中那個亮點。

泰森的老師，天體物理學家、也是著名的科學作家卡爾．薩根（Carl Sagan），看了這張照片非常感慨，他在一九九六年的一個頒發學位典禮上就說過一段非常著名的話。我們就把這段話作為本文的結尾吧。

我們成功地（從外太空）拍到這張照片，細心再看，你會看見一個小點。就是這裡，就是我們的家，就是我們。在這個小點上，每個你愛的人、每個你認識的人、每個你曾經聽過的人，以及每個曾經存在的人，都在那裡過完一生。這裡集合了一切的歡喜與苦難，數千個自信的宗教、意識型態以及經濟學說，每個獵人和搜尋者、每個英雄和懦夫、每個文明的創造者與毀滅者、每個國王與農夫、每對相戀中的年輕愛侶、每個充滿希望的孩子、每對父母、每個發明家和探險家，每個教授道德的老師、每個貪汙政客、每個超級巨星、每個至高無上的領袖、每個人類歷史上的聖人與罪人，都住在這裡——一粒懸浮在陽光下的微塵。

地球是這個浩瀚宇宙劇院裡的一個小小舞台。想想從那些將領和帝王身上揮灑出的血河，他們的光榮與勝利只為了讓他們成為這一點上一小部分的短暫主宰。想想棲身在這點上一個角落的人正受著萬般苦楚，而在幾乎不能區分的同一點上的另一個角落裡，亦同時棲身了另一批人。他們有多常發生誤解？他們有多渴望殺死對方？他們的敵意有多強烈？

我們的裝模作樣，我們的自以為是，我們的錯覺以為自己在宇宙裡的位置有多優越，都被這暗淡的光點所挑戰。我們的星球只是在這被漆黑包裹的宇宙裡一顆孤單的微粒而已。我們是如此不起眼，在這浩瀚之中，我們不會從任何地方得到提示去拯救我們自身。

……

一直有人說天文學是令人謙卑的，同時也是一種塑造性格的學問。對我來說，希望沒有比這張從遠處拍攝我們微小世界的照片更好的示範，去展示人類自大的愚蠢。對我來說，這強調了我們應該更加親切和富有同情心地去對待身邊的每一個人，同時更加保護和珍惜這暗淡藍點，這個我們目前所知的唯一的家……

一個神人的世界觀

我一直覺得，如果你計較的是思想，那麼我們這個眞實世界和武俠世界、魔法世界其實差不多。這個世界裡不但有普通人和高手，還存在神人，類似仙俠世界裡傳說級的人物。其中不但有科學家、哲學家，還有實做家。他們不追逐權力，沒有狂熱的粉絲，可是他們的思想照耀著人類歷史。

未必所有人都支持這個說法，但以我之見，史蒂芬・沃爾夫勒姆大概就是一位神人級別的人物。我們都是透過 Mathematica 軟體知道他。沃爾夫勒姆從小就是個神童，二十歲就在加州理工學院拿到理論物理博士學位，並且獲得任教資格，在物理上取得相當高的成就之後轉而研究複雜理論，二十七歲開發出 Mathematica 軟體，並創立了史蒂芬・沃爾夫勒姆公司。

可是，如果你說他是一個棄學從商的成功「創業者」，那就太低估他了，他自始至終都在追求人類的最高智慧。

沃爾夫勒姆自詡，他目前爲止的成就有三個。

第一是 Mathematica 軟體。我在大學第一次用 Mathematica 的時候驚呆了，這不是一個傳統的「程式」語言，而是「符號計算系統」，它可以像人一樣計算積分和推導方程式！……而如今的 Mathematica 已經到了深不可測的地步。

第二是開發了 Wolfram|Alpha，這是一個「人類知識搜尋引擎」。

Google 是搜尋網頁，而這個引擎搜尋的是事先封裝好的、標準化的知識。比如，蘋果手機助手 Siri 背後的知識庫，就是由 Wolfram|Alpha 支持的。

第三是寫了一本書《一種新科學》（*A New Kind of Science*，簡稱ＮＫＳ）。這本書爭議極大，其中的思想就是我們接著要談論的主題。

但我要說的不是《一種新科學》，而是一本非技術性的小書《計算與人類狀況的未來》（*Computation and the Future of the Human Condition*）。這本書其實是沃爾夫勒姆二〇一〇年在哈佛大學講座的內容整理，可以直接在他的網站上（www.stephenwolfram.com）看到。

沃爾夫勒姆講了一個概念，並由此對人類未來做出了兩個論斷。

概念：不可約化的複雜

想要完全理解沃爾夫勒姆思想的技術細節，對一般人來說可能比較困難；但想要知道它大概是什麼意思，還是比較容易做到的。

我們先從一個特別簡單的遊戲開始。

下頁上圖叫「元胞自動機」（Cellular Automata），非常簡單，值得你花點功夫體會。從上往下看，可以看到圖中有很多小格子，最上面一行只有一個黑點。往下每一行的每個格子是黑是白，由它頭頂上三個格子的顏色決定。具體的規則一共有八條，都列在圖的下面。

比如說，如果上方三個都是黑格，那麼這一格就是黑格；如果上方三個格子是黑—黑—

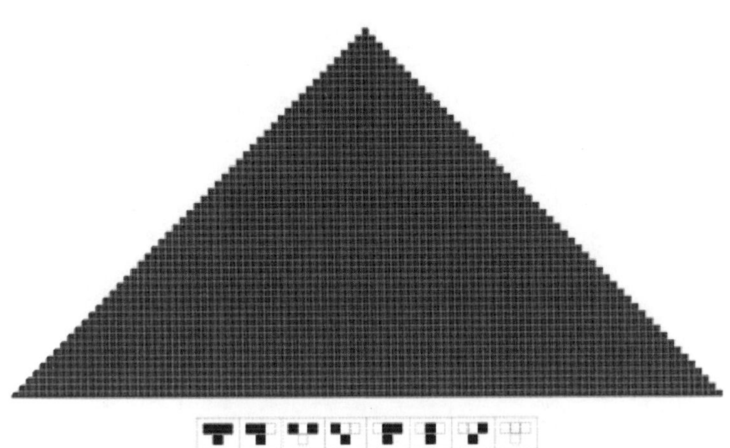

白，接下來依然是黑格；如果是黑—白—黑，接下來是白格，以此類推。

這樣按照規則一行一行地畫滿整個畫面，你就會得到一個三角形的圖案。這個規則非常簡單，產生的圖案也不複雜。

但如果對規則稍加變動，你就會得到非常不一樣的圖形。如上頁下圖所示，圖中的三角形有大有小，層層嵌套，非常有趣。但這也是簡單規則所產生的簡單圖形，有一定的結構但不複雜。

接下來我們看第三張圖（參下頁上圖），依然是看似平常的八條規則，但所產生的圖形就變得非常奇怪！

這張圖看似有規律，但並不整齊，總會打破規律。如果你認爲它沒有規律也不太對，它並不是完全雜亂無章，仍然具備某種結構。我們把這張圖繼續往下推演，從大尺度上看看（參下頁下圖）。

最左側的結構是簡單的，愈往右愈複雜，有很多三角形的圖案，可是這些圖案的出現也沒有固定的規律。

這個圖才是眞正意義上的「複雜」。產生這張圖的規則，被沃爾夫勒姆命名爲「第三十號規則」。他甚至說，這個「第三十號規則」就是他本人迄今爲止最大的發現！

一套特別簡單的規則，居然演化出一個特別複雜的結果。而且沃爾夫勒姆說，這個結果的「複雜」，和你用任何一套複雜規則所產生的複雜結果的「複雜」，是一樣的「複雜」。這就是他的《一種新科學》這本書中的核心思想：計算等效原理（Principle of Computational Equivalence）。

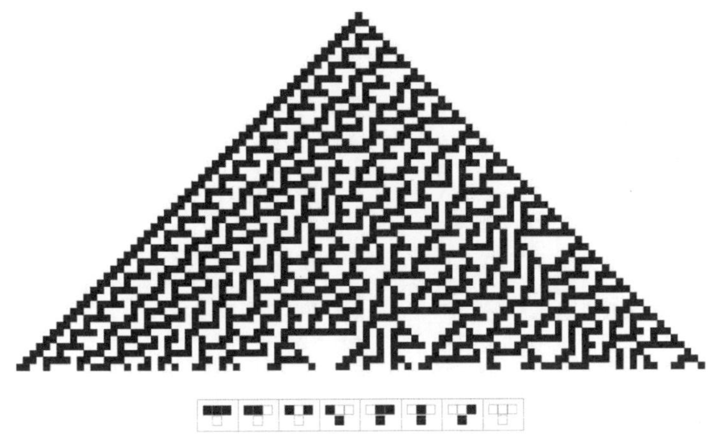

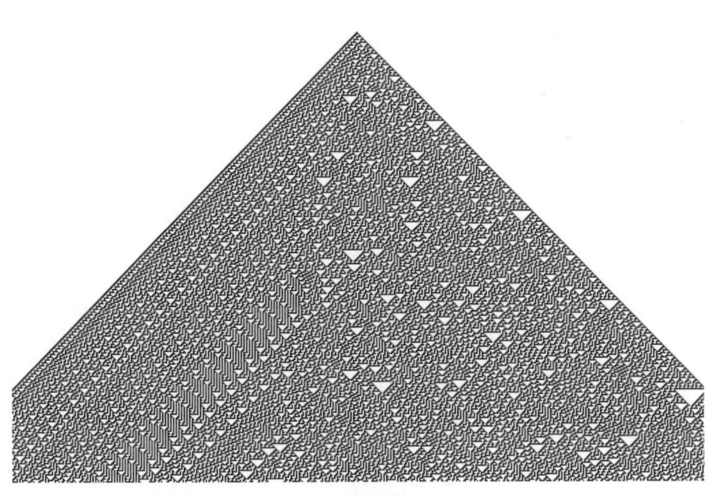

這一原理說，像前面那些簡單程式得到的是簡單結果，但只要結果超過一個很小的界限，所有的程式不管多麼複雜，最後得到的結果都是同等的複雜，並不能說哪個更複雜。

說白了，我們可以得出一個非常有意思的結論：即使是再先進的事物，它的複雜度和我們剛剛看到的圖形複雜度其實是一樣的。據此，沃爾夫勒姆就得到了幾個非常重要甚至能讓人震驚的思想。

計算不可約性（Computational Irreducible），即眞正複雜的東西是無法進行簡化的。這就導致一個問題：沒有哪個複雜系統是可預測的！

比如，你要預測一個系統，其實你有一個潛在的假設，就是你認爲自己有一個比這個系統更複雜的工具。所以在面對複雜系統時，我們都是把它簡化成一個簡單的模型，然後用超出這個簡單模型演化速度的計算速度去預測這個模型的未來，並以此預測原來那個複雜系統的未來。

比如預測天氣，你得先把自然系統的風雲運動簡化，然後計算這個簡化的模型。如果你計算這個簡化模型的速度比天氣實際演化的速度快，才是眞正的預測。

可是如果這個系統本身是不可簡化的（計算不可約），你就無法預測它，唯一的辦法只能坐等系統自身演化！

比如，你要問我第三十號規則產生的圖形的第十萬行上有什麼，我沒有任何捷徑可走，只能老老實實地把圖形畫到第十萬行。

沃爾夫勒姆說，一切眞正的複雜系統其實都是計算不可約的，也就是不可預測的。這就很有意思了，人類歷史就是計算不可約的複雜！也正因爲如此，我們現在所做的一切事情才有成就感，才談得上自由意志，否則如果做什麼事別人早就預測好了，我們再演這一遍還有什麼意思？

這裡要附帶說明一下，關於「計算不可約性」和「計算等效原理」，現在有人認爲，在沃爾夫勒姆之前就有人得出類似的結論，所以沃爾夫勒姆的主要成就是實踐上的，而不是計算理論上的……我對這個官司沒有發言權，先不去管它。

無論如何，從這個原理出發，沃爾夫勒姆對人類未來有兩個判斷。

技術進步的終極方法

傳統上，我們技術進步的方法都是迭代，比如這一代 iPhone 什麼樣，一年後有了新的技術突破，你就可以再改進一下……所有新技術都是在原有技術的基礎之上演化出來的。

這個過程和生物進化非常類似。**所謂的創新，其實就是模仿和融合，也可以說新技術是老技術雜交生育的結果**。

可是沃爾夫勒姆提出，所有的技術都只不過是演算法，而這些演算法的複雜程度其實都是一樣的，並不存在誰比誰「高級」，那我們就沒必要再等著迭代去獲得新技術了。

在數學上，所有的可能演算法組成了一個「演算法宇宙」，我們直接從演算法宇宙裡找到各種演算法拿來用就是了！一步到位，無須逐步改進。

也許其中有好多演算法都是特別簡單的規則，但是能產生同樣複雜的效果就同樣有用。沃爾夫勒姆，他的ＮＫＳ這個事業，就是從演算法宇宙裡直接找演算法來爲人所用。

比如前面說的「第三十號規則」，看似沒什麼用，可它現在就是Mathematica軟體中的亂數產生器核心演算法，而且軟體中有很多演算法都是從演算法宇宙裡直接找出來用的。這些演算法包括函數計算、數據處理、圖像處理，都不是人爲設計。包括Wolfram|Alpha知識搜尋引擎中的一些語義分析演算法和數據視覺化演算法，甚至包括一個電腦自動根據不同風格創作音樂的演算法，都是如此。

人類想要理解這些演算法爲什麼好用，非常困難。但現在，Wolfram的工程師們卻找到了這些演算法，還用上了。

將來人類一旦可以大規模地從演算法宇宙中選擇各種演算法來用，那我們豈不是在短期內就能一步到位地得到各種技術，而不用等著緩慢改進？這不就是技術進步的終極方法？

這就引出了一個哲學問題。

價值觀源自歷史包袱

到了人可以隨意選擇各種技術爲我所用的時候，人會選擇哪些技術呢？人想用這些技術做什麼呢？

第一步絕對是要解決生存問題。可是在沃爾夫勒姆看來，所謂生存，或者說生命，乃至「智能」，其實都沒有一個客觀抽象的判斷標準，都是歷史的產物。

我們認爲生命就是由DNA和RNA這些東西構成的，但也許宇宙中就存在一種生命形態並不是由這些東西構成的。我們對智能的定義，也僅僅是站在人類角度上的「智能」，也許存在一種事物，它的「智能」是人類無法理解的，但是同樣「複雜」。「計算不可約性」其實揭示了自然界一個最大的祕密：在一定的複雜程度之上，所有的複雜都是等價。人類的生命和智能，實際上和自然界的一陣風、一堆原子的複雜度是同等的！

從抽象的角度來看，我們並不能認爲哪個事物一定比另一個事物更加高級。比如，你觀測到一個電磁訊號，你能判斷它是天然的還是外星人故意發給我們的嗎？從本質上來說不能。天然的訊號，比如脈衝星的訊號，也可以很有規律。人爲的訊號也可以看起來很隨機，比如，現在的手機訊號就被壓縮到幾乎是隨機訊號的程度了。

所有的複雜都是等價的。如果我們用一組數字訊息代表所有的人類行爲，一組數字訊息代表某個外星文明的行爲，一組數字訊息代表一盒子空氣分子的行爲，那麼沃爾夫勒姆說，從抽象的學術角度來看，你根本無法判斷哪組訊息更高級。

這聽起來非常抽象，我編個故事你就明白了。有個人從小在農村長大，有隨地吐痰和吃飯發出很大響聲之類的小毛病。但是他聰明而且勤奮，一番拚搏之後成爲百萬富翁，並且躋身上流社會。他認爲自己的小毛病都是歷史的產物，需要加以改正，力爭成爲一個眞正的現代人。於是，現在的他非常懂得社交禮儀，還對紅酒很有品味。

有一天，他遇見一位禪師，就問：「現在的我已經不再是過去那個農村的窮小孩，我改掉了歷史在我身上留下的痕跡，我已經是上層社會的一員，我是不是更像個純粹的人了？」

禪師回答：「你所說的上層社會的習慣、吃西餐和喝紅酒的禮儀，其實是歐洲歷史的產物，你並沒有擺脫歷史，你只是換了一種歷史而已。」

沃爾夫勒姆說，排除歷史的因素，人類文明並不比一袋空氣更高級。

這就引出了一個結論：**指引我們行動方向的（我們的目的和價值觀），恰恰是我們的歷史包袱。**

未來人類眼中的歷史

現在，人類的行爲在很大程度上是以生存爲目的，即想要戰勝疾病、繁衍後代、住更大的房子、開更好的汽車、享受更優渥的生活。但如果將來技術迅速進步、人類長生不老，這些欲望都能得到滿足，你不必再繁衍後代，房子、車子的意義也蕩然無存，並實現了最大限度的自由，那麼人類生活的目的何在？

你看著演算法宇宙中的各種演算法，如同一個已經沒有欲望的神仙看著自己法寶庫裡的一大堆法寶一樣，他要這些法寶還有什麼用呢？他選擇用哪個法寶又有什麼標準呢？

沃爾夫勒姆說，到那個時候，人類就只能從歷史中尋找意義了。

當限制徹底不存在以後，你再回想起過去有限制條件的歷史時，可能會羨慕當初那種需要爲生計奔波、被生理條件限制的生活，你甚至可能想要模仿他們的生活。就好像現在有的人會重走一遍父母當初走過的路，體驗父輩的生活。他也許會問：今天的我是從哪裡來的？我要以家族的歷史爲榮。

作爲一個未來人，你也許會特別沉迷於回望歷史。

而回望歷史，人們能回到的最佳時代就是二十一世紀的今天。在此之前的生活並沒有很好的歷史紀錄，而再往未來，人類的限制會更少，沒有限制的生活也了無樂趣。只有我們所處的這個時代，才同時具備詳細紀錄和生存限制。

我們是人類歷史中極為特殊的一代。

沃爾夫勒姆說，我們這代人的使命除了為將來人類的技術進步做鋪墊，還有一點，就是記錄下此時的生活，為將來人類體驗受限制的生活提供示範。

你想想看，今天這個時代是一個充滿目的的時代，每個人都很有衝勁。未來的人類將會羨慕今天這種充滿限制但同時又很有目標的生活！所以，我們應該透過多種途徑記錄自己的生活，比如發朋友圈、寫文章、拍影片，讓未來的人在回望歷史的時候能夠有充分的資訊。

附錄

高手讀書

——《高手思維》帶你讀通經典、增長智識

書籍

- 《Power！：面對權力叢林，你要會耍善良心機》（*Power: Why Some People Have It-and Others Don't*），傑夫瑞．菲佛（Jeffrey Pfeffer）著
- 《一種新科學》（*A New Kind of Science*），史蒂芬．沃爾夫勒姆（Stephen Wolfram）著
- 《人類大命運：從智人到神人》（*Homo Deus: A Brief History of Tomorrow*），烏瓦爾．諾亞．哈拉瑞（Yuval Noah Harari）著
- 《不理性的力量：掌握工作、生活與愛情的行爲經濟學》（*The Upside of Irrationality: The Unexpected Benefits of Defying Logic at Work and at Home*），丹．艾瑞利（Dan Ariely）著
- 《反脆弱：脆弱的反義詞不是堅強，是反脆弱》（*Antifragile: Things That Gain from Disorder*），納西姆．尼可拉斯．塔雷伯（Nassim Nicholas Taleb）著
- 《世界，沒你想的那麼糟：達爾文也喊 Yes 的樂觀演化》（*The Rational Optimist*），麥特．瑞德里（Matt Ridley）著
- 《巨人的工具：億萬富翁、偶像和世界級表演者的戰術、習慣和日常》（*Tools of Titans: The Tactics, Routines,*

and Habits of Billionaires, Icons, and World-Class Performers），提摩西·費理斯（Tim Ferriss）著

- 《宇宙必修課：給大忙人的天文物理學入門攻略》（*Astrophysics for People in a Hurry*），尼爾·德格拉斯·泰森（Neil deGrasse Tyson）著
- 《成功與運氣：好運和精英社會的神話》（*Success and Luck: Good Fortune and the Myth of Meritocracy*），羅伯·法蘭克（Robert H. Frank）著
- 《有錢人的習慣，和你不一樣：10個生活習慣，註定你是低薪族，或者變有錢》（*The Top 10 Distinctions Between Millionaires and the Middle Class*），基斯·卡麥隆·史密斯（Keith Cameron Smith）
- 《別因渴望你沒有的，糟蹋了你已經擁有的：跟斯多噶哲學家對話，學習面對生命處境的智慧》（*How to Be a Stoic*），馬西莫·皮戈里奇（Massimo Pigliucci）著
- 《快思慢想》（*Thinking, Fast and Slow*），丹尼爾·康納曼（Daniel Kahneman）著
- 《決斷的演算：預測、分析與好決定的11堂邏輯課》（*Algorithms to Live By: The Computer Science of Human Decisions*），布萊恩·克里斯汀（Brian Christian）、湯姆·葛瑞菲思（Tom Griffiths）著
- 《身爲人：從自利出發，亞當·斯密給我們的十堂思辨課》（*How Adam Smith Can Change Your Life: An Unexpected Guide to Human Nature and Happiness*），路斯·羅伯茨（Russ Roberts）著
- 《恆毅力》（*Grit: The Power of Passion and Perseverance*），安琪拉·達克沃思（Angela Duckworth）著
- 《爲什麼這樣工作會快、準、好：全球瘋行的工作效率升級方案，讓你的生活不再辛苦，工作更加省時省力》（*Smarter Faster Better: The Secrets of Being Productive in Life and Business*），查爾斯·杜希格（Charles Duhigg）著
- 《科技想要什麼》（*What Technology Wants*），凱文·凱利（Kevin Kelly）著

- 《破除成功學的迷信：爲什麼你所知道的關於成功的大多數事情都是錯的，以及其背後令人驚奇的科學》（*Barking Up the Wrong Tree: The Surprising Science Behind Why Everything You Know About Success Is (Mostly) Wrong*），埃里克・巴克爾（Eric Barker）著
- 《國富論》（*The Wealth of Nations*），亞當・斯密（Adam Smith）著
- 《推力：決定你的健康，財富與快樂》（*Nudge*），理查・塞勒（Richard H. Thaler）、凱斯・桑思坦（Cass R. Sunstein）著
- 《族群心智》（*Hive Mind: How Your Nation's IQ Matters So Much More Than Your Own*），加雷特・瓊斯（Garett Jones）著
- 《異數：超凡與平凡的界線在哪裡？》（*Outliers: The Story of Success*），麥爾坎・葛拉威爾（Malcolm Gladwell）著
- 《終結平庸：哈佛最具衝擊性的潛能開發課，創造不被平均值綁架的人生》（*The End of Average: How We Succeed in a Wolrd That Values Sameness*），陶德・羅斯（Todd Rose）著
- 《無所不在的演化》（*The Evolution of Everything*），麥特・瑞德里（Matt Ridley）著
- 《給予：華頓商學院最啓發人心的一堂課》（*Give and Take*），亞當・格蘭特（Adam Grant）著
- 《勝者通吃的社會》（*The Winner-Take-All Society*），羅伯・法蘭克（Robert H. Frank）、菲力浦・庫克（Philip J. Cook）著
- 《搞定！：工作效率大師教你：事情再多照樣做好的搞定5步驟》（*Getting Things Done: The Art of Stress-Free Productivity*），大衛・艾倫（David Allen）著
- 《極端所有權：海豹突擊隊的領導方法與制勝策略》（*Extreme Ownership: How U.S. Navy SEALs Lead and*

Win），傑克．威林克（Jocko Willink）著

- 《道德情操論》（*The Theory of Moral Sentiments*），亞當．斯密（Adam Smith）著
- 《零偏見決斷法》（*Decisive: How to Make Better Choices in Life and Work*），奇普．希思（Chip Heath）、丹．希思（Dan Heath）著
- 《匱乏經濟學》（*Scarcity*），森迪爾．穆蘭納珊（Sendhil Mullainathan）、埃爾達．夏菲爾（Eldar Shafir）著
- 《儉省：釋放「少」的潛能，取得「多」的成就》（*Stretch: Unlock the Power of Less-and Achieve More Than You Ever Imagined*），斯科特．索南史恩（Scott Sonenshein）著
- 《適應性創新：偉大企業持續創新的競爭法則》（*Adapt: Why Success Always Starts With Failure*），提姆．哈福特（Tim Harford）著
- 《橡皮擦計畫：兩位天才心理學家，一段改變世界的情誼》（*The Undoing Project: A Friendship That Changed Our Minds*），麥可．路易士（Michael Lewis）著
- 《爆發》（*Bursts: The Hidden Patterns Behind Everything We Do, from Your E-mail to Bloody Crusades*），阿爾伯特—拉斯洛．巴拉巴西（Albert-László Barabás）著
- 《鏈結》（*Linked: How Everything Is Connected to Everything Else and What It Means for Business, Science, and Everyday Life*），阿爾伯特—拉斯洛．巴拉巴西（Albert-László Barabás）著

文章

- 〈不要放棄：老人也能取得創造性突破〉（Don't give up: Older people can have creative breakthroughs），阿爾伯特—拉斯洛．巴拉巴西（Albert-László Barabás），《華盛頓郵報》（2016）

- 〈什麼能讓東西顯得酷?〉（What Makes Things Cool），德里克・湯普森（Derek Thompson），《大西洋月刊》（2017）
- 〈如果你認爲你是天才，那麼你就是瘋子〉（If You Think You're a Genius, You're Crazy），迪恩・西蒙頓（Dean Keith Simonton），《鸚鵡螺》雜誌（2017）
- 〈你屬於哪個浪漫體制〉（What Romantic Regime Are You In），大衛・布魯克斯（David Brooks），《紐約時報》（2017）
- 〈兩種增長類型〉（Two Types of Growth），斯科特・揚（Scott Young），個人部落格
- 〈眞正的道歉需要什麼〉（What a Real Apology Requires），喬瑟夫・葛瑞尼（Joseph Grenny），《哈佛商業評論》（2016）
- 〈想要更幸福，就關注你能控制的東西〉（To be happier, focus on what's within your control），馬西莫・皮戈里奇（Massimo Pigliucci），《Aeon》（2017）
- 〈愚蠢化：爲什麼組織會供奉愚蠢和獎勵雇員不帶腦子〉（Stupefied: How organisations enshrine collective stupidity and employees are rewarded for checking their brains at the office door），安德列・斯派塞（André Spicer），《Aeon》（2016）
- 〈增長的結構：學習可不是簡單任務〉（The Structures of Growth: Learning Is No Easy Task），大衛・布魯克斯（David Brooks），《紐約時報》（2014）
- 〈讓APP使人上癮的科學〉（The Scientists Who Make Apps Addictive），伊安・萊斯禮（Ian Leslie），《1843》雜誌（2016）

Beyond 015

高手思維

《羅輯思維》人氣作家，要新、要硬、要讓你「得到」最有用的知識

作者／萬維鋼
圖片提供／萬維鋼、電子工業出版社

責任編輯／陳懿文
特約編輯／劉慧麗
封面設計／萬勝安
內頁編排／中原造像・魯帆育
行銷企劃／盧珮如
出版一部總編輯暨總監／王明雪

發行人／王榮文
出版發行／遠流出版事業股份有限公司
地址／104005 臺北市中山北路一段 11 號 13 樓
電話／(02)2571-0297　傳真／(02)2571-0197　郵撥／0189456-1
著作權顧問／蕭雄淋律師
2018 年 8 月 1 日　初版一刷
2023 年 5 月 15 日　初版十二刷

定價／新台幣 380 元

ISBN 978-957-32-8312-6
YLib 遠流博識網　http://www.ylib.com　E-mail:ylib@ylib.com
遠流粉絲團 https://www.facebook.com/ylibfans

國家圖書館出版品預行編目 (CIP) 資料

高手思維：《羅輯思維》人氣作家，要新、要硬、要讓你「得到」最有用的知識 / 萬維鋼著 . -- 初版 . -- 臺北市 : 遠流 , 2018.08

面；　公分

ISBN 978-957-32-8312-6（平裝）

1. 思維方法

176.4　　107009390